KB039209

정서적 방치와
공허감의 치유

Jonice Webb · Christine Musello 공저 | **강에스더** 역

Running on Empty
Overcome Your Childhood Emotional Neglect

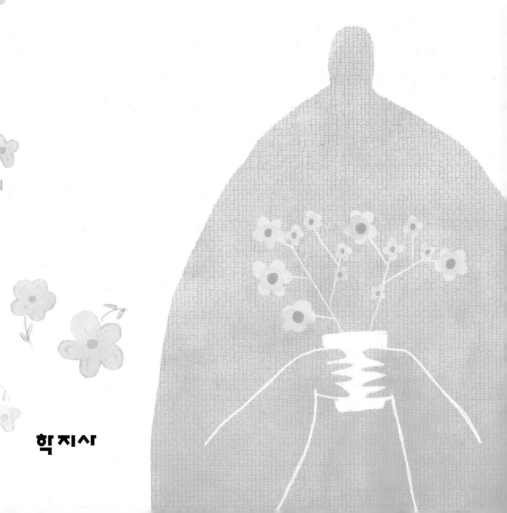

학지사

Running on Empty: Overcome Your Childhood Emotional Neglect

by Jonice Webb and Christine Musello

Original English language edition published
by Morgan James Publishing.

역자 서문

『정서적 방치와 공허감의 치유(Running on Empty-Overcome Your Chilhood Emotional Neglect)』, 심리학자이자 부부 및 가족 상담 전문가이기도 한 Jonice Webb 박사가 집필한 이 책을 번역하게 되었다. 그동안 애착관계와 공허감, 수치감에 대해서 관심을 가지고 연구들을 조사하였지만 공허감에 대해서는 충분한 자료를 찾지 못하였다. 그러던 중에 이 책을 만나게 되었고, 공허감에 대해 더 깊게 이해하게 되었다.

이 책은 유익하고 흥미로운 내용이 풍부하게 담겨 있어 항상 다음에 어떤 주제가 나올지 기대를 하면서 즐겁게 번역을 하게 만들었다. 또한 독자에게 이 책이 많은 도움을 줄 것이라 생각하니 이 책을 번역하는 것이 더욱 보람 있고 기뻤다.

이 책『정서적 방치와 공허감의 치유』는 어린 시절의 방치로 인해 형성된 공허를 다루고 있다. 다양한 유형의 부모에 의해 정서적으로 방치되어 어린 시절에 경험하지 못한 것, 듣지 못한 것, 그리고 기억할 수 없는 것 등이 현재의 삶에 영향을 미쳐 무기력감을 느끼게 한다. 이러한 사람들은 평범하게 살아가는 듯하지만 외롭고, 그 무엇과도 연결되지 않은 것 같고, 충분히 행복하지 않은 것 같고, 즐거움이나 사랑을 깊게 느끼지 못한다. 그 결과 배우자를 포함한 여러 사람과의 유대가 어려워지면서 대인관계의 어려움을 느끼거나 급기야는 이혼의 위기에 처하기도 한다. 경우에 따라서는 우울감을 느끼고, 자신에게 무언가가 늘 부족하며, 성취하지 못한 것 같고, 자신이 무가치한 사람처럼 느끼기도 한다. 그러나 그 이유를 스스로 깨닫지는 못한다.

이 책을 번역하는 과정에서 다시 한번 정서적 방치가 이렇게 큰 힘을 가지고 사람들의 인생 깊숙이 파고들어 영향을 끼친다는 것이 놀라웠다. 정서적 방치를 경험한 아이가 자라서 성인이 되면 표면적으로는 많은 것을 가진 것 같지만 실상 내면에서는 공허와 무력감을 느끼면서 삶의 의미를 찾지 못한다. 또한 자신이 누구인지, 또 왜 살아가는지와 같은 실존의 문제에까지 혼란을 겪는다. 역자는 상담에서 많은 내담자를 접하면서 이 책에서 제시한 사례와 같은 증상들을 만나는 경우가 많은데 이 책을 통하여 그들을 더 이해하게 되었다. 그리고 그들을 더욱 효율적으로 도와줄 수 있게 되어 흐뭇하였다. 그들은 자신의 문제를 인식하지 못하고 힘들어하지만, 이 책을 통해 자신의 **마음속 빈 공간에 마음의 연료를 채워**서 문제와 증상을 극복하고 삶을 더욱더 행복하고 성공적으로 살아가기를 바란다.

이 책은 전체 3부로 나뉘었다. 제1부는 '다 비워진'으로, 왜 탱크가 채워지지 않았는지에 대한 원인을 보여 주는 열두 가지의 부모 유형을 소개한다. 제2부는 '연료가 다 떨어진'으로 마음의 연료가 없는 상태이기 때문에 생겨나는 다양한 문제와 증상을 소개한다. 제3부는 '탱크를 채우는'으로, 탱크를 채우기 위한 전략들을 구체적으로 소개하면서, 정신건강 및 상담전문가뿐만 아니라 일반 독자도 이 책에서 제공하고 있는 '변화 기록지'들을 작성하며 다양한 연습을 할 수 있고, 그것들을 실제 생활에 적용하여 문제 해결에 곧바로 도움을 받을 수 있게 한다. 무엇보다도 수많은 사례가 제시되어 쉽게 내용을 이해하고 습득할 수 있을 것이다.

마지막으로, 치료자들을 위한 부분과 회복을 위한 자료, 특히 감정 단어 목록이 맨 뒤에 첨부되어 있다.

역자는 이 책이 일반 독자나 부모, 교사 그리고 상담 및 정신건강 영역에 종사하는 전문가 등 많은 사람에게 보이지 않는 상처들을 위한 구체적인 해결책을 제공하며, 말할 나위도 없이 상당한 치유의 효과를 보게 하는 값진 책이라 믿어 의심치 않는다.

끝으로 이 책을 번역하도록 인도해 주시고 끈기를 주신 하나님께 감사와 영광을 돌리며, 번역 과정에서 특별한 관심을 보여 주신, 역자가 몸담고 있는 치유상담대학원대학교의 성낙인 교학처장님, 이 책이 나오기를 고대하면서 책의 제목에 대해서 고심해 준 제자들과 수련생들에게 감사한 마음을 표하고 싶다. 그리고 무엇보다도 멀리서 항상 엄마의 일에 긍지를 가지며 건강을 염려해 주고, 항상 생각해 주는 사랑하는 세 딸과 옆에서 지지해 주고 응원해 주는 남편에게 늘 고마운 마음을 전하고 싶다. 마지막으로 이 책을 번역하도록 허락해 주신 학지사의 김진환 사장님께도 감사드리고 싶다.

2018년 11월
역자 강에스더

이 책을 쓴 것은 내 삶에서 가장 황홀한 경험 중 하나였다. **정서적 방치**(Emotional Neglect)의 개념이 내 머릿속에서 더 명확해지면서(그리고 더 정의되면서), 나는 심리학을 실천하는 것뿐만 아니라 세상을 바라보는 방식이 변하였다. 나의 눈에는 자녀를 양육할 때 또는 남편을 대할 때, 쇼핑몰에서, 심지어 TV의 리얼리티 쇼에서 조차 **정서적 방치**가 보이기 시작하였다. 나는 정서적 방치라는 보이지 않는 힘이 우리 모두에게 엄청난 영향을 미치는 것을 알게 된다면 그들에게 엄청난 도움이 될 것이라고 생각하였다.

여러 해 동안 이 개념은 나의 작업을 통해 생기를 더해 갔고, 마침내 그 가치가 확실해지자 나는 동료인 Christine Musello 박사와 이를 공유하였다. Musello 박사도 즉각적인 이해로 반응하였으며, 내가 그런 것처럼 그녀의 상담실과 주변에서 빠르게 **정서적 방치**를 발견하기 시작했다. 우리는 함께 그 현상의 윤곽을 잡고 그것을 정의하는 것을 시작하였다. Musello 박사는 정서적 방치에 대한 개념을 용어로 만드는 초기 과정에 많은 도움을 주었다. 그녀는 이 개념이 매우 유익하다고 여겼고, 또한 그것을 받아들이는 데 잘 준비되어 있었기 때문에 나는 이 작업에 추진력을 얻을 수 있었다.

비록 Musello 박사는 마지막까지 이 책을 쓸 수 없었지만, 그녀는 책의 앞부분 일부와 여러 임상적 삽화를 만들어 초기 집필 과정에 많은 도움을 주었다. 그녀의 공로를 기쁘게 인정한다.

차례

제1부 다 비워진……

제2부 원료가 다 떨어진

제3부 탱크를 채우는

서론

    당신은 어린 시절에 대해 **어떤 기억이 있는가?** 대다수의 사람은 많지는 않더라도 이런저런 어린 시절의 기억을 가지고 있다. 가족 여행, 선생님, 친구, 여름 캠프 혹은 우등상 같은 긍정적인 기억과 더불어 가족 갈등, 형제간의 경쟁, 학교에서의 문제들, 혹은 슬프거나 문제가 있던 사건들 같은 부정적인 기억이 있을 것이다. 이 책 『**정서적 방치와 공허감의 치유(Running on Empty)**』은 이러한 종류의 기억 가운데 그 어떠한 것에 대한 것이 아니다. 이 책은 어린 시절에 일어났던 것으로 당신이 기억할 수 있는 것에 대한 것이 아니라, 당신의 어린 시절에 **일어나지 않은 것**, 즉 당신이 **기억하지 못하는 것들**에 대해 당신이 알 수 있도록 도와주기 위한 것이다. 왜냐하면 '**일어나지 않은 것**' 은 기억하는 사건보다 성인이 된 당신에게 더 큰 영향을 행사하기 때문이다. 『**정서적 방치와 공허감의 치**

유』는 일어나지 않은 것이 어떤 결과를 가져오는지 당신에게 알려 줄 것이다. 그것은 당신의 삶에서 작용하고 있는 보이지 않는 힘이다. 나는 당신이 이런 보이지 않는 힘에 영향을 받았었는지를 확인하고, 만약 영향을 받았다면 그것을 어떻게 극복할 수 있는지 도와줄 것이다.

멋지고 능력 있는 많은 사람이 내심 자신을 부족하거나 뒤떨어진 사람으로 느끼고는 한다. '나는 더 행복할 수 없을까?' '왜 나는 더 많은 것을 성취하지 못했을까?' '왜 내 삶은 더 의미 있게 느껴지지 않을까?' 보이지 않는 힘은 이러한 질문들을 만들어 낸다. 자신은 사랑이 많고 인자한 부모를 가졌다고 믿으며 자신의 어린 시절이 대개 행복하고 건강했다고 기억하는 사람들도 스스로에게 이런 질문을 할 수 있다. 따라서 그들은 뭔가 잘못된 것 같은 기분을 느끼는 것에 대해 자신을 탓한다. 그러면서도 자신이 보이지 않는 힘의 영향력 아래에 있다는 것을 깨닫지 못한다.

지금쯤 아마도 당신은 그 **'보이지 않는 힘이 무엇인가?'**라고 의아해하고 있을 것이다. 확신하건대, 그것은 무서운 것이 아니다. 초자연적이거나 초능력이 있거나 혹은 괴상한 것이 아니다. 실제로는 세계 도처의 가정에서 매일같이 일어날 수 있는 아주 평범하고 인간적인 것이다. 우리는 그것이 존재하는지, 문제가 되는지, 우리에게 어떠한 영향을 주는지 전혀 깨닫지 못한다. 그것에 대한 용어도 없다. 우리는 그것에 대해 생각하지 않으며, 그것에 대해 말하지 않는다. 우리는 그것을 볼 수 없다. 다만, 그것을 느낄 뿐이다. 그리고 그것을 느끼면, 우리는 정확하게 무엇을 느끼는지도 알 수 없다.

이 책에서 나는 이 힘에 하나의 이름을 붙여 주었다. 나는 그것을 '**정서적 방치**(Emotional Neglect)'라고 부른다. 이것을 신체적 방치와 혼동하지 말아야 한다. 무엇이 진짜 정서적 방치인지 말해 보자. 모든 사람은 '방치(neglect)'라는 용어와 친숙하다. 평범한 용어이다. 『미리엄 웹스터 사전(Merriam-Webster Dictionary)』에 의하면 '방치'의 정의는 '적은 주의나 존중 또는 무시하는, 특히 돌보지 않고 응대하지 않고 내버려 두는 것'이다.

'방치'는 사회적 서비스에서 정신건강 전문가들에 의해서 특별히 빈번하게 사용되는 용어이다. 보통 **물리적** 욕구가 채워지지 않은 상태인 아동이나 노인과 같은 의존적인 사람에게 사용된다. 예를 들면, 겨울에 코트 없이 학교에 오는 아이나 딸이 먹을 것을 가져오는 것을 자주 잊어버리는 바깥출입을 못하는 노인의 경우이다.

순수한 **정서적**(emotional) 방치는 눈에 안 보인다. 그것은 극단적으로 미묘하며, 드물게 물리적 또는 가시적 단서들을 가지고 있다. 실은, '**정서적으로**(emotionally)' 방치된 많은 아이는 훌륭한 신체적 돌봄을 받으며, 이상적으로 보이는 가정에서 자랐다. 내가 이 책을 쓸 때 염두에 두었던 사람들은 믿기지 않게도 표면상의 단서로는 방치된 것으로 식별되지 않았고, 실제로도 전혀 방치된 것처럼 확인되지 않았다.

그렇다면 이 책을 쓰는 이유는 무엇인가? 결국에는 정서적 방치의 주제가 여태껏 연구자나 전문가에게 인식되지 못할 만큼 사소한 것이라면, 어째서 그들은 그렇게 쇠약해진 걸까? 진실은 정서적 방치를 당한 사람들이 고통 속에서 고생하고 있다는 것이다. 그러나 그들이 왜 그런지 알아 낼 수 없으며, 치료자들마저도 그것을 치료하지 못한다. 이 책을 쓰면서 나는 고통받는 사람들과 그들이 도움을 받기 위해 찾아가는 전문가들까지도 괴롭히는 숨겨진 문제에 대해 해결을 제안하고, 증명하고, 정의한다. 내 목표는 무엇이 잘못된 것인지 의아해하고 침묵 가운데 고통받고 있는 사람들을 돕는 것이다.

'정서적 방치'가 왜 그렇게 간과되는지에 대해 좋은 설명이 있다. 그것은 **숨어 있다**. 그것은 인지되기보다는 **누락**되었을 수 있으며, 가족사진 자체가 아니라 사진의 흰 공간에 있다. 그것은 말로 **알려져 있기보다**는 흔히 어린 시절로부터 **이야기되지 않은** 것이거나 관찰하지 못했거나 기억하지 못한 것이다. 예를 들면, 부모는 사랑이 담긴 집과 풍성한 음식 그리고 옷을 제공한다. 그리고 자녀를 절대로 학대하거나 잘못 다루지 않는다. 그러나 이 부모는 십 대 자녀

"이 노래를 우리의 부모들에게 바칩니다.
아울러 우리에게 더 옳은 지도를 해 주시기를 간청하는 노래입니다."

가 마약을 사용하는 것을 발견하지 못하거나 갈등을 자아내는 것에 방향을 제시하기보다는 너무 많은 자유를 줄 수 있다. 이 자녀가 성인이 되면, 자신이 부모를 그렇게 원했던 때에 부모가 자신을 저버렸다는 것을 알아채지 못한 채 '이상적인' 어린 시절로 기억할 수 있다. 그는 십 대 시절의 잘못된 선택에 의한 어려움으로 자기 자신을 탓할 수 있다. '나는 정말 다루기 힘든 아이였어.' '나는 아주 좋은 어린 시절을 보냈기 때문에 삶에서 더 성취하지 못한 것에 대한 변명은 하지 않겠어.'라고 말이다. 치료자로서 나는 자신의 어린 시절에서 보이지 않는 강력한 힘으로 작용했던 '정서적 방치'에 대해서 모르는, 멋지고 고차원적 기능을 하는 사람들로부터 이러한 말을 많이 들었다. 이 예는 한 부모가 자기 자녀를 정서적으로 방치하여, 생기를 전부 소진시켜 놓는 수많은 방식 중 하나임을 제시한다.

여기에 매우 중요한 경고를 한 가지 하고 싶다. 우리는 모두 우리의 부모에게 외면당한 기억을 가지고 있다. 그 어떤 부모도 완벽하지 않다. 그 어떤 자녀도 완벽하지 않다. 그리고 우리는 대다수의 부모가 자신의 아이들에게 최선을 다하려고 애쓰는 것을 안다. 우리가 부모로서 실수를 할 때 우리는 거의 항상 그것들을 고치려고 한다는 것을 알고 있다. 이 책은 부모에게 수치감을 느끼게 하거나 부모를 실패자로 만들려는 것이 아니다. 이 책을 통해 당신은 많은 부모가 애정이 있고 선의를 품고 있음에도 자녀를 어떠한 방식으로 정서적으로 방치하게 되었는지에 대해 읽게 될 것이다. 정서적으로 방치하는 많은 부모는 멋진 사람이고 좋은 부모였으나, 그들 자신도 어린아이였을 때 정서적으로 방치되었던 경험이 있다. **모든** 부모가 자녀를 키울 때 우연히 정서적으로 방치하는 행동을 범하지만, 그것이 점차 큰 폭과 양으로 아이를 정서적인 '허기 상태로' 만든다면 문제가 된다.

부모의 실패가 어떤 수준이든 정서적으로 방치된 사람은 자신을 저버린 부모의 잘못으로 보기보다는 스스로가 문제라고 생각한다.

나는 이유를 잘 설명할 수 없는 슬픔과 불안 또는 공허감을 가진 내담자들의 삶으로부터 얻은 많은 예와 삽화를 책 곳곳에 포함시켰다. 정서적으로 방치된 이 사람들은 대개 다른 사람들이 무엇을 원하는지 또는 무엇이 필요한지, 그리고 그것을 어떻게 제공할지를 알고 있다. 또한 그들은 사회적 환경에서 자신들에게 기대하는 것이 무엇인지를 알고 있다. 하지만 이 고통받는 사람들은 자신의 내면적 경험에서 무엇이 잘못된 것인지, 그리고 그것이 자신에게 어떻게 손상을 입히는지를 기술하고 정의하는 능력이 없다.

어린아이일 때 정서적으로 방치되었던 성인은 식별할 수 있는 증상을 보이지 않는다는 것이 아니다. 심리치료자의 문 안으로 가져 온 증상은 다만 우울, 부부문제, 불안, 분노처럼 정서적 문제가 아닌 다른 것인 양 항상 변장을 한다. 정서적으로 방치되었던 성인은 자신의 불행을 이런 식으로 잘못 정의하며, 도움을 요청하면서 당황스러워 한다. 그들은 자신의 진짜 정서적 필요를 접촉하거나 확인하는 것을 배우지 못하였기 때문에 긴 시간을 들인 치료로도 치료자가 그들 스스로에게 자신을 더 잘 알도록 도와주기는 어렵다. 그러므로 이 책은 정서적으로 방치된 사람뿐만 아니라 최상의 치료법을 방해하는 자신을 향한 연민 부족을 방지하기 위한 도구가 필요한 정신건강 전문가들을 위해서도 쓰였다.

당신이 이 책 『**정서적 방치와 공허감의 치유**』를 읽으려는 이유가 내면의 공허함과 덜 채워짐(lack of fulfillment)에 대한 답을 얻고자 하기 위함이건 또는 당신이 침체된 환자들을 도와주기 위해 노력하는 정신건강 전문가이기 때문이건, 이 책은 보이지 않는 상처를 위한 구체적인 해결책을 제공할 것이다.

　　『**정서적 방치와 공허감의 치유**』에서 나는 어린 시절과 성인기에서의 정서적 방치의 여러 측면을 보여 주기 위해 많은 삽화를 사용하였다. 모든 삽화는 나와 Musello 박사가 임상 과정에서 접한 실제 이야기에 근거한 것이다. 단, 모든 삽화에서 내담자들의 사생활을 보호하기 위하여 이름, 확인된 사실 그리고 세부 묘사는 주인공의 생사 여부를 막론하고 실제 사람들을 알아낼 수 없도록 변형하였다. 제1장과 제2장 곳곳에 제시된 지크와 관련된 삽화만 예외이다. 이 삽화들은 다양한 양육 스타일이 같은 남자아이에게 어떻게 영향을 미치는지를 보여 주기 위해 만들어졌으며, 순수하게 지어낸 것이다.

　　당신은 이 책이 당신에게도 적용될 수 있는지에 대해 궁금한가? 그것을 알기 위해 다음 질문지에 먼저 답하라. 답이 '그렇다'이면 그 질문에 동그라미를 치면 된다.

정서적 방치 질문지

아이에게 정서적 방치가 일어날 때, 그것은 대개 미묘해서 눈에 쉽게 띄지 않으며 기억하기 어렵다. 성인인 당신은 '만약 나에게 정서적 방치가 있었다면 어떻게 그것을 알 수 있었을까?'라고 의아해할 수 있다.

이 딜레마가 바로 정서적 방치 질문지(Emotional Neglect Questionnaire: The ENQ)를 개발한 정확한 이유이다. 이 질문지는 '그렇다' 혹은 '아니다'로 답하는 일련의 질문들로 구성되어 있다. 당신의 점수는 당신의 어린 시절에 정서적 방치(Childhood Emotional Neglect: CEN)가 있었다는 것에 대해 짐작하게 할 뿐만 아니라 어린 시절 정서적 방치가 일어난 상황으로 들어가는 단서를 제공하기도 한다.

ENQ 설문지를 실시하려면 www.drjonicewebb.com/cen-questionnaire로 가면 된다.

Take the Questionnaire 버튼을 클릭하고 당신의 이메일을 적어 놓으면, 그 주소로 ENQ가 도착할 것이다.

제1부

다 비워진……

1 탱크는 왜
채워지지 않았을까

"……나는 보통 좋은 어머니는 남편의 지지와 함께 자녀의 인생 초기에, **아기에게 헌신하는 것을 통해서** 개인과 사회에 거대한 공헌을 한다는 것에 대해 주목하려 한다."

– D. W. Winnicott(1964),

『The Child, the Family, and the Outside World
(아이, 가족, 바깥세상)』

아이를 건강하고 행복한 성인으로 키우기 위해 다행히도 우리가 양육 전문가, 성자, 또는 심리학 박사일 필요는 없다. 소아정신과 의사이자 연구자, 작가 그리고 정신분석가인 Donald Winnicott은 40년에 걸친 저술을 통해 자주 이러한 사실에 초점을 맞추었다. 오늘날 우리는 아버지 역시 아이의 발달에 있어서 어머니 못지않은 중요한 역할을 한다고 인정하면서, 어머니의 보살핌에 대한 Winnicott의 관찰이 주는 의미는 여전히 동일하게 받아들인다. 적어도 **최소한** 부모와의 정서적 연결, 공감 그리고 지속적인 주의는 아이가 정서적으로 건강하며 연결된 성인으로 성장하도록 아이의 성장과 발달에 필요한 연료를 공급한다는 것이다. 만일 그것이 최소한의 양에 미치지 못하면 아이는 겉으로는 성공적으로 보이더라도 어쩌면 사람들이 볼 수 없는 내면에는 무엇인가 빠진 것 같이 비어 있고, 정서적으로 투쟁하는 성인이 된다.

Winnicott은 그의 저술들에서 아이가 필요로 하는 것을 채워 주는 엄마를 기술하기 위해 현재 잘 알려진 용어인 '충분히 좋은 엄마(good enough mother)'를 만들어 냈다. '충분히 좋은' 양육은 여러 형태를 가진다. 그러나 이 모든 것은 어떤 주어진 순간, 주어진 문화에서 어린아이의 정서적 또는 신체적 필요를 인식하고 그것을 만족시키기 위해 '충분히 좋은' 일을 한다. 대부분의 부모는 충분히 좋다. 동물들처럼 우리 인간은 생리적으로 아이들의 성장을 도우며 키우게 되어 있다. 그러나 생활환경이 양육을 방해하면 어떻게 되는가? 혹은 부모 자체가 건강하지 않거나 심한 성격상의 결함이 있다면?

당신은 '충분히 좋은' 부모 밑에서 자랐는가? 이 장의 끝에서, 당신은 '충분히 좋은'이라는 것이 무엇을 의미하는지 알게 될 것이다. 그리고 당신은 자신을 위하여 이 질문에 답할 수 있게 될 것이다.

그러나 먼저……

만약 당신이 부모라면, 이 책에 소개하고 있는 부모들의 **실패는** 물론이고 삽화에 등장하는 어린아이의 정서적 경험과도 스스로 동일시되는 것을 알 수 있을 것이다(왜냐하면 당신은 의심할 여지없이 스스로에게 엄하기 때문이다). 그래서 나는 당신이 세심하게 다음과 같은 참고사항에 주의하기를 바란다.

첫째,

모든 좋은 부모는 때로는 자신의 아이들을 정서적으로 저버린 것에 대해 죄책감을 가진다. 완벽한 사람은 아무도 없다. 우리 모두는 피곤하며, 까다롭고, 스트레스가 있고, 마음이 산란하고, 지루해하고, 혼란스럽고, 연결되지 않고, 압도당하거나 그렇지 않으면 여기저기에 타협한다. 하지만 이런 것을 정서적으로 방치하는 부모라고 분류하지 않는다. 정서적으로 방치하는 부모는 둘 중 하나이거나, 흔하게는 둘 다로 구별한다. 첫째로, 위기의 순간에 결정적인 방식으로 정서적으로 아이를 저버려서 회복될 수 없는 상처를 주거나(심각한 공감적 실패를 주거나), 둘째, 어린 시절 발달 내내 아이에게 필요한 어떤 면에 만성적으로 공감을 해 주지 않은 것을 말한다(만성적인 공감적 실패). 이 세상의 모든 부모는 자신이 아이를 저버린 것을 깨달았을 때, 양육 실패를 실감하고 움츠러들 수 있다. 그러나 자녀의 정서적 손상은 부모가 성장하고 있는 자녀의 정서적 필요에 귀머거리이고 장님이었던 모든 중요한 순간에서 발생한다.

둘째,

만약 당신이 정말로 정서적으로 방치되었고 또 지금 부모라면, 이 책을 읽으면서 당신이 자신의 아이에게 어떤 식으로 정서적 방치의 횃불을 넘겼는지 생각해 볼 기회를 가질 것이다. 만일 그렇다면 **그것은 당신의 잘못이 아님**을 인식하는 것이 매우 중요하다. 왜냐하면 그것은 눈에 보이지 않고, 서서히 퍼지며, 쉽게 한 세대에서 다른 세대로 전가되기 때문이다. 적어도 당신이 그것에 대해 확실하게 알아차린다면 몰라도 그렇지 않다면 그것을 멈추는 것은 몹시 어려운 일이다. 당신은 이 책을 읽으면서 당신의 부모보다 훨씬 앞서 변화할 수 있다. 당신은 패턴을 바꿀 기회를 얻었으며, 그 방법을 배우는 중이다. 정서적 방치의 결과는 뒤집을 수 있다. 그리고 당신은 자신과 자녀를 위하여 그 양육 패턴을 뒤집는 방법을 배울 것이다. 계속 읽어 나가라. **자신을 탓하는 것은 허용되지 않는다.**

1) 보통의 건강한 부모가 하는 행동

정서의 중요성은 애착이론을 통하여 잘 이해할 수 있다. 애착이론은 부모로 인해 유년기부터 안전과 관계적 연결에 대한 우리의 정서적 욕구가 어떻게 충족되는지를 알려 준다. 인간 행동을 보는 많은 방식이 애착이론으로부터 발전하였다. 이 이론의 대부분은 최초의 애착이론가이자 정신과 의사인 John Bowlby의 성과이다. Bowlby는 어머니들과 유아들로 시작해서 오랜 시간 동안 여러 부모와 자녀를 관찰하여 부모와 자녀 간의 유대감에 대해 이해하였다. 그는 아이가 어렸을 때 부모가 효율적으로 아이의 정서적 욕구를 인식하고 만족시켜 주면 '안전한 애착'이 형성되고 유지된다고 제시하였다. 이 초기 애착은 어린 시절 내내 그리고 성인기에 하나의 긍정적 자기 이미지와 일반적 안정감의 토대를 형성한다.

애착이론의 시각에서 정서적 건강을 보면, 우리는 부모에게서 세 가지 핵심적인 정서적 기술을 찾을 수 있다.

- 부모는 아이에게 **정서적 연결성을 느낀다**.
- 부모는 아이에게 **주의를 집중하고** 아이를 자신의 하나의 도구나 소유, 혹은 짐이라기보다는 유일하고도 분리된 하나의 인간으로 본다.
- **정서적 연결성**과 **주의집중**을 사용하여, 부모는 아이의 **정서적 욕구**에 **유능하게 반응한다**.

비록 간단해 보이지만 이 세 가지 기술은 정서적 건강과 함께 아이가 세상에 직면할 수 있게끔 도와주고 아이를 행복한 성인기로 이끌어 주며, 하나의 안전한 정서적 유대감을 만들어 내어 자기의 본성에 대해서 배우고 다스리는 데 도움을 주는 막강한 도구들이다. 다시 말해, 부모가 자녀의 유일한 정서적 본질에 대해 유념한다면, 자녀는 정서적으로 강한 성인으로 자란다. 어떤 부모는 이러한 것을 본능적으로 할 수 있으나, 어떤 부모는 그 기술을 배워야 한다. 그렇다면 어떠한 방식이든 아이는 방치되지 않을 것이다.

*지크의 사례

지크는 조숙하고 매우 활발한 3학년 학생으로, 평온하고 안락한 가정의 세 자녀 중 막내이다. 그는 최근에 학교에서 '말대답하는' 것으로 문제에 놓여 있다. 수업 도중 선생님은 지크를 집으로 보냈고, "지크가 오늘 무례했습니다."라고 그의 잘못된 행동에 대해 쓰인 쪽지를 보내왔다. 지크의 엄마는 그를 앉혀 놓고 무슨 일이 있었는지 물어보았다. 지크는 격앙된 목소리로 말했다. 쉬는 시간에 지크가 연필심을 위로 향하게 하여 손가락으로 잡고 흔들었는데, 롤로 선생님이 지크가 자신의 얼굴을 찌를 수 있으니 그만하라고 말했다는 것이다. 그는 이마를 찌푸리며 선생님에게 다가가 "이렇게 연필을 다 구부렸기 때문에 괜찮아요."(행동으로 보여 주면서) 하면서 연필심을 자신의 얼굴에 갖다 대며 찌르는 시늉을 하였고, 이어서 "저는 그렇게 어리석지 않아요."라고 말했다. 곧바로 롤로 선생님은 연필을 빼앗고 그의 이름을 칠판에 쓴 후 쪽지와 함께 그를 집으로 보냈다.

지크의 어머니가 어떻게 반응했는지를 기술하기 전에, 지크가 앞으로 일어날 부모님과의 상호작용에서 얻고자 하는 욕구가 무엇인지를 알아보자. 그는 평소에는 선생님을 좋아했지만, 오늘은 선생님과의 일로 기분이 상해 있다. 그러므로 그는 공감이 필요하다. 또한 그는 학교에서 잘해 나아가려면 선생님의 기대가 무엇인지를 배울 필요가 있다. 마지막으로, 최근에 그가 자신이 나이가 어리다는 이유로 형과 누나와 함께 놀지 못해, 자신이 어린아이 취급받는 것에 매우 민감해 있음을 어머니가 알아차린다면 도움이 될 것이다. 지크의 어머니는 지크의 문제에 도움을 주기 위해 '연결성을 느끼고, 주의집중하고, 유능하게 반응하는' 기술이 필요하다. 이제 엄마와 아들 사이에 어떻게 대화가 진행되었는지를 보자.

엄마: 롤로 선생님이 네가 어리석게 스스로 연필로 찌를 것이라고 생각한 것에 네가 당황한 것을 모르셨구나. 하지만 선생님들이 네게 하고 있는 것을 멈추라고 할 때, 그 이유가 뭐든 간에 네가 할 일은 그 행동을 우선 멈추는 거야.

지크: 알아요! 선생님한테 이야기하려고 했는데 들으려 하지 않으셨어요!

엄마: 그래, 사람들이 네 말을 들으려 하지 않을 때 네가 얼마나 속상한지 엄마는 알아. 하지만 선생님은 요즘 형과 누나가 네 말을 잘 들어주지 않아서 속상하다는 것을 모르잖아.
(지크는 자신을 이해하는 엄마의 반응에 조금은 긴장을 푼다.)

지크: 네, 선생님은 매우 속상해하는 나를 보고도 내 연필을 빼앗았어요.

엄마: 그래, 힘들었을 거야. 하지만 생각해 봐. 롤로 선생님의 반은 학생이 많아서, 선생님은 지금 우리처럼 이야기를 반복할 시간이 없어. 그래서 어느 어른이라도 학교에서 너에게 무엇을 하라고 말씀하시면 너는 그것을 즉시 하는 것이 매우 중요해. 지크, 이제는 대답할 때 토를 달지 않도록 노력할 수 있겠니?

지크: 네, 엄마.

엄마: 좋아! 만약에 선생님이 요청하는 것이 무엇이든 네가 한다면 앞으로는 문제가 없을 거야. 하지만 만약 그것이 불공정하다

고 생각된다면 집에 와서 엄마에게 불평을 할 수 있어. 하지
만 학교에서 학생은 선생님을 존중해야 하는데, 존중이란 선
생님의 요청에 협력하는 거란다.

이 대화에서 지크 엄마의 직감적인 반응은 Winnicott이 말하는
건강하고 행복한 성인기로 이끄는, 건강하고 정서적으로 조율된
양육 방식의 복합적인 예를 제공한다. 엄마는 정확히 무엇을 하였
는가?

- 첫째, 반응하기 **전에** 엄마는 아들에게 무엇이 일어났는지를
  물어보면서 정서적으로 연결하였다. 수치스러워 하지 않으면
  서 말이다.
- 둘째, 아들의 말을 잘 경청하였다. 그리고 처음에 이야기할
  때, 여덟 살 아이가 이해할 수 있도록 간단한 규칙을 제공하였
  다. "선생님이 너에게 무엇을 하라고 말씀하실 때, 너는 그것
  을 즉시 해야 해." 여기에서 지크의 엄마는 그에게 학교에서
  사용하는 일반적인 규칙을 제공하면서 아들의 인지적 발달 단
  계에 맞추어 설명하였다.
- 셋째, 엄마는 공감하면서 그리고 아들의 감정을 명명하였다
  ("롤로 선생님은 네가 당황한 것을 이해하지 못했구나……"). 엄마
  가 자신의 감정을 명명하는 것을 들으면서, 지크는 자신의 감
  정을 엄마에게 더 표현할 수 있었다("알아요! 선생님한테 이야기
  했는데 들으려 하지 않았어요!").
- 또 다시 엄마는 선생님의 말에 반박해서 무례해 보이는 행동,

즉 지크의 버릇없는 행동을 불러일으킨 감정을 명명하면서 지크에게 반응하였다("그래, 엄마는 알아. 사람들이 네 말을 들으려 하지 않을 때 네가 얼마나 속상해하는지⋯⋯.").

- 지크는 이해받았다고 느끼면서, 스스로 이러한 감정의 단어를 반복하면서 대답하였다("네, 선생님은 매우 속상해하는 나를 보고도 내 연필을 빼앗았어요.").
- 그러나 엄마는 아직 끝내지 않았다. 엄마는 아들의 행동을 선생님과 다르게 생각한다는 것을 보여 주면서 지크에게 자신이 아들을 이해하고 그의 감정을 느끼고 있다는 것을 보여 주었다. 그러나 지크가 고치지 않는다면 아들의 반박하는 경향성은 학교에서 계속 문제가 될 수 있기에 엄마는 거기에서 끝낼 수가 없다. 그래서 엄마는 아들에게 "어느 어른이라도 학교에서 너에게 무엇을 하라고 말씀하시면 너는 그것을 즉시 하는 것이 매우 중요해."라고 말한다.
- 마지막으로, 엄마는 아들이 자신의 행동에 대해 책임이 있다는 것을 알려 주며, 반복된 일이 일어나지 않도록 아들에게 질문을 함으로써 기초를 닦았다("지크, 이제는 대답할 때 토를 달지 않도록 노력할 수 있겠니?").

믿기지 않을 정도로 간단해 보이는 대화에서 지크의 엄마는 아들의 실수를 수치스럽게 여기는 것을 피하였으며, 지크가 나중에도 자신의 감정을 스스로 걸러 낼 수 있도록 감정들을 명명해 주었다. 엄마는 아들에게 사회적 규율을 주면서 아들을 정서적으로 지지하였고, 또한 아들이 자신의 행동에 책임질 수 있도록 도왔다.

앞으로 아들은 학교에서 비슷한 일이 생길 경우 교실에서 갖게 될 어려움에 대해 이해하고 그것을 해결하도록 엄마의 메시지를 기억하고 스스로 조율할 것이다.

지크의 사례를 기억하기를 바란다. 건강한 양육과 정서적으로 방치된 양육 간의 차이를 기술하는 데 도움이 되도록 그의 사례를 여러 번 더 사용할 것이기 때문이다.

여기에 또 다른 사례가 있다.

*캐슬린의 사례

정서적 방치는 아동의 삶에서 매일 일어남에도 보통 배려의 형태나 관대함으로 가장하기 때문에 아주 미묘하여 좀처럼 관찰하기 어렵다.

캐슬린은 첨단기술을 가진 작은 신생기업에서 행정관의 비서로 많은 월급을 받고 있으며 최근에 결혼한, 성공한 젊은 여성이다. 그녀는 자신의 부모가 사는 동네에 집을 사도록 남편을 설득하였다. 치료에서 드러난 것처럼 그녀의 어머니가 자주 그녀를 미치게 만드는 것을 알면서도 말이다. 사실 그녀는 자신의 이런 결정에 어리둥절해했다. 캐슬린은 어머니가 항상 자신에게 많은 관심을 요구하였으며, 자신이 어머니에게 얼마나 많은 관심을 주었는지에 상관없이 어머니에 대해서 죄책감을 가지고 있다는 것을 알아차렸다. 치료실에 왔을 때는 그녀의 성공과 행복이 절정에 다다랐을 때였다. 그녀는 새 집, 새 신랑, 아주 훌륭한 직업을 가지고 있었지만 어떤 이유에서인지 우울했다. 그녀는 이러한 느낌이 부끄러웠고 당황스러웠다. 그럴 이유가 없었기 때문이다.

앞으로 이어지는 것은 일어난 것이 아닌 **일어나지 않은** 사건들에서 정서적 방치가 어떻게 숨어 있는지를 보여 주는 좋은 예이다.

25년 전으로 되돌아가자. 다섯 살짜리 캐슬린은 해변가에 앉아서 아버지와 모래성을 만들고 있다. 성공한 젊은 부부의 외동딸이며, 뉴잉글랜드의 원형 그대로 복구된 고풍스러운 집에 살고 있는 그녀를 보고 사람들은 행운아라고 말한다. 아버지는 엔지니어이고, 엄마는 초등학교 교사이다. 캐슬린의 삶은 이국적인 곳들로 여행을 다니며 점잖은 매너를 배우며 지내는 것이다. 훌륭한 재봉사인 캐슬린의 엄마는 딸의 옷을 직접 만들어서 엄마와 딸이 같이 어울리는 옷을 입기도 한다. 그들은 많은 시간을 같이 보낸다. 지금, 휴가에서 그녀는 자신의 비치의자를 엄마 옆에 놔두었다. 막 아빠가 자신에게 같이 놀자고 하였기 때문이다. 캐슬린에게는 아빠와 같이 어떤 특별한 것을 하는 즐거운 기회가 드물다. 아빠와 딸은 모래성의 일층을 쌓으려고 모래를 모으고 구멍을 팠다.

엄마는 한동안 읽던 책 위를 바라보고는 비치의자의 편안한 자리에서 단호하게 말한다. "캐슬린, 아빠와의 모래놀이는 이제 충분해! 아빠는 쉬는 날에 하루 종일 너와 노는 것을 원치 않아! 이리 와. 책을 읽어 줄게." 아빠와 딸은 그들의 구덩이에 꽂혀 있는 플라스틱 삽을 쳐다보았다. 잠깐의 정적이 있었다. 아빠는 바로 일어나며 무릎에서 모래를 털었다. 마치 그도 순종해야 하는 것처럼. 캐슬린은 놀이가 중지되자 슬픔을 느끼는 자신이 이기적인 것처럼 생각되었다. 엄마는 아빠와 캐슬린을 잘 돌보아야 하고, 자신은 아빠를 지쳐 버리게 해서는 안 된다. 그녀는 엄마 의자와 잘 어울리는 그녀의 작은 비치의자로 가서 앉는다. 엄마는 그녀에게 책을 읽어 준다. 시간이 지나면서, 이야기를 들으면서 캐슬린의 실망한 마음은 지나가고 있었다.

우리의 치료에서 캐슬린은 어떻게 자신이 항상 아버지와 먼 관계를 가지고 있었는지를 설명하면서 이 기억을 전해 주었다. 아버지가 일어나 무릎의 모래를 터는 부분에서 그녀는 눈물이 핑 돌았다. 그녀는 "모르겠어요. 왜 그 장면이 나를 그토록 슬프게 만드는지요."라고 말했다. 나는 그녀에게 그 슬픔에 초점을 맞추도록 하였고, 그날 아버지와 어머니가 무엇인가를 다르게 하였을 수 있었는지에 대해 생각하기를 요청하였다. 그 순간에 캐슬린은 그녀가 자주 부모 **모두**에게 내쳐지는 것을 보기 시작했다. 그날만큼은 그녀가 평소와는 달랐으면 하고 원했던 것을 이해하는 것은 어렵지 않았다. 그녀는 그저 아버지와 함께 모래 구멍을 계속 파기를 원했다.

만일 그녀의 어머니가 캐슬린에게 정서적으로 대응한다면 다음과 같이 했을 것이다.

엄마는 책 너머로 그들이 노는 것을 보고, 비치의자에 앉아 미소를 지으며 말한다.

"우와, 정말 큰 구멍을 파고 있네! 내가 어떻게 모래성을 만드는지 보여 줄까요?"

혹은 만약에 아버지가 정서적으로 대응한다면 다음과 같이 했을 것이다.

엄마는 책 너머로 그들이 노는 것을 보고 비치의자에 앉아 단호하게 말한다.

"캐슬린, 아빠와의 모래놀이는 충분해. 아빠는 쉬는 날 너와 하루 종일 노는 것을 원치 않아! 이리 와. 책을 읽어 줄게."

아빠와 딸 모두 엄마를 쳐다본다. 잠깐의 정적이 있었다. 아빠는 환하게 웃으면서, 맨 처음에는 엄마를, 그다음에는 캐슬린을 쳐다보면서 말했다.

"당신 농담해? 나한테 내 딸이랑 같이 해변에서 노는 것보다 더 중요한 건 아무것도 없어! 마가렛, 우리가 땅 파는 것을 도와줄래?"

앞의 두 가지 대화를 통해 우리가 알 수 있는 것은 대부분의 사람이 이 보통의 자연스러운 양육 기술 범위 안에 있다는 것이다. 이와 같은 대화는 언제나 일어난다. 그러나 만일 부모가 자녀의 중요성에 대한 이러한 확인을 못한다면, 그래서 아이가 한 부모 또는 다른 부모로부터 관심받기를 원하거나 필요로 하는 것을 창피하게 느낀다면, 그 아이는 **자신의 많은 감정적 욕구에 대해 장님이 되면서 성장하게 될 것이다.** 다행히도 성인 캐슬린은 엄마에 대한 분노에 합당한 이유가 있음을 알게 되었다. 그녀는 이 모든 세월 동안 그들의 엄마와 딸의 관계 뒤에 숨어 있는 것이 그녀를 향한 엄마의 정서적 조율의 부재였다는 것을 보았다. 캐슬린이 일단 그녀의 분노가 정당함을 인식하자, 그런 감정을 가진 것에 대한 죄책감을 덜게 되었다. 그녀는 어머니에게 공급해 주는 것을 중지하는 것과 자신과 남편을 위해서 옳다고 생각하는 것을 하는 것이 괜찮다는 것을 알게 되었다. 또한 캐슬린은 어머니의 한계를 이해하는 것과 그들의 관계를 개선하려는 시도의 문이 열려 있다는 것도 알게 되었다.

캐슬린의 사례에서 중요한 것은 캐슬린의 부모는 양육에서 어떤 커다란 어긋남을 저지르지 않았다는 것이다. 그들의 '실수'는 매우 미묘해서 딸에게 어떤 손상이 일어나는지 조금도 알아차리지 못했을 것이다. 사실, 어린 시절에 자신들에게 전수된 패턴대로 실행하였을 뿐이다. 이것이 **정서적 방치**의 위험성이다. 자신의 자녀를 사랑하고, 할 수 있는 것으로 최선을 다하는 완벽하게 좋은 사람들이지만, 동시에 그들의 자녀에게 우연하면서도 보이지 않는, 잠재적인 상처를 주는 패턴을 전수하고 있었던 것이다. 이 책의 목표는 부모에 대해 불평하려는 것이 아니다. 다만, 우리의 부모가 어떻게 우리에게 영향을 주었는지를 이해하려는 것이다.

이제는 건강한 양육과 방치적 양육 간의 차이에 대한 감을 가졌으므로 방치적인 부모의 특별한 유형들을 살펴보는 것으로 넘어가 보자. 이 부분을 읽으면서, 당신은 그 유형들 사이에서 당신 자신의 부모 유형을 혹시 인식할 수 있는지 보라.

2 자녀의 마음을 텅 비게 만드는 12가지 유형

   부모가 자녀를 정서적으로 저버리는 방식은 셀 수 없이 많다. 너무 많아서 이 책에서 모두 다루기는 불가능할 것이다. 우리가 할 수 있는 것은 가장 보편적인 부모 유형을 들여다보는 것이다. 당신의 부모가 한 유형과 다른 유형의 특성들로 혼합된 특성을 가질 수 있다는 것을 이해하며 이 책을 읽기 바란다. 첫 번째 유형을 읽은 후에 당신 부모의 유형을 찾았다고 생각하더라도 이 장을 끝까지 읽는 것이 도움이 될 것이다. 예를 들면, 당신이 자신의 부모를 유형 5로 확인한 후에도 유형 9에서 자신이 경험한 무엇인가를 볼 수 있다. 대다수의 부모는 지배적으로 한 유형에 속하더라도, 모든 예는 '혼합되어 맞춰진 것(mix-and-match)'으로 여긴다.

   나는 제일 큰 범주를 마지막에 두었는데 그것은 바로 선의의 의도를 가졌으나 자신도 방치되었던(Well-Meaning-But-Neglected-

Themselves: WMBNT) 경험이 있는 부모이다. 이 범주는 자신들의 자녀를 정서적으로 저버렸지만 좋은 의도를 가졌던 많은 부모에 대해서 말한다. 그들은 자녀를 진짜로, 진심으로 사랑한다. 다만, 자녀가 원하는 것을 어떻게 주어야 할지를 모른다. 만약에 당신이 유형 1부터 유형 11까지 읽었는데 그 무엇에도 맞는 것 같지 않다면 당신은 WMBNT 부모한테서 성장하였을 가능성이 매우 크다.

1) 유형 1: 자기애적인 부모

어쩌면 당신은 'narcissistic'이 파생된 그리스 신화의 나르키소스(Narcissus)와 친숙할 것이다. 신화에서 나르키소스는 빼어나게 잘생긴 젊은 남자로서, 그의 용모는 그를 아는 모든 이의 눈을 부시게 했다. 많은 사람이 그를 칭찬하고 그와 사랑에 빠졌다. 그러나 그는 아주 자만하여 그 모두를 거부하였다. 그 누구도 그에게 충분하지 못했다. 결국 나르키소스는 연못에 비친 자기 자신을 보고 사랑에 빠졌다. 자기 자신의 이미지로부터 떨어져 나올 수가 없어, 신화의 버전에 따라 그는 자살을 하였거나 쇠약해져 죽었다고 한다.

자기애적인(narcissistic) 사람들은 나르키소스(Narcissus)처럼 자기를 향한 사랑이 크다. 우월감, 자신감, 카리스마로 가득 차 있다. 그러나 어떤 때는 다른 사람들을 향한 자신의 우월감이 환상이라는 것을 인지한다. 그럴 때면 자신의 우월감을 확증시키는 증거들에 끌린다. 그리고 반대의 증거를 제공하는 관계나 상호작용을 회피한다. 어떤 사람이나 어떤 것에 의해 자신의 위대함이 흔들리면 자기애적인 사람들은 힘들어 한다. 그들은 오만함을 가지고 있음에도 쉽게 상처를 입고 정서적으로 취약하다. 그래서 원한을 품으며, 다른 사람에게 잘못을 돌리며, 사람들이 면목을 잃도록 처벌하며, 자기 방식대로 이루어지지 않으면 불끈한다. 자신이 잘못됐다는 것을 인정하기를 싫어한다. 다른 사람이 자신의 이야기를 듣는 것만을 좋아한다. 그러나 아마 가장 손상된 특성은 다른 사람들을 자주 판단한다는 것이다. 슬프게도 그들을 부족한 존재로 여기는 것이다. 그들은 어느 가족, 사무실 혹은 기업의 왕이요 여왕이다.

당신은 자기애적인 사람이 부모가 되면, 자녀에게 완벽을, 아니면 최소한 당황스러움이 없기를 요구할 것이라고 상상할 수 있을 것이다. 건강한 부모는 자녀가 큰 경기에서 날아가는 공을 잡는 것에 실패하면 약간 움츠러들지만, 자기애적인 부모는 화를 내며 개인적으로 모욕감을 느낀다. 자녀가 다른 사람들 앞에서 실수를 할 것 같으면, 자기애적인 부모는 그 순간 자녀에게 얼마나 부모의 도움이 필요한가는 상관없이 그 일을 개인적으로 마음에 두고 자녀가 그 일에 대한 대가를 치르도록 한다.

*시드의 사례

열아홉 살인 시드는 부자인 부모의 잘 꾸며진 집 정문 앞에 서 있다. 그는 한눈에 보기에도 키가 크고 잘생긴 젊은 청년이다. 그러나 그의 눈을 들여다보면 고통과 불확실성이 보인다. 그는 손을 앞쪽으로 모아 꽉 움켜쥐고 있고 어깨는 약간 움츠러들었다. 경찰관이 그의 옆에 서 있고 초인종을 눌렀다. 경찰관과 그 젊은 남자는 한 멋진 여인이 문을 열 때까지 몇 분을 기다렸다. 그녀는 경찰관에게 매력적인 미소를 보내고 아들을 집으로 데려와 준 것에 대해 고맙다고 하며 서류들을 건네받았다. 그리고는 아들이 집 안으로 들어오도록 옆으로 몇 걸음 물러섰다. 경찰관이 떠나자 시드의 어머니는 문을 닫고 잠깐 딱딱하고 무감각한 표정으로 아들 앞에 팔짱을 끼고 섰다. 시드는 스킨십을 원하거나 기대하는 것처럼 그녀를 향해 조금 기대려고 했다.

그녀는 "아버지는 몹시 화가 났어. 지금은 아버지와 말할 수 없어. 아버지는 침대에 누우셨어. 넌 옛날 방으로 가서 자라. 이 일은 내일 아침에 이야기하자."라고 말했다.

시드는 술을 먹고 잡힌 것일까? 혹은 도둑질과 같은 더 심각한 일을 한 것일까?

아니다. 다만, 한동안 안 하던 운전을 하다가 차로 보행자를 쳐서 크게 다치게 했다. 그는 번화한 거리에서 버스를 타려고 용감하게 가족과 함께 길을 건넌 40대 남자를 차로 쳤다. 그 남자는 지금 병원에서 혼수상태로 있다. **시드의 어머니는 그를 그의 방으로 보냈다.** 어머니는 가족에게 수치를 준 아들의 이름이 내일 신문에 나올 것이기 때문에 화가 나 있다.

자기애적인 부모는 자녀가 독립적인 인간이라는 것을 인지하지 못한다. 대신, 자녀를 자신들로부터 약간 확장된 것으로 본다. 자녀의 욕구는 부모의 욕구로 정의되며, 자녀가 자신의 욕구들을 표현하려고 하면 자녀는 이기적이고 생각이 없는 것으로 몰린다.

*베아트리스의 사례

　베아트리스는 마을에서 유명하고 명성 있는 사립학교에서 전액 장학금을 받는 영특한 열네 살의 아프리카계 미국인 여자아이이다. 대부분의 학생은 부자라서 방학 동안 몬테카를로(Monte Carlo)나 스위스 알프스(Swiss Alps) 같은 장소로 여행을 다녔다. 그러나 베아트리스는 '도시 사람'으로 부모는 그녀를 일 년에 한 번 디즈니월드나 케이프 코드(Cape Cod)에 데려가기 위해 돈을 저축해야 했다. 새로운 학교에서 그녀의 점수는 언제나처럼 좋았다. 그러나 그녀는 일 년 내내 비참했고, 자신이 미디어에서 환상을 주기 위해 출연하는 흑인이나 도시인 같으며, 학교에서 그 어디에도 속하지 않는 것처럼 느껴졌다.

　그러나 학년 내내 베아트리스의 어머니는 천국에 있었다. 어머니는 옷을 차려입고 학교 행사에 가서 국회의원이나 월스트리트에 사는 부모들과 사귀는 것을 좋아했다. 또한 이웃에게 딸이 다니는 학교가 얼마나 입학하기 어려운 학교이며, 자신의 딸이 얼마나 잘하고 있는지를 말하는 것을 즐겼다. 어머니는 드디어 그녀가 흥미를 가지는 사람들과 사귀게 되었다. 베아트리스가 자신의 비참함을 어머니에게 말하려고 할 때마다 어머니는 "이것은 네 인생에서 성공할 최고의 기회야! 오직 4년이야. 너는 너를 강하게 만들어!"라고 외치고는 했다. 베아트리스는 어머니의 말을 가슴에 새기도록 노력했다. 그러나 그녀는 외로웠고, 우울했고, 다른 학생들과는 공통 관심사가 별로 없었다. 학년 말에 베아트리스가 부모에게 공립학교로 되돌아가겠다고 말했더니, 어머니는 폭발하였고, 눈물을 터뜨리며 소리를 쳤다. "어떻게 네가 **나에게** 이럴 수 있니? 이제 나는 거기에서 내 모든 훌륭한 친구들을 볼 수 없을 거야! 그리고 우리 이웃들은 네가 실패한 것을 아주 기뻐할 거야. 그동안 나를 질투했으니까! 네가 이러는 이유는 그 어떤 것도 아닌 오로지 이기적인 드라마 퀸이기 때문이야!" 베아트리스의 아버지는 아무 도움이 되지 못했다. 그는 그저 아내 편에 있는 것이 최고라는 것을 배웠다.

베아트리스에게 필요한 것은 연민과 이해였다. 그러나 그녀가 가지게 된 것은 수치감이었다. 긴 세월 동안 그녀의 어머니는 그녀가 선택한 것에 대해 용서해 주는 것이 어려웠다. 그런데 그 선택이 베아트리스에게 맞는 것임이 증명되었다. 그녀는 공립학교를 전액 장학금을 받으면서 졸업하여 브라운대학교로 가게 되었고, 그녀의 어머니는 다시 행복해졌다.

자기애적인 부모는 자녀가 무엇을 느끼는지에 대해 상상하거나 돌보는 능력이 결핍되어 있다. 공감이 없는 부모는 마치 흐릿한 불빛 아래 무딘 도구를 가지고 수술하는 의사와 같다. 결국 흉터만 만드는 것도 흡사하다.

*지크의 사례

제1장에서 선생님에게 버릇없이 행동해서 쪽지와 함께 집으로 보내진 3학년 아이 지크의 사례로 되돌아가자. 여기에 그의 어머니가 만약 자기애적인 사람이라면 어떤 상호작용을 하였을까?

지크는 쪽지를 어머니에게 건네주었다. 그녀는 그것을 읽으면서 근육이 긴장되고, 턱이 죄어들고, 목이 확 붉어졌다. 그녀는 쪽지를 지크의 얼굴 앞에서 흔들었다.

"지크, 너는 어째서 이런 일을 했니? 롤로 선생님은 내가 너에게 좋은 매너를 가르치지 않았다고 생각하겠다! 당황스럽네. 네 방으로 가. 지금은 너를 보고 싶지 않아. 엄마는 상처를 많이 받았어."

지크의 어머니는 아들이 올바르지 못한 행동을 마치 **그녀에게** 한 것처럼 개인적으로 받아들였다. 그녀는 지크의 감정과 잘못된 행동에 대해서 염려하지 않았다. 지크의 선생님이 보낸 쪽지를 본 후 그녀의 반응은 모두 그녀 자신에 대한 것이었다. 그러므로 그는 어머니로부터 어떻게 학교에서 잘 지낼 수 있는지에 대한 유익한 조언이나 제안을 받지 못했다.

자기애적인 사람이 부모가 되면, 그들은 자녀 각자와 매우 다른 관계를 가지려 한다. 그들은 특정한 자녀를 편애하게 되며, 적어도 자녀 중 한 사람에게 자주 실망한다. 그러나 그들 자신의 욕망을 잘 반영하는 한 자녀, 특히 잘생겼거나 예쁘거나 혹은 운동을 잘하거나 머리가 좋으면 '기름부음을 받은 자'가 되고, 자기애적인 부모와 특별한 관계를 즐기게 된다. 어떤 경우 자기애적인 부모의 그 편애를 받던 아이는 성인이 되고 나서야 부모의 사랑이 계속 조건적이었다는 것을 알게 된다.

*기나의 사례

최근까지 기나는 아버지 눈에 하나의 사과처럼 예쁨을 받았고, 아버지와 좋은, 가까운 관계를 유지하고 있었다. 그러나 그녀보다 항상 덜 성공적인 남동생은 아버지와 기나로부터 거리를 유지했다. 기나는 왜 그러는지 한 번도 이해하지 못하였으며, 남동생이 자신에게 질투를 느껴서 그럴 것이라고만 여겼다. 기나는 현재 법률 사무소에서 일하는 성공한 변호사이면서 이민 2세인 남자와 결혼을 했다. 그러나 이 남자가 그녀의 아버지에게는 그녀보다 못한 것처럼 느껴졌다. 약혼한 후부터 아버지는 그녀에게 차갑게 대했고 그녀의 전화를 피하였다. 아버지는 남동생에게 하였던 것과 같은 비판적 어조를 사용해 그녀와 대화를 하였다. 기나는 자신이 아버지를 실망시켰다는 것을 이해했다. 서른두 살이 되어서야 그녀는 드디어 왜 그녀의 동생이 스스로 가족으로부터 떨어져 있는지를 알게 되었다.

이 새로운 알아차림과 함께 기나는 자신의 삶에서 아버지로부터 거리를 둘 수 있게 되었다. 그러나 그녀는 항상 무의식적으로 아버지를 기쁘게 해 드리려고 애쓰고, 다른 사람들보다도 제일 잘하려 하였으며, 오로지 그를 위하여 칭찬받을 만한 것들을 모았다. 그녀는 아버지의 거울 올가미에 갇혀 있었다. 어린 시절 내내 그녀가 완벽한 딸이라는 아버지의 과대한 생각을 채우기 위해 힘들게 애쓰는 동안에 그녀 고유의 정체성은 방치되었다. 기나의 남동생처럼 자기애적인 사람의 자녀가 성장하면서 미움을 받건, 기나처럼 사랑받고 있다고 느끼건, 성인기에는 내면에 남아 있는 어린 시절의 아이가 자기애적인 판단으로부터 자유로워지려는 투쟁을 하게 된다.

나는 당신이 깨닫기 시작하였음을 확신한다. 정서적으로 방치된 양육 방식은 얼핏 보면 건강한 양육처럼 보인다. 하지만 숲속에서 똑같이 생긴 버섯들 중 하나의 버섯만 먹을 수 있고 나머지는 독버섯인 것처럼 유사성을 띤 것은 표면적인 외양뿐이다. 앞으로 읽을 장들은 어떻게 다양한 독버섯을 알아차려서 완전히 살아남으며, 또 어떻게 다음 세대에 힘과 지식을 전수할지를 가르쳐 줄 것이다.

2) 유형 2: 권위주의적인 부모

1966년에 심리학자 Diana Baumrind 박사는 처음으로 '권위주의적인 부모'를 증명하고 기술하였다. 즉, 권위주의적인 부모는 규칙에 얽매이고, 제한적이고, 처벌적이며, 매우 경직되고, 호령을 굽히지 않는 것을 바탕으로 자녀를 키운다고 하였다. 권위주의적인 부모를 생각할 때 머리에 스치는 문구들은 다음과 같은 것이다.

- "옛날 학교."
- "아이들의 말을 그냥 들어줄 것이 아니라 행동을 직접 봐야 한다."
- "매를 아끼면 자식을 망친다."

만약에 당신이 베이비부머(1946~1964년 사이에 태어난) 세대이거나 더 나이가 들었다면, 권위주의적 부모에게 양육되었을 가능성이 더 많다. 그 시기에는 이러한 양육 유형이 부모들 사이에서 인기가 있었다. 요즘 부모들은 훨씬 더 개방적이고 허용적인 접근을 취하는 성향이 있다. 이는 자신이 양육된 것처럼 자신의 자녀를 키우지 **않으려는** 의식적인 결정에 힘입은 것이다. 그러나 확신하건대 아직도 권위주의적인 부모가 넘치게 존재한다.

권위주의적인 부모는 자녀에게 많은 것을 요구한다. 부모는 자녀가 자신의 규칙을 질문 없이 따르길 바란다. 동시에 이 부모들은 규칙 뒤에 존재하는 의미를 따로 설명하지 않는다. 그들은 단순히 충실한 지지를 요구하며, 자녀가 따르지 않으면 심하게 질타한다. 권위주의적인 부모는 문제를 논의하거나 이의를 제기하기보다는 자녀를 처벌하거나 때린다. 그들은 자녀의 감정이나 생각을 특별히 고려하지 않는다. 자신의 머릿속에 들어 있는 일반적 아이들의 행동이 어떠해야 하는지를 말해 주는 양식에 따라 양육한다. 그리고 자녀의 개인적 욕구나 특정 기질 또는 감정을 고려하지 않는다.

대부분의 학대적 부모는 권위주의적 부모 범주에 속한다. 그러나 Baumrind 박사는 조심스럽게 "**모든 권위주의적 부모가 학대적이지는 않다.**"고 지적한다. 그러나 나는 위험을 무릅쓰고 "**모든 권위주의적 부모는 정서적으로 방치적이다.**"라고 말한다.

많은 권위주의적인 부모는 자녀의 순종을 사랑으로 보는 경향이 있다. 말하자면, 만약 자녀가 조용히 그리고 전적으로 부모의 말에 순종하면, 부모는 사랑받는다고 느낀다. 불행하게도 그 반대의 경우도 마찬가지이다. 만약 아이가 부모의 요구에 대해 질문을 하면, 부모는 존중받지 못한다고 느낄 뿐만 아니라 자신을 거부한 것으로 느낀다. 만약 아이가 드러나게 복종하지 않으면, 부모는 그 모든 것에 더하여 자기가 철저히 사랑받지 못한다고 느낀다. 어떻게 이런 일이 일어날 수 있는지를 이해하기 위해 소피아의 사례를 살펴보자.

*소피아의 사례

소피아는 열아홉 살의 쾌활하고 아름다운 여성이다. 그녀의 예순두 살 아버지는 구식 이탈리아인이다. 그는 외동딸을 온힘을 다해 사랑하며 그 보답으로 그녀로부터 존중과 사랑을 받기를 원한다. 크리스마스 이브였고, 소피아의 가족은 해마다 크리스마스 파티를 위해 모였다. 소피아는 형제나 자기 또래의 사촌들도 없고, 이모나 삼촌들은 지루하고, 케케묵었고, 허세가 있다고 생각해서 여러 해 동안 이 파티를 싫어했다. 이 파티에서 그녀는 자신이 전시된 장식물같다고 느꼈다. 그녀는 모든 가족에게 소개되고 평가되며, 그다음에는 잊히고 무시되었다.

소피아는 올해 크리스마스 이브 때 남자친구의 집에서 그의 가족과 함께 지내자는 초대를 받았다. 그녀는 처음으로 그의 부모를 만나는 것과 그들의 관계가 진전되는 것을 기대하며 흥분하였다. 또한 이 특별한 저녁을 보내는 것이 훨씬 더 따뜻하고, 흥미롭고, 신날 것이라 느꼈다.

소피아는 온몸을 떨면서 아버지에게 자신의 계획을 이야기하였다. 그러자 아버지는 분노하여 "너는 나를 이런 식으로 무시하면 안 되지. 이모나 삼촌들이 어떻게 생각하겠니? 그들은 네가 그들

을 사랑하지 않는다고 생각할 거야. 내가 너에게 여태껏 한 모든 것
에 대한 보답이 고작 이거니? 내가 바라는 것이라고는 한 해에 한
번 저녁 식사 한 끼를 같이 하는 것인데 너는 너무 이기적이야."라
고 하였다. 아버지는 소피아가 자신의 말대로 하지 않는다면, 그녀
에게 크리스마스 날에 올 필요가 없다고 이야기한다. "나는 네 선
물을 돌려줄 것이고, 너는 크리스마스 날을 남자친구와 지낼 수 있
다." 이쯤 되자, 소피아는 너무 죄책감과 상실감에 빠져 계획을 변
경하고 아버지가 원하는 대로 따르기로 한다. 그녀는 크리스마스
를 혼자서 보내는 것을 생각조차 할 수 없다.

소피아의 아버지는 딸에게 전혀 사랑받지 못하고 완전히 걷어차
인 것처럼 느꼈다. 딸이 자신의 규율을 깨뜨린 것이 거부, 존중하
지 않음, 돌보지 않는 것이라고 받아들였다. 그러나 그것은 실제로
소피아의 건강하고 긍정적인 세 가지 욕구이다. 남자친구에 대한
사랑, 미래에 대한 그녀의 기쁨 그리고 그녀의 삶을 건설하기 시작
하려는 자연스럽고 정상적인 욕구가 그것이다. 결과적으로, 소피
아의 아버지는 그가 사랑받는다고 느끼게 하는 욕구를 채우기 위
해 부주의하게 잘못을 저지르면서 소피아의 건강한 욕구들을 제쳐
놓고 자신을 따르도록 그녀를 훈련시켰다.

*요셉의 사례

요셉은 열 살이며, 형제 중 맏이이다. 오늘은 핼러윈데이로 가족
은 이때마다 매번 저녁 6시에 핫도그와 콩죽을 먹는 의식을 치른

다. 자녀는 아침부터 핼러윈 의상을 입게 해 달라고 졸랐지만 저녁 이후에야 드디어 의상을 입는 것이 허락되었다.

해마다 요셉의 엄마와 할머니는 의상의 주제를 선택하고 그것들을 손수 재봉한다. 올해에는 다섯 자녀 모두 파워레인저인데, 제일 나이가 많은 요셉은 좀 창피하였다. 자신이 파워레인저 의상을 입기에는 나이가 많다고 느꼈기 때문이다. 그는 친구들이 아기 같은 옷을 입고 있는 자신을 보는 것과 그것 때문에 내일 학교에서 놀림을 받을 일을 걱정하고 있다. 그는 올해는 정말 해리포터가 되고 싶었다. 그러나 요셉은 엄마에게 절대로 의상에 대해 물어보거나 해리포터가 되겠다고 요구하지 않았다. 만약 그럴 경우 엄마는 자신과 할머니가 힘들게 의상을 바느질하며 애쓰는 일을 고마워하지 않는다고 생각하면서 매우 화낼 것이기 때문이다. 그러므로 요셉은 의상에 대해서 생각하지 않으려고 무지 애를 썼다. 머리에서 그 생각을 떨쳐 버리려고 하였으며 파워레인저가 되었음에도 trick-or-treat("과자를 안 주면 장난칠 거예요."라고 집집마다 다니며 하는 말-역자 주)에 대해 신이 났다.

요셉의 부모님은 trick-or-treating 과정에 대해 매우 엄격하였다. 자녀는 매해 똑같은 이웃집 일곱 곳만 갈 수 있었다. 그들은 나이 순서대로, 엄마가 그들을 눈으로 따라갈 수 있도록 막내가 첫 번째로 걸어갔다. 주택가 골목길로 걸어 내려가는 동안 요셉은 trick-or-treating을 함께하고 있는 친구 두 명을 만났고, 충동적으로 앞으로 뛰어나가 손을 흔들며 그들의 이름을 외쳤다. 다섯 자녀를 유지시키며 질서 있게 데리고 가던 요셉의 엄마는 곧바로 요셉의 팔을 '홱' 잡아당겨 줄의 맨 마지막 자리에 놓았다. 그리고 "오늘 저녁 너는 더 이상 trick-or-treating을 할 수 없어." 하면서 야단쳤다. "너는 어떻게 잠시도 가만히 있지를 못하니? 나하고 동생들이 나머지 집을 가는 동안 넌 여기 있어. 이렇게 하면 네가 이 실수를 기억하고 내년에는 너 자신을 통제하는 데 도움이 될 거야."라고 말했다.

요셉의 엄마는 권위주의적인 부모의 좋은 예이다. 그녀는 의상을 결정하는 데 요셉(혹은 그 일, 자녀의 어떤 일이건)의 나이를 배려하지 않았으며 다섯 자녀 모두를 마치 다 똑같은 나이인 것처럼 다루었다. 그녀는 똑같은 의상을 5벌 만드는 것이 쉽다는 것을 알기에 핼러윈에 요셉이 무엇이 되고 싶어 하는지에 관심이 없었다. 그녀의 규율은 완고하였고, 요셉이 뜻하지 않게 그것들을 깨면 그 결과는 가혹했다.

우리는 요셉의 엄마가 다섯 명이나 되는 자녀의 trick-or-treating을 보살펴야 하기 때문이라고 조금은 봐 줄 수 있겠다. 그녀의 권위적인 방식은 어린 다섯 자녀를 관리하기 위한 절박한 시도였을 수 있다. 그러나 그녀의 행동에 대한 나름의 이유가 있다 하더라도 그것이 요셉에게 좋지 않은 결과를 가져올 수 있다는 사실을 알아차려야 한다. 그는 욕구와 소망을 가지는 것이 이기적이라고 배울 것이며, 그의 소망과 욕구 그리고 감정을 자신에게만 간직할 것이다. 그는 자신이 중요하지 않다고도 배울 것이다. 요셉이 사춘기에 들어서면, 그는 반항적인 행동을 할 위험에 놓일 것이며, 성인으로서 그는 정서적 방치의 기미를 보일 것이다.

어떤 권위적인 양육은 좀 더 미묘한 형태로 나타난다.

*르네의 사례

치료 초기 단계에서 르네는 나에게, "나는 힘든 아이였어요. 나는 언제나 문제를 일으켰어요. 되돌아보면 부모님께 미안해요."라고 말했다. 나는 르네에게 좀 더 자세하게 물어보고는 다음과 같은 것을 알게 되었다.

르네의 아버지는 '꽤 까다로운 사람'(르네의 말에 의하면)이었다. 그는 자녀가 집안일을 도와주기를 기대했다. 그는 퇴근 후에 자주 더러워진 부엌 바닥 같이 청소할 곳을 찾아내고는, "르네, 이리 와서 바닥을 걸레로 닦아라!"라고 소리쳤다. 만약 르네가 숙제를 하고 있었다면 당연히 문을 나오기 전에 자신이 쓰던 문장이나 풀던 수학 문제를 일단락하려고 할 것이다. 하지만 조금이라도 늦어지면 그녀의 아버지는 순종하지 않는 것으로 해석하였다. "내가 너 보고 와서 바닥을 걸레질하라고 할 때는 **지금 당장**을 의미하는 거야. 5분 후가 아니라!"라고 소리를 쳤다. 그 시간에 르네가 무엇을 하든지 간에, 무슨 일을 시켰든 간에, 그녀의 아버지는 그녀에게 소리를 쳤다. 말할 것도 없이, 르네는 자주 문제에 맞닥뜨렸다.

르네의 아버지가 다른 권위적인 부모처럼 그녀에게 엄한 처벌을 내리지 않았다고 받아들일 수 있다. 그는 딸에게 외출하지 못하게 하거나 크리스마스 때 내쫓지 않았다. 사실, 대다수 사람의 기준으로 봐서는 그가 하는 것들이 정상일 것이다. 하지만 르네의 아버지의 문제는 크게 소리를 친다는 것이고, 그것은 품위 없는 행동이라는 것이다. 그가 이렇게 하는 것은 딸이 곧장 그의 명령에 반응하

지 않으면 딸이 자신을 사랑하지 않는다고 **느끼기** 때문이다. 그것
은 그의 욕구(존중받고 사랑받는다고 느끼는 욕구)를 충족시키기 위
해, 그리고 르네가 그가 말하는 대로 하는 것이 좋을 것이라는 것
을 전달하기 위한 시도였다.

불행하게도 그가 실제로 한 행동은 딸의 욕구들이 하찮을 뿐만
아니라 모욕적이라고 느끼게 만들었다. 르네는 아버지가 비합리적
이라고 생각하기보다는 자신이 허용되지 않는 욕구들을 가지고 있
다고 스스로를 탓하였다. 그녀는 근본적으로 평생 자신을 탓하고
자신을 향한 분노로 벌을 받고 있는 것이었다. 다행히도 르네는 치
료를 통해 그녀 고유의 감정과 욕구를 가져도 괜찮다는 것을 배웠
고, 자신만의 방식을 찾아내었다.

*지크의 사례

지크는 집으로 돌아오는 학교 버스 안에서 내일 있을 축구 경기
에 대해 머릿속에서 상상의 나래를 펼쳤다. 그의 아버지가 드디어
패트리어츠(Patriots) 팀 경기 티켓을 얻었으며, 처음으로 지크를
그 경기에 데려가기로 했기 때문이다. 지크는 이보다 더 신난 적이
없었다.

집에 도착하자마자 지크는 엄마에게 쪽지를 건네주었다. 그녀는
쪽지를 읽자마자 분노와 함께 심하게 상처를 입은 표정을 지으며,
"이것은 용납할 수 없어. 너는 제대로 된 존중을 어떻게 보여 주는
지를 알아야 해! 내일 축구 경기를 볼 자격도 없어. 너는 내일 축구
경기를 볼 수 없어. 이렇게 하면 다음에는 네가 Mrs. 롤로 선생님을

존중해야한다는 것을 기억할 수 있을 거야."라고 말하였다.

당연히 지크의 엄마는 엄하게 단속을 했다. 엄마는 그가 사건에 대해서 설명하는 것을 듣거나 그의 감정을 어떻게 다스려야 하는지, 또는 문제가 일어난 그 학교 상황에서 어떻게 대처해야 하는지에 대해서 그 어느 것도 가르치지 않았다. 그 대신에 그의 감정 상태는 중요하지 않으며 진짜 중요한 것은 맹목적으로 그 규율을 따르면서 권위를 존중하는 것이라고 가르쳤다. 지크가 자라면서 그가 존중받는 상황에서 다른 사람들(선생님, 친구, 그의 아내)의 메시지를 희망적으로 듣는다 해도, 그에게는 여전히 자신의 일이 잘 안될 경우에 자신을 탓하는 성향이 깊게 자리하고 있을 것이다. 그리고 그것은 그가 실수를 할 때 스스로를 매우 힘들게 할 것이다.

3) 유형 3: 허용적인 부모

허용적인 부모는 여러 면에서 권위주의적인 부모와 반대 극에 속한다고 할 수 있다. 허용적인 부모의 모토는 '걱정하지 말라, 행복하라!'이다. 우리의 문화에서 이러한 유형의 부모는 인기가 많으면서도 기이하게 그려진다. 〈못 말리는 커플(Dharma and Greg)〉에서 다마의 히피 부모님들, 〈패밀리 가이(Family Guy)〉에서 스튜이의 어머니, 호머 심슨, 혹은 〈개구쟁이 데니스(Dennise the Menace)〉의 파이프 담배를 피는 느긋한 아빠를 생각해 보라. 허용적인 부모는 가장 적게 저항을 하는 방식을 택하는 것으로 기술된다. 그들이 오

DREAM PARENTS

로지 원하는 것은 그들의 자녀가 행복해지는 것이다. 최악의 경우 그들은 단순히 양육하기를 싫어한다. 어느 쪽이든 그들은 자녀에게 한계, 구조, 또는 사춘기에 자녀가 반항할 수 있는 대상인 강한 성인 존재를 제공하지 않는다. '안 돼.'를 말하는 것은 에너지를 소모시킨다. 자녀에게 심부름을 시키거나 과제를 억지로 내주는 것은 에너지가 필요하다. 화난 아이를 다루는 것은 에너지를 소모한다. 아이에게 '안 돼.'라고 말하는 것은 순간적으로 아이에게 미움을 받는 것이다. 허용적인 부모는 허드렛일을 스스로 하는 것이 자녀에게 시키는 것보다 쉽다고 생각한다. 그리고 아이가 문제 속에 있을 때 다른 입장에서 바라보거나 그들을 위해 변명을 한다.

허용적인 부모는 자녀와의 갈등이 적기 때문에 자녀에게 매우 사랑스러운 부모로 보인다. 그들은 충분히 '안 돼.'라고 말하지 못한다. 이러한 부모들의 다수가 일반적 갈등을 크게 불편해하며 그들 스스로 자기훈련을 하는 것을 어려워한다. 허용적인 부모 유형을 이해하는 데 도움이 되는 사만다의 '독특한' 어린 시절을 살펴보자.

*사만다의 사례

사만다는 이웃에서 부러움의 대상이었다. 이웃의 모든 아이가 저녁 식사에 한 명씩 불려 갈 때 사만다는 마지막까지 남는 자유를 누렸다. 사만다가 학교에 가기 싫을 때 그냥 요청만 하면 결석하는 것이 허락되었다. 사만다가 침대에 가기 싫어도 그것이 문제가 되지 않았다. 그녀는 취침 시간을 스스로 선택하도록 허락되었다. 사만다의 부모는 어린아이는 완전한 자유를 가져야 하며, 그래야 아이들이 행복한 성인으로 성장한다고 믿었다. 사만다는 집에서 참으로 행복했다. 좀처럼 부모와 부딪히지 않았으며, 나이가 들면서 집에 있는 시간이 드물었다.

그러나 학교에서 문제가 있었다. 모든 사람이 사만다가 명석하고 우수한 점수를 받을 수 있는 잠재력을 가지고 있다고 생각했지만, 선생님들은 그녀에게 문제가 있다고 생각하였다. 그들은 그녀가 버릇없고, 훈련되어 있지 않았으며, 성취적이지 못하다고 기술했다. 그녀는 교실에서 규율을 따르기 힘들어했고, 태도에서 문제가 있었다. 심지어 시험을 보는 날에도 학교에 가지 않으려 했다. 그녀의 점수가 그녀의 잠재력에 미치지 못하는 것은 놀랍지 않았다.

사만다는 성인이 되어 과거를 되돌아볼 때 자신의 부모에 대해 어떻게 생각할까? 그녀는 "나는 부모님으로부터 완전히 지지받았다고 느끼는 것 외에 그 어떤 것도 느낀 것이 없어요."라고 15년 후 나와의 첫 번째 회기에서 말하였다. 그 당시 그녀는 한 백화점의 옷 매장의 책임자로 일하고 있었다. 그녀는 대학 학위가 없는 것에 대해 자신을 탓하고 있었다. "나는 모든 기회가 있었어요. 부모님은 내가 원한다면 대학교에 가도록 학비를 내주었을 거예요. 그러나 내가 그 모든 것을 던져 버렸죠. 나는 내가 무엇이 잘못되어 그랬는지 이해가 안 돼요." 사만다는 자신이 부모의 허용적 양육방식으로 인해 사회적 요구들을 다루는 방법을 익히지 못한 사실을 깨닫지 못했다. 그녀는 자신의 어린 시절에 대해서 왜곡된 관점을 가졌기 때문에 자신의 문제를 이해하는 능력이 없었다.

모든 허용적인 부모가 좋게만 기억되지는 않는다. 성인으로서 다음 사례의 오드리는 부모와 완전 결핍된 관계였으며, 스스로에게 분노가 많았다.

*오드리의 사례

오드리는 부모가 이혼을 할 당시 막 열세 살이 되었다. 그녀의 어머니는 아버지의 음주와 외도로 진력이 나 있어서, 결국에는 그를 내쫓았다. 아버지는 금방 다른 여자와 함께 살았고, 오드리는 여동생과 함께 어머니와 살게 되었다. 오드리의 어머니도 곧 다른 남자를 만났고, 그는 그들과 함께 살게 됐다. 오드리의 어머니는 지독하게 사랑에 빠져서 새아버지와의 관계에 극단적으로 집중했다.

오드리가 부모 중 아무도 그녀의 행동에 관심을 가지지 않는다는 것을 깨달았을 때, 그녀는 몸이 떨렸다. 그녀는 자신보다 더 나이 많은 친구와 어울려 대마초를 피우고 술을 마시기 시작했다. 어머니는 오드리가 집을 자주 비운다는 것을 알아챘지만 자신에게 나쁜 일은 아니었다. 덕분에 남자친구와 시간을 더 오래 보낼 수 있었기 때문이었다.

학교에서 오드리의 재킷 주머니에 대마초가 있는 것이 발각되었을 때, 그녀는 어머니에게 친구의 것을 가지고 있었을 뿐이라고 변명했다. 그녀의 어머니는 그 설명을 곧이들었고, 자신의 딸은 대마초를 피우지 않는다고 안심했다. 오드리의 어머니는 딸이 자신의 통제를 벗어나는 것을 조사하고, 관찰하고, 훈육하려 하지 않고 오드리의 어설픈 변명과 방어를 수용했다. 그 편이 훨씬 더 쉬웠기 때문이다. 오드리가 열여덟 살이 되었을 때 그녀는 유산을 하였고(그녀의 부모 중 누구도 모르는 일이다), IQ가 높았음에도 고등학교의 많은 과목에서 낙제를 하였다.

성인이 된 오드리는 과거로 되돌아가 이 모든 어려움에 대해 스스로를 탓하였다. 그녀의 부모는 그녀의 사춘기 시절에 거의 완전히 부재함으로써 부모가 긍정적이든 부정적이든 그녀에게는 아무런 영향력을 주지 않는다고 그녀가 잘못 생각하도록 이끌었다. 그러니 그녀가 자신 아니면 누구를 탓할 것인가? 부모가 자녀 옆에 **존재해서** 생기는 문제보다 **존재하지 않음으로써** 생기는 문제가 더 심각하다는 것을 알아채기는 어렵다. 그녀는 부재한 아버지와 바쁜 어머니 중 누구도 그녀를 양육하기 위해 실제로 시간과 에너지를 쓰지 않았다는 것에 대해서 아무런 문제의식도 가지지 않았다.

오드리는 십 대일 때 그리고 성인이 되어서 많은 사람이 그런 것처럼 잘못된 사고의 실수를 범하고 있었다. 오드리가 열세 살일 때 아무도 그녀를 돌보지 않았고, '안 돼.'라고 훈육하지 않았으며, 그녀에게 규율을 주지 않았으며, 사만다도 규율이 없는 것을 반가워했다는 것을 기억하라. 사춘기 아이들이 자유를 열망하는 것은 자연스러운 일이다. 그들은 자신의 정체성을 위조하고 부모에게서 분리되고자 애쓴다. 중요한 것은 사춘기 아이들이 자유를 열망하는 시기에 그들에게 너무 많은 자유가 주어지는 것은 건강하지 못하다는 것이다. 사춘기 아이들은 그들에게 반항의 대상이 되어 줄 강한 부모가 필요하다. 그들은 어떻게 좋은 결정을 하고 자신의 충동성을 다스리는지를 부모의 규율 및 다양한 결과에 부딪히면서 배운다. 불행하게도 오드리에게는 이러한 것들이 전혀 없었다.

또 다른 허용적인 부모가 가지는 함정은 자녀가 부모에게서 피드백을 충분히 받지 못한다는 것이다. 허용적인 부모의 자녀는 자신에게 무엇을 기대해야 하는지, 즉 자신의 좋은 점이 무엇인지, 약점이 무엇인지, 무엇을 위하여 노력해야 하는지를 스스로 찾아내야 한다. 이것을 더 잘 이해하기 위해 엘리의 사례를 보자.

*엘리의 사례

5학년인 엘리는 성적표를 들고 집으로 왔다. 그는 C가 5개, D가 2개 있었다. 그의 어머니는 그것을 펼쳐 본 다음에 슬프게 머리를 흔들었다. 그리고 "음, 나는 네가 최선을 다했다고 확신한다."라고 한숨을 쉬며 말했다. 엘리는 순간 크게 안도하였고, 밖으로 나가 놀았다. 그의 안심에도 불구하고, 노는 동안에 그의 내면에서 초조한 느낌이 일어나고 있었다. "엄마는 내가 최선을 다했다고 하셨어. 그건 엄마는 내가 더 잘할 거라고 기대하지 않는다는 의미야."

엘리의 어머니는 그에게 그다지 큰 요구나 기대를 하지 않았기 때문에 그 자신도 스스로에게 그다지 큰 요구나 기대를 하지 않으면서 성장했다. 그녀의 허용적인 방식은 엘리가 최소한의 일만 하도록 만들었다. 그녀의 허용적인 피드백은 그에게 어머니는 전혀 의미조차 주지 않는다는 메시지를 주었다. 엘리에 대하여 최소한의 저항 방식을 택하면서, 그녀는 그에게 아무튼 그가 잘해 낼 능력이 없으니 스스로에게 그렇게까지 기대하거나 요구하지 말 것을 가르쳤다.

*지크의 사례

지크는 엄마에게 쪽지를 건네주었다. 간신히 알아볼 수 있는 그림자가 그녀의 얼굴에 드리웠지만 금방 밝아졌다. 그녀는 지크가 부엌 카운터 위에 놓아 둔 축구공을 잡아서 거실 쪽을 향하여 차면서 말했다. "움직여!" 지크는 공을 잡기 위해 뛰었다. 공을 잡았을 때 그의 엄마는 관중석에 있는 것처럼 위아래로 뛰며 응원했다. 그녀는 그의 머리를 헝클어뜨리면서 "너는 강한 아이야."라고 말했다. "하지만 힘든 하루였어, 응? 좀 더 기운이 나게 아이스크림을 먹는 게 어때?"

지크의 어머니는 보는 사람으로 하여금 큰 사랑으로 돌보아 주는 모습으로 해석되기 쉽다. 오직 그녀는 지크의 마음이 편안하기만을 원할 뿐이다. 지크의 어머니 같은 부모는 자주 자녀의 친구들에게 '멋진 부모'로 보인다. 지크의 친구들이 그의 어머니가 문제에 대해서 이렇게 반응하는 것을 보았다면, 그들은 아마 지크를 부러워했을 것이다. 그들은 아마도 자신의 부모와 비교하면서 자기 부모가 엄하고 고리타분하다고 생각할 것이다. 하지만 그녀가 애정을 가지고 보살피는 어머니임에도 그녀는 자녀를 저버린 셈이다. 그녀는 지크가 자신의 충동을 다스릴 수 있도록 돕거나 규율을 배워야 할 아이처럼 대하기보다 단짝친구처럼 대했다. 제대로 양육하는 능력을 지닌 애정 어린 부모나 보살피는 부모라면 자녀에게 학교에서 있었던 문제들이 중요하지 않다거나 또는 그의 실수를 통해서 배울 것이 아무것도 없다는 메시지를 주지 않을 것이다. 지크의 어머니는 그에게 소중한 교훈을 가르치는 기회를 그의 친구가 되는 것으로 대체해 버렸다.

현실은 모든 허용적인 부모가 다 오드리의 부모처럼 이렇게 이기적이지 않다는 것이다. 대다수의 허용적인 부모는 지크의 어머니처럼 자녀를 아주 많이 사랑하고 좋은 의도를 가지고 있다. 다만, 그들은 자녀를 단순히 자신이 부모에게서 양육을 받은 것처럼 양육한다. 그들은 자녀가 자신에 대해 알고, 관계와 감정을 이해할 수 있도록 도와주기 위해 한계나 결과 그리고 '안 돼.'라는 것을 말해 줌으로써 자녀에게 권위적 역할을 해야 한다는 것을 인식하지 못한다.

4) 유형 4: 사별을 한 부모-이혼했거나 과부가 된 부모

반려자와 사별한 부모는 흔히 그 상황을 오롯이 홀로 대처하려고 필사적으로 애쓴다. 따라서 애도 중인 부모와 함께하는 것은 쉬운 일이 아니다. 남은 부모가 한쪽 부모를 애도하고 있을 때는 더욱 힘들다. 이혼이나 죽음으로 인해 부모를 잃은 아이들에게도 아이 나름의 애도가 필요하다. 가족의 애도는 매우 복잡하고 힘들기 때문에 이 책에서는 주로 아이를 정서적으로 방치했을 때의 결과와 상황의 특성에 주목하였다.

*샐리의 사례

샐리는 한 애정 어린 아일랜드 가정의 다섯 형제 중 가운데 아이이다. 샐리의 가족은 매일 교회 활동, 어린이 야구 리그(Little League), 사친회(Parent-Teacher Association: PTA), 이웃들과의 생활, 학교생활, 야외 파티 그리고 피아노 레슨 등으로 바쁘다. 형제들은 나이가 엇비슷해 서로 많이 다투지만 대개는 잘 지내고 서로를 사랑하였다. 샐리의 엄마는 동네 레크리에이션 관리부(Recreation Department)에서 파트타임으로 일하면서 자녀의 학교 일정과 스포츠 스케줄을 관리하는 매우 바쁜 여성이다. 그녀는 친구들에게 자기가 유일하게도 엄마의 역할과 관련 없는 이 파트타임 일을 하는 것이 기쁘다면서, 그렇지 않았다면 머리가 어떻게 될 것이라고 말한다. 샐리의 아버지는 엔지니어이다. 그는 수입은 좋으나, 경제적 염려로 인해 삶이 조급하다.

샐리의 엄마와 아버지는 성격이며 기질이 매우 다르다. 그녀의 엄마는 자주 약해지고, 마음이 산란해지며, 자녀가 요구하는 것들로 인해 쉽게 지치고는 한다. 그녀의 아버지는 직장에서 매우 부지런히 일을 하기 때문에 집에는 오랜 시간 머물러 있지 않는다. 그러나 집에 있을 때면 자녀와 즐거운 시간을 보낸다. 자녀 중 중간의 자녀가 흔히 그렇듯이, 샐리는 많은 가족 사이에서 주목받지는 못하는 편이다. 그녀는 맏이도 아니고 제일 어리지도 않고, 외동딸도 아니며 재능이 제일 많은 것도 아니다. 그러나 그녀는 자신이 아버지가 가장 총애하는 딸이라는 비밀스러운 느낌을 가지고 있다. 가족사진을 찍을 때 아버지는 샐리에게 자기 무릎 위에 앉으라고 말했다. 어떤 일요일 아침에는 그녀가 아버지 옆에 앉아서 함께 만화를 읽는다.

샐리가 여덟 살이었을 때, 그녀는 부모가 소리를 낮추어 속삭이는 것을 들었다. 그녀는 무슨 말인지 듣고자 애를 썼지만 몇 마디만 들을 수 있었다. 들은 단어 중 하나는 '암'이었다. 그녀는 그것을 생각하기조차 싫었기 때문에 놀러 나간다면서 집 밖으로 달아났다. 그 뒤로 몇 달 사이에 점차 그녀는 아버지의 몸무게가 줄어들고 있다는 것을 알았다. 6개월 후 아버지는 일을 그만두고 하루 종일 침대에 누워 있었다. 일하러 가지 않은 어느 날, 부모는 가족회의를 가졌고 자녀에게 아버지가 암에 걸렸다고 알렸다. "하지만 모든 것이 다 괜찮아질 거야."라고 말했다. 그리고 "우리는 너희가 이에 대해서 염려하는 것을 원치 않아."라고 덧붙였다.

3개월 후, 학교에서 돌아온 샐리는 늘 그렇듯이 부엌 테이블에 책들을 던져 놓고 우유를 마시러 냉장고로 갔다. 큰언니가 눈물을 보이며 방으로 와서 말했다. "아빠가 돌아가셨어. 그들이 아빠를 데려갔어." 그 이후 몇 개월 동안, 그 말의 육중한 압력은 샐리를 내리치는 것 같았다. 아버지가 사라진 첫 번째 주에 그녀는 엄마를 아주 조금밖에 보지 못했고, 엄마를 보았을 때 엄마의 얼굴은 마치 돌을 깎아 놓은 것처럼 움직임이 없었다. 샐리의 엄마는 자녀 누구에게도 아버지의 죽음에 대해서 직접적으로 이야기하지 않았다. 그녀는 자녀의 생활을 평소와 다름없도록 유지시키려 했고, 이웃과 친척들이 자녀를 돌보게 놔두었다. 그들이 샐리를 차에 태워 피아노 레슨에 보냈고, 남동생의 야구 경기에 데려갔다. 단 하루, 아이들이 학교를 결석한 것은 장례식 날이었다. 그날 아이들은 상복을 차려 입고, 장례식을 위하여 교회에 갔다가 다시 집으로 갔다. 아직 아무도 아버지의 죽음에 대해 이야기하지 않았다. 샐리는 엄마에게 어떤 것을 말하거나 질문하는 것이 두려웠다. 어떤 잘못된 질문으로 인해 엄마의 돌 같은 얼굴이 뭉그러질 것 같았기 때문이다.

장례식 이후 삶은 흘러갔다. 아무 일도 일어나지 않은 것처럼 흘러갔다. 아무도 샐리의 아버지에 대해 언급하지 않았다. 마치 아버지가 전혀 존재하지 않은 것 같았다. 그러나 가족의 삶은 급격하게 변했다. 샐리의 엄마는 직장을 옮겨 커피숍에서 하루 종일 일했다. 그들은 집을 팔아 마당이 없는 훨씬 작은 임대아파트로 이사를 가야 했다. 그녀의 엄마는 하루에 9시간을 직장에 있었다. 그리고 함께 집에 있을 때는 무표정한 얼굴로 거의 대부분의 집안일을 하고 있었다. 샐리는 자신의 어떠한 것이 엄마를 극단으로 몰아가게 할 것 같았기 때문에 엄마와 일정한 거리를 두었다. 샐리는 엄마가 무너질까봐 두려워하면서 살았다.

내가 40세가 된 샐리를 처음 만났을 때, 그녀는 독신이었고, 한 번도 결혼한 적이 없었다. 그녀는 자신의 집에서 개 한 마리와 함께 살며, 스도쿠에 열중하는 성공한 생명공학 엔지니어였다. 그러나 그녀는 행복하지 않았기 때문에 나에게 치료를 받으려고 왔다. 그녀는 "나는 여덟 살부터 행복한 적이 없습니다."라고 말했다. 자기의 역할을 잘 수행하였으며 세상에서 입지를 다졌음에도 불구하고 그녀는 32년 동안이나 벗어날 수 없는 슬픔과 공허한 감정으로 힘들어하고 있었다. 샐리는 나에게 "다른 사람들은 나랑 다른 세상에서 살아요. 그들은 색깔을 보고, 사물들을 느끼고, 서로 사랑하고 신이 났죠. 나에게는 그 어떤 것도 없어요. 나에게 세상은 회색이에요. 나는 바깥에서 안을 들여다보고 있어요."라고 말했다.

샐리의 말이 맞다. 그녀는 실제로 회색 세상에 살고 있었다. 그녀는 반쯤 비어 있는 저옥탄 연료 탱크로 달리고 있었는데, 그 연료는 눈물이 흘러서 희석되어 있었다. 여기에 샐리가 지금까지의 세월 동안 내면에 담고 있던 감정들이 있다.

- 그녀의 삶에서 아버지가 갑자기 사라진 것에 대한 충격
- 아버지를 잃은 것에 대한 애도
- 아버지가 돌아가실 것이라는 것을 자신에게 말해 주지 않은 것에 대한 분노
- 다른 사람에게 상처를 줄 수 있기 때문에(이 메시지는 그녀의 엄마의 돌 같은 얼굴로부터 얻음) 감정과 관련된 그 어떤 것도 드러내거나 말하는 것에 대한 두려움
- 다시는 그녀가 사랑받는 존재라는 것을 느낄 수 없게 만든 '특

별하다'고 느끼는 것에 대한 상실

- 애착은 비참하며 아프다고 생각하게 된 경험으로 인해 또 다시 애착하는 것에 대한 두려움
- 아버지의 죽음 후에 아버지가 존재하지 않는 것처럼 행동한 가족과 자신에 대한 분노
- 때로는 아버지가 아니라 대신 어머니가 돌아가셨음을 바랐던 것에 대한 죄책감

중요한 것은 여기서 샐리의 엄마가 좋은(good) 여성이었다는 것을 알아보는 것이다. 취약했음에도 그녀는 힘들게 일하고 최선을 다했다. 그녀가 남편의 질병에 대해 그리고 그가 죽을 것이라는 것과 결국에는 그를 잃을 것이라는 것을 알았을 때, 그녀는 **생존모드(survival mode)**로 들어가서 '고개를 숙이고, 쉬지 않고 죽어라 일하는' 방법으로 슬픔을 대처하였다. 그녀는 자신에게 주어진 도구들을 가지고 가능한 최선을 다했다. 그녀는 자신의 애통함을 다스리는 도구를 가지지 못했으며, 더욱이 자녀에게 그것을 지혜롭게 전달하지도 못했다. 샐리의 치료 중 한 부분은 '왜' 그리고 '어떻게' 모든 일이 이와 같이 진행되었는지, 어떻게 그것이 그녀에게 영향을 미쳤는지, 그리고 그로 인해 그녀가 내면화하고 파묻은 모든 강한 감정을 이해하는 것이었다.

치료를 받으며 샐리는 궁극적으로 묵은 모든 감정의 옷을 하나씩 벗을 수 있었다. 그녀는 내 사무실에서 많은 시간을 보내면서 그간의 세월 동안 그녀의 인식 밖에 묶어 두었던 눈물을 흘렸다. 샐리는 어려운 작업을 통해 자신을 조율할 수 있게 되었으며, 다른

사람들이 그러하듯이 살아 있다는 것을 느끼기 시작했다.

*지크의 사례

지크는 아버지에게 쪽지를 보여 주어야 하는 것 때문에 긴장하면서 학교에서 집으로 왔다. 그는 그 쪽지를 엄마에게 건네주고 싶었지만, 이날은 목요일이고, 부모님이 이혼한 이후로 항상 목요일 밤을 아버지와 지냈다. 지크는 아버지가 이것을 잘 받아들이지 못할 것이라는 사실을 알고 있다. 왜냐하면 아버지는 지크의 엄마가 집을 나간 후부터 피곤해하고, 짜증이 많아졌기 때문이다. 지크는 왜 아버지만 이런지 이해할 수 없었다. 엄마와 새아버지는 진짜 행복해 보이는데, 아버지는 불행한 것이 그의 마음을 아프게 했다.

지크는 아버지에게 쪽지를 건넸다. 그는 긴장한 가운데 아버지가 머리를 이리저리 천천히 흔드는 것을 보았다. 아버지는 "이건 네 엄마 잘못이야."라고 말했다. "나는 네 엄마가 우리를 이 지경에 처하게 한 후로 네가 문제에 휩싸이기 시작한 게 놀랍지는 않아. 걱정하지 마. 엄마에게 이에 대해서 확실히 말할 거야."

당신은 지크가 아버지의 반응으로 혼란스러울 것이라고 상상할 수 있을 것이다. 지크의 충동과 혈기왕성한 본성은 아버지가 그를 재빨리 재혼한 전 부인에게 쏘기 좋은 탄약으로만 여김으로써 완전히 무시되었다. 지크는 그가 혼나거나 비난받지 않아서 안도했지만 한편으로는 무시됐다고 느꼈다. 그의 아버지는 지크를 보호하고 있는 것처럼 위장했지만 실제로 그것은 자신의 의도를 진행시키기 위한 행동이었다. 슬프게도 지크는 그의 실수에서 배울 수 있는 기회가 아무것도 없었다.

물론 한 남자가 갑자기 아내에게 버려질 때 화가 나고 상처를 입는 것은 이해할 만하다. 또한 그가 이 일이 자녀에게 해가 될 수 있다고 염려하는 것도 이해할 만하다. 성인이 된 지크가 이때를 떠올려 보면, 그는 아버지가 어떻게 그를 보호했고 그가 문제를 일으킬 때 화를 내지 않았던 것을 분명히 기억할 것이다. 지크가 **기억하지 못하는 것**은 바로 **일어나지 않았던 것**들이다. 그리고 그 일어나지 않았던 것은 앞서 언급하였던 정서적으로 조율된 양육의 예에서 그 어머니가 한 모든 것이었다. 당신은 그것이 자녀의 감정을 알고, 아이와 이야기하며, 한계를 긋고 아이에게 규율을 주어서 살아가도록 한다는 것을 기억할 것이다. 만약에 지크의 아버지가 그의 감정과 욕구들을 계속 무시한다면 지크는 성장하여 아버지가 자기를 한 인간으로서 이해하지 못한다고 느낄 것이다. 그러나 지크는 무엇이 일어나지 않았는지를 기억하지 못하기 때문에 그 이유를 이해하지 못하고, 필시 자신을 탓할 것이다.

5) 유형 5: 중독된 부모

'중독자'란 용어를 들을 때, 우리의 대부분은 '알코올 중독자' 또는 '마약 중독자'를 생각한다. 그러나 중독은 도박, 쇼핑, 그리고 인터넷, 또는 포르노에서부터 복권, 담배, 슬롯머신 그리고 온라인 게임까지 훨씬 더 넓은 범위의 강박적 행동을 포함한다. 이러한 활동 중 어떤 것은 적당하게 즐기면 유쾌하게 스트레스를 풀 수 있다. 그러나 이러한 활동은 사람들이 다음과 같은 것을 시도하기 시작하면 중독성으로 빠져들게 할 수 있다.

- 그 특정한 활동을 하고 있거나, 하는 것을 예상할 때 안도감과 함께 강렬한 쾌감을 느낀다.
- 그 활동에 점점 더 많은 시간을 보낸다. 그로 인해 가족의 일원은 그것을 알아차리거나 불평하기 시작한다.
- 감당하든 못하든 그 활동에 돈이나 다른 자원들을 쓴다.
- 그 활동을 여러 목적, 즉 스트레스를 경감하기 위해, 교제하기 위해, 놀기 위해, 감정들을 다스리기 위해, 또는 다른 사람들을 즐겁게 해 주기 위해 사용한다.
- 그 활동이 자신이나 다른 누구에게 해롭다는 것을 부인한다.

하이테크 장난감의 새로운 붐, 외상 구매, 무제한의 웹 접근 그리고 사회적 연결망으로 우리는 누구든지 중독에 빠질 잠재성이 충분히 존재한다. 특히 미국인은 높은 스트레스와 즉시적 만족에 익숙해서 중독성이 발달되기 쉬운 환경에 있다. 아주 최근에, 신경과학자인 David Linden은 우리 뇌가 중독될 수 있는 쾌감의 범위에 대해서 서술하였다. 그는 중독자들을 다른 아픈 사람들과 마찬가지로 동정심 있게 바라보기를 강조하였다. 하지만 중독성은 중독자 가까이 있는 가족 구성원에게 다양하게 해를 끼친다는 점에서 단순한 질병보다 더 심각하다.

중독된 부모는 모두 똑같은 것이 아니다. 스펙트럼의 한 극단에는 아버지나 어머니가 마약이나 알코올에 빠져 있는 뻔한 결과를 경험하고 있다. 이러한 역기능적인 중독된 부모들의 자녀는 정서적으로 방치될 뿐만 아니라 외상(전쟁이나 심한 폭행을 당하는 것과 같이 충격적인 경험에 의해 남겨진 심한 정신적 충격을 의미)적 경험을 격기도 한다. 그러나 여기서는 이러한 명백히 문제가 있어 보이는 부모를 논의하고자 하는 것이 아니다. 우리는 기능적이고 애정이 있는 부모로서 그들의 중독성이 가족 안에서 아예 문제처럼 드러나지 않는 경우에 주목한다. 이러한 부모에 대해서는 내담자들이 다양하게 말해 주었다. "아버지는 매일 밤 맥주를 마셨어요. 하지만 그것은 문제가 되지 않았어요." 이러한 부모들이 짜증스럽거나 감정이 고르지 못할지라도 용서가 되는 것은 그들이 자녀에게 다양한 모습을 보여 주기 때문이다. 기능적이면서 중독된 부모는 좋은 부모가 될 수 있다. 그들은 미식축구 경기에 자녀의 팀을 위하여 시원한 음료수와 간식을 가지고 나타나거나 사촌과 이모 그리고 삼촌들을 초대하여 바비큐 파티를 열기도 한다. 자녀가 학교에서 문제가 있으면 교장실로 달려가서 자녀를 위하여 항의를 한다. 또한 그들은 당신을 웃게 만들 수도 있다.

그러면 과연 자신의 포도주를 좋아하는 이 애정이 있는 사커맘(자녀를 스포츠, 음악 교습 등의 활동에 데리고 다니느라 여념이 없는 전형적인 중산층 엄마를 가리킴-역자 주), 또는 TV에 나오는 모든 스포츠에 내기를 걸지만 직장에서는 성실한 아버지가 무엇을 하였거나 하지 않았기에 이 책에서 주요 사항으로 다루고자 할까? 그들은 정서적으로 방치하는 양육에 대해 죄책감을 가지는가? 간단히 말해서, 기능적이면서 중독된 부모는 마치 두 명의 사람처럼 행동함으로써 자녀에게 상처를 준다. 그래서 자녀는 부모가 어떤 측면을 보여 줄지 예측할 수 없다. 중독된 부모들은 중독된 행동을 하고 있을 때는 양육하는 것을 잊는다. 그들은 일시적으로 직장에서 졸고, 거칠어지고, 위협적이고, 미성숙하고, 이기적이고, 또는 부적절할 수 있다. 하지만 그렇지 않을 때는 친절하고, 지지적이고, 지혜롭고, 도움을 주고, 재미있고, 또는 확신적이다. 그래서 기능적이면서 중독된 부모의 자녀에게 가족생활의 기억은 항상 긍정적인 것들과 슬픈 것들이 뒤섞여 있다. 예측할 수 없는 양육으로 가득 찬 어린 시절 이후로 중독자의 성인 아이(성인이 되었지만 내면에 어린 시절의 정서적 문제가 해결되지 않은 채 남아 있는 아이를 담고 있는 성인-역자 주)는 여전히 불안하고, 걱정하고, 속으로는 자신감 없이 불안전함을 느낀다.

*리처드의 사례

스물일곱 살인 리처드는 약간의 공황장애를 경험한 후에 치료를 받으러 왔다. 그는 그 증상이 무엇인지 알지 못했기 때문에 심장마비가 온 것으로 생각하고 결국에는 두 번이나 응급실을 찾아갔다. 그의 아버지는 존경받는 소방서 책임자이다. 리처드는 십 대에는 스타 야구선수였다고 했다. 고등학교 저학년 때에는 그해의 최우수선수(most valuable player: MVP)로 지명되기까지 했다. 리처드는 매번 자신의 경기마다 아버지가 찾아왔다는 것을 자랑스럽게 이야기했다. 그는 아버지와 함께 캐치볼 연습을 했던 것을 기억한다. 지금까지는 아주 좋다.

나는 함께한 나중의 회기에서 리처드에게 물어보았다. "당신이 성장하는 동안 언제든 당신이 최근 경험하는 것과 유사한 만큼 많이 불안한 적이 있었나요?" 리처드는 "저학년 시절 야구 시즌 마지막에 시상식 잔치를 열었을 때였어요. 저녁 8시였고, 저는 그때쯤 되면 맥주를 몇 병 마셨을 아버지 때문에 조금 걱정하고 있었어요. 제 이름이 시즌 MVP에 불리지 않고 다른 팀 동료가 받았을 때 아버지는 그냥 일어나서 우렁찬 소방서 책임자의 목소리로 "그 망할 아이는 그것을 받을 자격이 없어. 내 아들이 All State(미국의 고등학생들로 형성된 모든 주 야구 시리즈에서 우승하는 것-역자 주)를 이룬 거야!"라고 말했어요. 모든 사람이 충격을 받고 저에게서 아버지로, 그리고 다시 저를 쳐다 봤어요. 저는 굴욕감을 느꼈고, 그 자리에서 비틀거리면서 밖으로 빠져나와 토했어요. 그 기억에 대해서 생각하는 것을 좋아하지 않아요. 다음 시즌의 봄쯤, 야구를 하려고 하면 아버지와 있었던 기억이 떠올라서 불안을 막기 위해 파티를 벌였지요."

중독된 부모의 자녀는 극도로 불안해하며 부모의 행동에 대해 예측할 수 없는 결핍을 경험한다. 그로 인해 성인이 되면 그들은 불안장애를 가지며 중독되지 않은 부모에게 양육된 사람보다 스스로가 중독자가 될 위험이 높다. 대부분의 시간에 좋은 부모였지만 간혹 흉측한 부모가 되는 것은 자녀로 하여금 갑자기 일이 잘못될 수 있다고 예상하고 불안해하는 불안전한 성인을 만들어 낸다.

또 다른 중독된 부모양육의 양상으로서 정서적 방치에 추가될 수 있는 것은 방치 기간을 통제와 관입 기간과 균형을 맞추려는 중독된 부모의 성향이다.

*엘지의 사례

엘지는 열두 살로 까만 눈동자를 가진, 통찰력이 뛰어난 아이이다. 그녀는 어머니의 손에 이끌려 치료실에 왔다. 그녀의 어머니 캐서린은 극심한 다이어트에 중독되어 있으며, 알코올 남용의 문제도 있다. 그녀는 엘지의 성적이 떨어졌으며 무례하고 시무룩해졌다고 말하면서 치료자에게 엘지에 대한 불평을 했다. 그녀는 엘지를 '지나치게 드라마틱한 공주'라고 불렀다. 엘지의 아버지는 사업상 여행을 많이 가는 터라 집에는 대개 엘지와 그녀의 어머니, 그리고 여동생이 있다. 예약된 첫 번째 상담에서 그녀의 어머니가 진료실에 엘지와 나만 놔두고 자리를 떠났을 때, 엘지는 어머니를 사랑하지만 친구로 선택하라고 한다면 어머니와 같은 친구는 고르지 않을 것이라 말했다. 그 이유는 그런 아이는 버릇이 없을 것이기 때문이라고 하였다. 그녀는 방과 후 집으로 돌아오면 앞문 손잡이를 잡고 몇 분 동안 걱정을 한다고 말했다. 만약 그녀의 어머니가 와인을 잔에 따르지 않았으면 괜찮을 것이다. 그러나 그렇지 않다면 평소 어머니는 엘지가 간식을 가지러 갈 때 딸에게 악의적인 눈초리를 보내거나 나가서 운동을 하라고(엘지의 몸이 말랐음에도 불구하고) 말한다. 엘지는 어떤 때는 그녀가 먹는 것을 관찰하는 엄마가 있는 것이 도움이 된다고도 하였다. 그러나 엘지는 엄마가 자신에게 그렇게까지 뚱뚱하지 않다고 말하지만 어머니에게 "그 쓰레기를 먹으면 살이 찔 거야." "이젠 충분하니 그만." "가서 자전거를 타. 이

게으른 아이야." "그 바지들은 꽉 껴 보여."와 같은 말을 들으면 자신이 어머니의 기대에 부응하지 못한다고 생각한다. 하지만 어머니가 와인을 마시지 않았다면 엘지의 어머니는 그러한 말을 전혀 하지 않는다.

부모가 무언가에 중독되었을 때, 그들은 자녀의 감정 등을 헤아릴 능력이 없다. 또한 자녀와 자신을 관련짓지도 못한다. 엘지의 엄마가 알코올의 영향으로 "가서 자전거를 타. 이 게으른 아이야."라고 말했만 그것은 그녀가 엘지에게 사실을 말한 것이 아니었다. 그녀는 단지 엘지에 대한 자신의 감정을 표현하고 있었다(뚱뚱해지는 것에 대한 두려움). 그러나 알코올의 영향 아래 있지 않을 때 그녀는 엘지를 현실적으로 볼 수 있으며, 정상적인 관점으로 이야기를 한다. 그러나 와인을 한 잔 마시면 모든 것이 달라진다. 이것은 정서적 방치가 행동으로 옮겨지는 하나의 완벽한 예이다. 엘지는 하나의 인격체로 다루어지지 않으며 그녀의 엄마가 자신을 보는 것과 같은 한 거울일 뿐이다. 불행하게도 어린아이인 엘지는 왜 이러한 일들이 벌어지는지 영문을 알 수 없었다. 그럼에도 그녀는 어머니의 말들을 가슴에 새겼다. 내가 그녀를 처음 만났을 때 그녀는 자아존중감이 낮았으며 자신에 대해서 충분히 좋지 않다는 생각이 오랫동안 지속되고 있었다.

*지크의 사례

지크는 불안한 마음으로 학교 버스에서 하차했다. 그는 집에 가서 선생님의 쪽지를 어머니에게 전달해 주기 전에 어떻게 시간을 보낼 수 있을까를 고민하였다. 만약 집에 조금 늦게 도착할 수 있다면, 엄마는 이미 컴퓨터 게임에 빠져서 그 쪽지에 대해서 그리 관심을 기울이지 않을 것이다. 지크는 엄마의 반응을 두려워하지 않는다. 그는 똑똑한 아이여서 엄마가 컴퓨터에 빠져 있을 때는 자신이 원하지 않는 상황들로부터 도망갈 수 있다는 것을 알고 있다. 지크는 한 블록쯤 걸어가서 친구 스콧의 집 앞에서 이웃집 차도에 있는 멋진 돌들을 보며 시간을 보낸다. 시간이 조금 지났을 때, 그는 집에 빨리 돌아가지 않으면 오히려 엄마가 걱정할지도 모른다는 생각이 들어 용기를 내어 앞문으로 들어간다.

지크는 엄마가 자신을 보지 않는다는 것을 알아차리고는 안도의 한숨을 내쉰다. "학교는 어땠어?" 엄마가 그에게 말을 건다. "좋았어요. 엄마에게 선생님이 쪽지를 주셨어요."라고 대답했다. 지크는 재빨리 엄마의 컴퓨터 책상에 쪽지를 펴놓고 과자를 찾으러 부엌으로 뛰어갔다. 그는 엄마가 쪽지를 보기 위해 게임을 중단하지 않을 것이며, 게임을 끝낼 즈음에는 거기에 쪽지가 있다는 사실도 잊어버릴 것이라는 것도 알고 있다. 지크는 '곤경에 처하는 것을 지연시키는 작전(Operation Put Off Getting Into Trouble As Long As Possible)'의 성공에 안심하며 한시름 놓는다. 엄마가 오늘 게임을 이겨서 기분이 좋은 상태가 되어 결국 그 쪽지를 보더라도 화를 내지 않기를 기대한다.

중요한 것은 지크가 실제로는 어머니가 지나치게 반응하거나 화를 내거나 처벌하는 것을 걱정하지 않는다는 것이다. 그의 어머니는 친절하고, 분별 있고, 애정이 있다. 여기서의 주제는 어머니의 컴퓨터 중독이 그에게는 오히려 문제를 회피할 창문을 열어 준다는 것이다. 그는 빨리 그리고 쉽게 자신의 행동의 결과를 포함한 상황을 회피하기 위해 어떻게 그 창문을 사용하는지를 배웠다. 만약 선생님의 쪽지와 같은 심각한 문제들에 그러한 방법을 사용할 수 있다면 우리는 그가 자주 더 사소한 상황에도 그것을 사용했을 것이라고 가정할 수 있다.

지크가 학교 문제를 다루는 상황에서 정서적으로 방치된 것은 어머니의 중독에 따른 것이다. 만약 그가 작전에 성공하면 그는 설명을 위해 불려 가지 않을 것이고 이해받는 느낌을 받지 못할 것이다. 그는 자신의 감정을 인식하지 못하거나 그것을 표현하는 데 사용할 용어를 배울 수 없을 것이다. 반대로, 중독된 어머니로 인해 그는 결과에 대한 대가를 피하고 사람들을 '조종'하는 방법을 배울 수 있다. 흥미롭게도 성인이 된 지크는 선생님의 쪽지 사건을 어쩌면 아예 기억하지 못할 것이다. 만약 기억한다면, 그를 정서적으로 방치한 어머니가 아닌, 사람들을 조종하는 자신을 탓할 것이 거의 확실하다. 그는 자신이 **한 것들**에 대해 회상할 것이다. 그러나 어머니가 **하지 않은 것들**에 대해서는 기억하지 못할 것이다.

6) 유형 6: 우울한 부모

방금 보았던 3학년짜리 지크의 사례를 다시 찾아가 보자. 그러나 이번에는 지크가 우울한 부모를 가질 것이다.

*지크의 사례

집으로 가는 버스 안에서 지크는 학교에서 문제에 휩싸였던 것으로 기분이 아주 엉망이었다. 그는 직장을 잃은 이후로 집에서 많은 시간을 보내는 아빠가 소파에 앉아 있다는 것을 알고 있다. 지크가 문으로 걸어 들어갔을 때, 그는 자신의 생각이 맞았다는 것을 알게 된다. 아빠는 눈을 감은 채 소파에 누워서 ESPN 스포츠센터 채널을 틀어 놓고 있다. 지크는 아빠에게 인사를 하고 쪽지를 건네주었다. 그는 아빠를 아주 좋아한다. 그러나 왜 아빠가 더 이상 아무것도 하지 않는지 이해하지 못한다. 아빠는 쪽지를 읽는다. 그리고 얼굴에 고통스러운 표정이 교차하고는 한숨을 쉰다. "다시는 그러지 마라. 알겠니, 지크? 그렇게 행동하면 절대 안 돼!" 지크는 수치심이 들었다. 또한 자신의 형편없는 행동이 아빠를 슬프게 만든다고 생각했다. "아빠, 안 그럴게요." 그는 중얼거리고는 아빠 옆에 한동안 머문다. 그러나 아빠는 눈을 감고 다시 낮잠을 자려는 것 같다. 지크는 조용히 물러난다.

만약 그의 우울한 아버지가 어떠한 도움을 받지 못하면 지크는 어떻게 성장할까? 그는 성장하면서 아빠를 만족시키기 위해서는 완벽하게 행동해야 한다고 생각할 것이다. 이런 패턴으로 인해 그가 실수를 범하거나 자신이 완전하지 못한 인간이 된다고 느낄 때마다 그의 내면에서는 폭풍이 일어나며 커다란 어려움을 겪을 것이다.

우울한 부모는 양육하기 위한 에너지가 없으며 그로 인해 환희를 느끼는 일도 적다. 주의를 요구하는 자기애적인 부모와는 다르게, 우울한 부모는 자주 자녀 곁에서 사라지는 것 같다. 우울한 부모의 관심은 오로지 자신에게 향해 있고, 자신에게 잘못된 것이 무엇인지에 초점이 맞추어져 있으며, 그것을 고칠 수 있을까에 대해서만 염려한다. 그가 가진 삶의 에너지는 낮으며 자녀에게 줄 수 있는 것이 적다. 가족의 삶에서 그의 활동은 없는 상태이다. 그리고 간혹 그가 가족 사이에 있을 때에도 짜증스러워 하거나 시무룩해할 수 있다. 이러한 측면에서, 우울한 부모에게서 자란 자녀는 긍정적인 방식으로는 어른들로부터 관심을 받을 수 없다고 생각할 수도 있다. 잘못된 행동은 부정적인 관심이라도 불러일으키지만, 좋은 행동은 간과되어 버리기 쉽다.

이런 정서적 방치 유형의 결과는 잘 기록되어 있다. 일반적으로 우울한 부모의 아이가 우울하지 않은 부모의 아이보다 학교에서 대개 문제를 일으키기 쉽다고 인식된다. 우울한 부모는 안정감과 격려를 충분히 제공하지 못하기 때문에 자녀는 자신의 감정을 진정시키는 방법을 모르며, 사춘기를 겪으며 마약이나 알코올에 빠질 수 있다. 왜냐하면 우울한 부모는 자녀를 양육한다는 것을 자신이 혹사당하고 괴롭힘을 당하거나 취약해진다고 여기고, 그로 인해 그들의 자녀는 자신이 가치 있다는 것을 배우지 못하므로 성인기에 우울해지는 위험에 놓이기 때문이다. 마지막으로, 우울한 부모는 자신의 행동을 제대로 통제하지 못하기 때문에 그들의 자녀 또한 자신을 통제하지 못하는 위험에 놓이게 된다.

*마르고의 사례

마르고는 자신이 곧잘 분란을 일으키는 사람이라고 생각한다. 그녀는 열여섯 살 때 여자 목욕탕에서 술을 마신 것과 소프트볼 팀에게 대마초를 찾아 주려던 일 때문에 그녀가 다니던 공립 고등학교에서 퇴학을 당하고 집에서 과외를 받았다. 그녀는 부모에게 파티하면서 노는 것을 중지하려는 의도가 전혀 없다고 말했다. 그녀의 부모가 그녀에게 규율을 정해 주려고 시도할 때마다 그녀는 밖으로 나가거나 친구의 집으로 도망가고는 했다. 마르고는 친구 엄마들에게 자신의 부모가 얼마나 이상한지를 시시콜콜 말했고, 그들은 마르고에게 동정심을 느꼈다. 불행하게도 마르고의 부모는 다른 부모와 교제하는 데 있어 매우 무관심하기 때문에 마르고가 퍼트리는 부모의 근거 없는 포학한 행위들에 대한 이야기를 막을 수가 없었다. 집에서 마르고는 자기 방에서 스카이프(Skype)로 남자들하고 채팅을 한다. 그녀는 친구들에게 자신의 대담한 섹스 에피소드를 비디오로 찍은 것에 대해 이야기하자 친구들은 충격에 빠진다.

마르고의 부모, 일레인과 브루스는 좋은 사람들이다. 자선사업에 기부하고, 교회에 다니며, 친절하고 모두에게 존경을 받는다. 그러나 마르고의 부모는 각각 다른 이유로 우울하다. 그들은 소용없었던 시험관 아기 시술을 여러 해 시도한 끝에 마르고를 입양했는데, 그 때문에 딸의 친구들 부모들보다 나이가 많다. 그들은 마이크로소프트(Microsoft) 주식 초기에 상당한 돈을 투자하여서 다행히도 돈은 많았다. 그러나 일레인은 14년 동안이나 임신을 시도했지만 한 번도 성공하지 못하면서 큰 비용을 치렀다. 마르고는 집에 오면 흔히 엄마가 소파에 있는 것을 보게 된다. 어떤 때는 파자마 바람으로. 이러한 것이 마르고를 화나게 만들며 엄마를 얕보게 되고 엄마에게 도발적이게 만든다. 마르고와 그녀의 아빠는 관계가 소원하다. 그는 일을 그만둔 뒤부터 삶이 공허하고 목적이 없는 것 같이 느끼고 있다. 그는 서재에 가서 시간을 보내며 온라인 강의들을 수강했다. 마르고는 그녀가 어렸을 때 아빠와 함께 보낸 재미있었던 시간을 기억했다. 그러나 엄마가 더 우울해진 이후로 아빠와의 관계가 더 멀어졌다. 일레인이 음식을 만들지 않기 때문에 그는 자주 집으로 음식을 배달시켰다. 그러나 그는 그저 흔들의자에 앉아 있는 엄마 옆에 앉아 TV를 보거나 깜박 졸았다.

8학년이 시작되면서 마르고는 만약 그녀가 죽으면 자신의 장례식에서 부모가 얼마나 슬퍼할지, 또 후회할지에 대해서 생각하고는 했다. 그녀가 슬플 때 부모와 친구들이 애도하는 것을 상상하는 것은 어떤 식이든 도움이 되었다. 이러한 생각이 너무 자주 반복되다 보니 그녀는 진짜로 자살에 대해서 생각하기 시작했다. 그녀가 약을 과다 복용하여 결국은 응급실에 가고 그다음에는 정신병원에 가게 되었을 때, 그녀의 부모는 살아나는 것 같았으며 그녀에게 주의를 기울이는 것처럼 보였다. 그들은 심리학자들이 지시한 대로 그녀를 사랑한다고 말하고 그녀를 걱정했으며, 그녀가 자신의 방에서 너무 오래 있을 때마다 항상 그녀에게 말을 걸었다. 마르고가 염려스런 행동을 하는 한, 부모는 그녀에게 관심을 가졌고 마르고는 그것이 너무나 좋았다. 그러나 마르고는 그녀가 너무 행복해지면 그들이 염려하는 것을 멈추고 그전에 하던 방식으로 돌아갈 것 같아 두려웠다. 그녀는 이미 이 일이 일어나고 있다고 생각했다.

당신은 마르고의 부모가 정서적으로 거리를 두고 우울한 상태로 돌아가지 않았다는 것을 알면 기뻐할 것이다. 그들 모두는 도움을 받았고, 마르고는 치유 과정에 있다. 우울한 부모의 모든 가정이 전부 지크나 마르고의 가정처럼 극단적인 것은 아니다. 그러나 우울한 부모의 부주의와 거리감의 해로운 조합은 상당히 긴 시간 동안 지속되며, 그 결과는 자녀의 발달에 정서적 방치로 존재한다.

7) 유형 7: 일에 중독된 부모

일 중독은 우리 사회에서 긍정적으로 여겨진다. TV 쇼 〈30 Rock〉에서는 야심이 넘치는 사업가인 '잭 도너히(잭 Donaghy, Alec Baldwin이 출연한)'라는 캐릭터를 일 중독자로 아주 잘 그려 낸다. 한 장면에서 일 스트레스로부터 간신히 살아남은 그는 병원 침대에 누워서, "죽음을 마주하고서야 내가 삶을 잘못 살아왔다는 것을 나 스스로 깨달았어."라고 마음에 큰 동요를 가지며 말을 한다. 티나 페이(Tina Fey) 캐릭터가 그의 조언을 들으러 가까이 가자, 그는 조그맣게 속삭였다. "나는 **더 오랜** 시간을 일했어야 했어. 그리고 나의 경력을 위해 **더 많은** 것을 해야 했어."

자본주의 경제에서, 우리는 열심히 일하며 고소득에 가치를 둔다. 앞에서 언급한 모든 중독(예: 알코올, 마약, 쇼핑, 도박) 중에서 일만이 가정에 실제로 돈을 가져온다. 일 중독자들은 자주 동기화

네 유모가 여기에 올 때까지 기다려, 알았지?

되어 있고, 성공한 사람들로서 동료, 가족 그리고 사회에서 우러러 보인다. 하지만 불행하게도 그들의 자녀는 이런 부모 아래에서 고생을 하게 된다. 일 중독 부모는 긴 시간을 일하고, 자신의 직업에 강박적이며, 자녀의 욕구나 감정에 부적절한 관심을 준다. 설상가상으로 일 중독자의 자녀는 다른 사람들로부터 동정을 받지도 못한다. 흔히 그들은 성공한 부모를 가졌으며, 많은 돈과 좋은 물건을 가졌기 때문이다. 일 중독자들은 일을 우선순위에 두면서 자녀의 감정과 욕구는 그리 중요하지 않다는 메시지를 전달한다(자녀의 자기가치감을 손상시킨다). 그들은 고의는 아니지만 자녀의 성취와 승리 과정에 참여하는 데 적극적이지 못하고(자녀의 자아존중감을 손상시키면서) 그 성취가 자신과 상관이 없다는 메시지를 전달한다. 어떤 자녀는 학교에서 부적절한 행동을 하거나 술과 마약으로 부모의 주의를 끌고자 한다. 어떤 자녀는 부적절한 자기가치감, 낮은 자아존중감을 가지며, 어떻게 자신이 이렇게 됐는지 이해하지 못한 채 성장한다. 자신은 특권층이며 가난하지 않다고 생각하므로 그들은 내면의 투쟁으로 자신을 탓한다. 낮은 자기가치감, 낮은 자아존중감 그리고 자기 불평은 급속도로 우울증으로 치닫는다.

*샘의 사례

샘이 처음 치료를 위해 나를 찾아왔을 때는 열아홉 살 때로, 당시 그는 매우 비싼 등록금을 내는 사립대학교 1학년이었다. 그는 매우 우울했다. 그는 아침에 일어나는 것을 어려워하는 문제로 대학교 생활에 적응하지 못하고 있었다. 그는 이겨 보려고 애를 썼지만 하루 종일 잠을 자면서 보냈고, 수업을 모두 결석하는 등 그의 투쟁은 자주 실패로 돌아갔다. 그는 자신을 역겨워 했으며 나에게 "나는 한심해요. 내 부모님은 그들이 가진 삶보다 나에게 더 좋은 삶을 주기 위해 힘들게 일을 하였으며, 나에게 모든 혜택을 주었는데 나는 그 모든 것을 낭비하고 있어요. 나는 그것에 대해 변명의 여지가 없어요."라고 표현하였다.

샘에게 무슨 일이 일어나고 있는지 이해하기 위해서는 우선 그의 부모를 이해해야 한다. 샘의 부모는 고등학교에서 만났으며 열아홉 살에 결혼을 했다. 그들은 모두 가정 형편이 어렵고 고등교육을 받지 못했다. 그들은 모두 머리가 아주 좋았으나, 경제적 사정 때문에 대학에 갈 기회가 없었다. 결혼한 순간부터 그들은 자신과 자녀에게 버젓한 삶을 만들기 위해 아주 열심히 일해야 한다는 것을 알았다. 샘의 아버지는 건설 현장 일꾼에서부터 전국의 일자리를 관리하는 일까지 그의 방식대로 일을 했다. 자주 출장을 가야 하는 일이었지만 그의 월급은 그의 상상을 뛰어넘었다. 동시에 샘의 어머니는 한 체인 호텔의 프런트 데스크에서 일하기 시작했다. 그녀도 자신의 방식대로 열심히 일을 하여 매우 인상적인 월급까지 제안받았으며, 결국에는 회사 CEO의 보좌관이 되었다. 그러나 불행하게도 그녀 업무는 CEO의 갑작스러운 요구에 대응해야 하는 것이었다. 이것은 자주 오는 한밤중의 전화나 저녁 늦게까지 계속되는 회의 그리고 갑작스러운 출장을 의미했다. 샘의 부모는 일이 더 커질수록 더 신이 났고, 자신들의 일에 더욱 몰두하였다. 그들은 자신들이 이루지 못한 꿈보다 훨씬 더 큰 성취를 이루었으며, 그들의 행보가 중단되거나 축소될 만한 일도 일어나지 않았다.

샘의 부모는 수년간 사회적인 성공을 이루었지만, 샘은 점차 부모를 잃어 가고 있는 느낌이었다. 사람들은 그들이 더 큰 집으로 이사하고, 더 좋은 차를 사는 것을 보면서 샘이 얼마나 행운아인가에 대해 자주 말하였다. 그가 아홉 살이었을 때, 샘의 부모는 첫 번째 유모를 고용했다. 모든 사람이 샘이 물질적으로 얻은 것들을 보았지만, 그가 서서히 부모를 잃어 가는 것은 보지 못했다. 아홉 살에서 열아홉 살 사이에 샘은 애정이 있고 주의 깊은 부모를 둔 아이에서 유모에게서 자란 대학생으로 자랐으며, 지금은 대학에서 자신의 꿈을 펼치기를 기대받고 있다.

만약 모든 사람이 한 아이의 부모가 죽으면, 그 아이는 슬픔, 상실 그리고 아마도 우울로 힘들어 할 것이라는 것을 알고 있다. 그러나 누구도 부모가 더욱 성공함으로 인해 아이가 부모를 잃어버리는 경우가 될 것이라고는 생각하지 못한다. 샘이 부모 상실에 대한 의식적인 알아차림이 없으므로 그는 자신의 슬픔과 우울 증상을 이해하지 못하고, 자연스럽게 자기 스스로가 그것을 가져왔다고 가정했다. 그런 자신에 대한 분노와 자기비난, 그리고 낮은 자기가치로 인해 십 대에, 나중에는 성인이 되어 자신에게 누명을 씌웠다.

*지크의 사례

지크는 아름답고 넓은 집의 문 안으로 걸어 들어갔다. 그리고 저녁 회의에 가기 전에 잠시 집에 들러 옷을 갈아입는 아버지에게 쪽지를 건네주었다. 어머니는 사업상 멀리 출장 중이었다. 그의 아버지는 실망한 표정을 지으며 돋보기 너머로 지크를 응시하였다. "이것은 좋지 않은 소식이네. 지크. 미안해. 지금 미팅이 있어 빨리 가봐야 해. 이 쪽지를 트리쉬(유모)에게 줄게. 그녀가 오늘 저녁에 이 문제에 대해서 너와 이야기할 거야."

당신은 이 사례에서 무엇이 그렇게 나쁜지 의아해할 수 있다. 어쨌든 지크는 아름다운 집을 가졌으며, 당연히 바쁜 아버지 그리고 그를 보살피는 유모가 있다. 그러나 슬프게도 현실은 제 아무리 유모가 지크와 모든 것을 터놓고 이야기하는 훌륭하고 감각적인 사람이라도 이것은 정서적 방치를 형성한다. 왜냐하면 지크의 아버지는 문제를 유모에게 전가함으로써 지크의 삶에 대한 레슨보다 자신의 일이 더 중요하다는 메시지를 크고 명확하게 지크에게 전달해 주기 때문이다. 나중에 지크는 **일어났던** 이러한 일들을 기억할지도 모른다. 아버지의 냉담하지는 않은 반응, 자신과 유모의 이야기 그리고 어쩌면 그것으로 배운 것까지 말이다. 하지만 그는 아버지가 일에서 시간을 떼어 쪽지에 대해서 그에게 말할 수 없었던 것을, 혹은 그날 아버지로부터 '보다 적은' 메시지를 받았다는 것을 인식하거나 기억하지 못할 것이다. 대신, 그는 자신의 가치에 대해서 낮게 느끼는 경향성을 가졌을 가능성이 높다. 그는 **일어난** 사건들에 대해서 이해하고 처리할 기회가 있다. 그러나 **일어나지 않은 것**, 기억하지 못하는 것을 처리할 기회는 없다.

8) 유형 8: 특별한 필요를 가진 가족원이 있는 부모

이 책에 쓰일 만한 부모의 유형 중에 한 가족원이 아프거나 심각하게 장애가 있는 가족의 부모보다 정서적 방치가 더 적은 유형은 없다. 여기에 그들 자신의 실수가 아닌, 흔히 감당할 수 없는 삶의 도전에 직면해야 했던 사람들을 소개한다. 톰과 패티가 딸 미란다와 대화하는 것을 들어 보라. 그녀는 열세 살로 세 자녀 중 막내이다.

"미란다, 너는 우리에게 이렇게 큰 도움이 된단다." 아빠 톰이 그녀에게 말한다.

"맞아, 정말로 그래!" 패티도 덧붙인다.

"패트릭(가족 중 장애가 있는 아이)이 소아병원(Children's Hospital)에 돌아가서 새로운 션트(소화관을 이어주기 위해 인공 혈관을 투입하는 것–역자 주)를 삽입하게 되었기 때문에 네가 최근에 특히 일이 많아 힘들다는 것을 알아. 너의 오빠 스티븐은 불평만 하지 막상 아무것도 도와주지 않는다는 것도 알고 있단다. 그러나 너는 달라! 너는 우리를 많이 도와주지! 너는 우리에게 단단한 반석 같은 존재야!"

그리고 스미스 가정에서 자폐증과 관련된 행동 및 정서의 문제가 있는 형을 둔 열 살짜리 잭을 소개한다.

"토드가 네 물건들을 가져가서 속상하다는 것을 알아." 잭의 아빠는 그에게 말한다.

"토드가 약을 바꾸고 나서 너무 심하게 흥분해 그의 말을 듣기 어렵다는 것도 알아. 우리의 농구 경기를 중단해서 미안하다. 하지만 엄마는 토드를 위해서 아빠 도움이 필요했어. 너는 더 좋은 것을 가질 자격이 있어, 잭. 그러나 너도 알겠지만 지금 우리 모두는 오로지 서로를 위해야 하고 인내심을 가져야 해. 토드는 자신의 문제를 스스로 해결할 수가 없잖아. 엄마와 나는 최선을 다하고 있어. 더 좋아질 거야."

그리고 마지막으로 지크의 가정에서 일어나는 일을 제시한다.

지크가 부엌을 거쳐 들어오자 칸막이 문이 '쾅' 닫힌다. 그는 선생님의 쪽지를 엄마에게 보여 주어야 한다는 것을 알기에 두려움을 가지고 집으로 들어왔다. 지크는 엄마가 이미 해결할 일이 너무 많은데 여기에 또 다른 짐을 주는 것 같아 끔찍하게 느껴졌다. 재빨리 지크의 엄마가 나타나서, 손가락을 입에 대고서는 "쉿, 지크! 아버지가 잠들었어. 아버지는 지난밤에 힘들었거든." 지크는 거대한 파도가 지나가는 기분이었다. 그는 아버지가 잠들어 있기를 기대했다. 그러면 그 쪽지를 엄마에게 보여 주고 엄마의 반응만 감당하면 되기 때문이다. 그러나 한시름 놓고 나자 스스로가 부끄러워졌다. "아버지는 아픈데 나는 나밖에 관심이 없네. 나는 나쁜 사람이야."

환자가 부모든 형제든 심각한 병을 앓고 있는 가족이 있는 집에서 성장한 자녀는 일반적으로 자신이 돌봄을 덜 받는 것에 대해 타협한다. 톰과 잭, 지크에게는 자신만을 위할 자유가 없다. 지크가 정상적인 사건과 감정(집으로 쪽지를 보내는 것과 트러블을 피하길 기대하는 것)으로 죄책감을 느끼는 것을 보라.

흔히 돌보는 사람의 역할을 하는 부모는 자신도 야위어 있으며, 암암리에 또는 노골적으로 문제가 없는 자녀가 사심 없이 도와주기를 청한다. 질병이 있는 자녀나 부모가 있는 가정에서의 삶은 위기의 분위기이다. 예를 들면, 부모가 빈번하게 병원에 오가는 동안에 정서적으로 방치된 자녀는 냉동된 음식을 데워 TV 앞에서 혼자 저녁을 먹는다. 또는 그 아이는 듣지 않아도 되고 이해되지도 않는 의학적 대화의 일부를 거듭하여 접하게 된다. 아이는 축구 경기를 보러 가기 위해 친구의 부모 차를 타야 한다. 조그마한 이유로도 그로 인해 짜증스러워 하는 부모에게 익숙하다.

보통 환자가 있는 가정의 부모는 건강한 자녀에게 미치는 영향을 인식한다. 그들은 아이를 보고 확인할 수 있으며, 그가 어떻게 지내는지 논의할 수도 있다. 그리고 그들이 할 수 있는 지지를 해 준다. 그들은 질병이 있는 가족원에게 많은 시간을 쏟는다는 것을 의식하고 있다. 그리고 그에 대해 걱정하기도 한다. 그러므로 이러한 부모가 건강한 자녀를 정서적으로 방치할 것처럼 보이지는 않는다. 그러나 다양한 연구에서 아픈 사람이 있는 가정의 부모와 건강한 자녀의 지각들을 조사하였는데 부모와 건강한 자녀에게 건강한 자녀가 어떻게 지내는지를 평정하라고 지시한 결과는 일관적으로 부모는 그들의 건강한 자녀가 잘 지낸다고 보는 반면, 막상 그 자녀는 자신의 상황을 훨씬 더 부정적으로 인식했다. 결론은 부모는 자녀의 삶에서 나쁜 것들을 변화시키는 데 있어 힘이 없거나 또는 그렇다고 느낄 때, 나쁜 일들의 영향을 최소화하는 성향이 있다는 것이다. 이러한 부모가 무의식적으로 자녀의 괴로움을 최소화할 뿐만 아니라 실제로 자녀가 그럴 능력이 되지 않는데도 자녀에게 성숙이라는 짐을 무심코 지워 준다. 그들은 자주 건강한 자녀가 배려심이 있고, 이기심이 없고, 자신이 그래야 하는 것처럼 인내심이 있기를 요구하고 기대한다.

어떤 경우, 가족의 질병은 어린 시절 전체에 영향을 준다. 이러한 경우 그 자녀는 사춘기를 맞이하기 전까지는 거의 성인에 가까운 행동을 보이기도 한다.

*스튜어트의 사례

스튜어트의 아버지와 어머니는 그를 치료실에 데려왔다. 그 이유는 그가 열다섯 살에 '너무 부정적'이 되어서라고 했다. 여러 번의 초기 만남에서 스튜어트는 거의 말이 없었고, 여기에 강제로 오게 했다고 원망했으며, 대화를 많이 나누는 것을 거부했다. 나는 금방 스튜어트의 부모가 병균에 극도로 취약한 스튜어트의 형 래리에 대한 염려에 사로잡혀 있다는 것을 알아챘다. 내가 부모 면담에서 스튜어트의 발달에 대한 정보를 얻으려고 하는 동안 스튜어트의 부모는 래리에 대한 주제로 표류하듯이 되돌아갔는데, 외관상 그 사실을 알아차리지 못하는 것처럼 보였다. 그로부터 나는 스튜어트가 다른 질병이 있는 아이들의 형제들처럼 여러 해 동안 자신의 부정적 감정과 욕구가 묶여 있었다는 것을 알았다.

나는 스튜어트가 이윽고 부서지는 시점에 도달할 것이라고 확신했다. 그의 외관은 무너지고 있으며, 그는 더 오래 버틸 수 없어 보였다. 스튜어트의 금욕주의적 태도가 손상되는 것은 피할 수 없으나 그의 부모에게는 이러한 현실이 낯설었다. 그들은 그들에게 도움이 되고 유쾌한 아들이 어디로 갔는지 어리둥절해하며 그의 부정적인 태도를 고치려고 그를 치료실에 데리고 왔다.

나하고 단독으로 몇 번의 만남을 가진 후 스튜어트는 말하기 시작했다. 그는 친구들을 집으로 데려오지 않았는데, 그것은 래리가 친구를 사귈 수 없는 처지인데 자신만 정상적인 친구 관계를 가지는 것에 죄책감을 느끼기 때문이라고 했다. 또 자신의 친구들이 래리의 기벽이 있는 행동을 이해하지 못할 수 있다는 것도 걱정했다.

그런 일이 생기면 자신이 사랑하는 형으로 인해 당황스러워 한다는 것에 대해 죄책감을 느꼈다.

그래서 내 사무실에서 자신의 부모에게 더 문제를 일으키는 것에 죄책감을 느끼고, 관심에 굶주리며, 그들이 자신의 비애를 모르는 것을 원망하면서도 그는 그 어느 것도 말로 표현하지 못했다. 몇 번의 만남 이후, 스튜어트의 집에서 한 사건이 벌어졌다. 그는 부모와 말다툼을 했고, 그의 부모는 내게 치료가 스튜어트를 더 나쁘게 만들고 있다고 했다. 나는 스튜어트가 "모든 것이 항상 래리 중심이야. 아빠와 엄마는 형의 약을 찾으러 가기 위해 나의 올스타 경기에서도 일찍 떠났어요!"라고 말하도록 격려했다. 그의 부모는 자신들이 고작 몇 분 먼저 떠났을 뿐인데 그가 지나치게 예민하다고 말하면서 항의하기 시작했다. 이 시점에서 나는 가족에 개입했다. "이것이 바로 문제입니다. 스튜어트는 실제로 그가 어떻게 느끼는지를 말하는 것이 허락되지 않습니다. 그리고 그가 말하면, 당신들은 그를 예민하다고 합니다. 래리뿐만 아니라 스튜어트도 당신들의 도움이 필요한 자녀입니다. 당신들이 래리를 도와주고자 하는 선한 의도가 스튜어트 양육을 방해합니다. 당신들은 스튜어트가 욕구와 감정을 가지는 것에 죄책감을 느끼도록 만들고 있습니다."

이 어려운 순간은 스튜어트에게는 전환점이 되었다. 운이 좋게도 이 부모는 최종적으로 어떻게 래리의 병이 스튜어트에게 죄책감, 분노 그리고 슬픔에 멈추도록 하면서 그의 사회적·정서적 성장을 방해했는지를 이해하게 되었다. 처음에 그들은 스튜어트가 변하기를 기대하면서 치료실에 왔지만 **그들**의 변화 또한 스튜어트

만큼이나 극적으로 이루어졌다.

그들이 스튜어트가 자신과 투쟁하고 있다는 것을 알아차리지 못한 이유는 그가 자라면서 그들에게 아무 문제도 일으키지 않았기 때문이었다. 스튜어트의 부모는 마침내 자신들이 스튜어트가 형이 아픈 동안에 아무 문제도 일으키지 않기를 기대하고 있었음을 인식했다. 이 깨달음으로 인해 스튜어트의 부모는 그의 욕구와 감정에 더 주의를 기울이기 시작했다. 만약 그들이 스튜어트의 사춘기 동안에 계속 그럴 수 있다면, 정서적 방치의 결과는 뒤집힐 수 있으며, 스튜어트는 행복하고 건강하게 성장할 수 있을 것이다.

9) 유형 9: 성취/완벽에 초점이 맞추어진 부모

성취/완벽에 초점이 맞추어진 부모는 좀처럼 만족하지 않는 것처럼 보인다. 자녀가 모든 과목에서 A를 받아 온다면, 그는 "다음 번에는 A+를 기대할게."라고 말할 것이다. 이 부모는 우리가 말한 자기애적인 부모와 약간 공통적인 특징을 가지고 있다. 사실 행동의 많은 부분이 유사하다. 많은 자기애적인 부모는 완벽주의적이다. 그들은 자녀가 그들을 잘 반영하기를 원한다. 다른 말로 하면, '만약 내 자녀가 연속으로 A를 받으면, 그것은 내가 진짜 괜찮은 사람처럼 보이게 한다.'는 것이다. 이 '거울 효과'는 대부분의 성취/완벽 부모(The Achievement/Perfection Focused Parent)의 한 부분이다(우리는 그들을 'AP 부모'라고 부른다). 그러나 항상 그러는 것은 아니다. AP 부모는 다양한 요인으로 동기화될 수 있다.

Saint Anthony's
재능 있는 부모들을
위한 학교

모든 AP 부모가 정서적으로 방치적인 것은 아니다. 올림픽 선수, 피아노 연주자, 그리고 프로야구 선수의 많은 부모는 AP라고 여길 수도 있다. 왜냐하면 그들은 투지가 넘치며 자녀가 최고가 되도록 지지하기 때문이다. 그러나 방치적이지 않은 AP 부모와 방치적인 AP 부모 간의 차이는 바로 지지이다. 건강한 AP 부모는 **자녀가 원하는 것을 성취하도록 지지한다.** 건강하지 않은 AP 부모는 **부모 자신**이 원하는 것을 성취하도록 자녀에게 **압력을 가한다.**

어떤 AP 부모는 자신의 자녀가 성취하도록 압박을 가하는데, 필사적으로 자신이 가지지 못한 기회를 자녀가 가지기를 원하기 때문이다. 이러한 많은 부모는 자신이 완벽해야 한다는 고유의 느낌을 행동화한다. 어떤 부모는 자녀를 통해서 자신의 삶을 살려고 애쓴다. 그런데도 어떤 AP 부모는 단순히 자신이 자라 온 대로 자녀를 키우는데, 이는 그들이 그것밖에 모르기 때문이다.

어린 지크가 AP 엄마한테 쪽지를 건네줄 때, 당신은 그녀가 무슨 말을 할 거라고 생각하는가?

*지크의 사례

"지크, 어떻게 학교에서 이런 식으로 행동할 수 있니? 지금 롤로 선생님께서 '너의 탁월하고 놀라운 아동학교(Superior Amazing Child School)' 지원에 필요한 추천서를 쓰는 것에 대해 생각을 바꿀 수도 있어! 우리는 지금 당장 선생님에게 전화를 걸어 이 사건을 수습해야 해."

혹은 AP 엄마 #2:

"지크, 너는 연필을 튕기고 흔들어 대는 것보다 더 알아야 할 것이 있어. 선생님이 맞아. 만약 네 눈을 찔렀으면 피아노 실력이 더디게 늘 수 있었어. 악보를 볼 수 없으면 어떻게 연습을 하겠니?"

혹은 AP 엄마 #3:

"지크, 나는 너에게 지독하게 실망했어. 나는 널 이 비싼 학교에 보내려고 아주 많은 희생을 치렀어. 만약 롤로 선생님이 너를 문제아로 보기 시작하면 너는 네가 너를 위해 했던 모든 것을 무너뜨리는 거야. 너는 네 미래에 대해 생각해야 해!"

지크에게 최고의 관심을 보이는 이 세 가지 반응을 주시해 보라. 이러한 AP 부모는 확실히 자녀에 대해 염려하며 그에게 최고를 주려고 한다. 문제는 세 형태 어머니 모두 지크를 정서적으로 방치하는 반응을 보이고 있다는 것이다. 이 반응 중 어떤 것도 지크가 자신의 충동을 통제하는 법을 배울 필요가 있다는 사실을 고심하지 않는다. 그 누구도 지크가 형제들에게 아기처럼 취급받는 것에 대해 고심하지 않는다. 어떤 반응도 지크에게 필요한 것들을 제시하지 않는다. 이 모든 반응은 지크의 것이 아닌 부모의 욕구를 언급한다. 그들은 너무 어려서 이해하지도 못하는 지크의 미래에 대해서 지적한다. 그들은 지크가 자신에 대해서, 자신의 특성과 감정 그리고 권위적 인물들과 어떻게 잘 지내야 하는지 배울 기회를 빼앗아 간다. 시간이 흐르면서 "좋은 아이가 되어야 한다. 그래야 성공할 수 있다."와 같은 단순한 메시지를 취하기 위해 지크는 자신의 많은 욕구와 감정을 억눌러야 한다. 이것은 어린 시절에는 그런대로 괜찮다. 그러나 그는 내면에 자신에 대한 지식, 정서적 알아차림 그리고 자기애 같은 무엇인가 빠진 것 같은 것을 느끼면서 사춘기나 성인기로 접어들 것이다.

*팀의 사례

팀은 커플치료에 아내 트리쉬에 의해서 끌려왔다. 첫 번째 상담에서는 팀을 조금이라도 말하게 하는 것이 어려웠다. 그가 표현한한 가지는 그가 자신과 트리쉬에 대해서 실망했다는 것이다. "우리는 서로 사랑합니다. 그리고 그것으로 충분할 것입니다. 그러나 트리쉬는 항상 어떤 것도 충분치 않습니다."라고 말했다. 내가 그에게 구체적으로 말해 줄 것을 요청하자, 그는 오로지 "왜 트리쉬는 그냥 일들이 지나가도록 내버려 두지 않을까요? 왜 그녀는 그냥 행복해하면 안 되나요?"라고 말했다.

만약 내가 이것을 액면 그대로 받아들였다면, 나는 그 시점에서 트리쉬가 어떤 이유로든지 사람들하고 지내기가 힘든 사람이라고 생각했을 것이다. 그러나 나는 많은 커플과 상담을 한 경험으로 그 이야기에 분명히 많은 것이 더 있다는 것을 알 수 있었다. 내가 트리쉬에게 질문을 하자, 그녀는 울기 시작했다. 다음은 그녀가 팀을 치료에 데려 온 이유에 대해 말해 준 것이다.

"팀은 우리가 결혼해서 행복하다고 말해요. 그러나 그는 행복해 보이지 않아요. 그가 퇴근해서 집에 올 때는 이미 짜증이 나 있어요. 그는 훌륭한 아버지에요. 그러나 어떤 때는 아이들이 완벽하지 않은 어떤 방식으로 행동할 때 그들에게 날카로운 소리를 내요. 그리고 항상 스스로를 다그치고 있어요. 마흔 살밖에 되지 않았는데 회사에서 부사장이에요. 그런데도 아직도 충분하지 않다고 느끼는데, 지금쯤은 CEO가 되어야 한다고 생각하기 때문이에요. 대화를 시도하면 그는 입을 다물어요. 나는 그가 비참하게 느낀다는 것을 알아요. 그를 돕고 싶지만 할 수 없어요. 나는 여전히 그를 사랑하지만 더 이상 이렇게 살 수는 없어요. 제발 우리가 같이 지낼 수 있도록 도와주세요."

여기서 잠깐만 쉬고 팀을 살펴보자. 이미 회기 처음 15분 동안에 나는 그가 아이였을 때 정서적으로 방치됐다고 의심했다. 내가 그에게서 본 정서적 방치의 단서들은 다음과 같다(3장에서 당신은 이러한 단서들을 더 많이 배울 것이다).

- 짜증
- 완벽성. 아이들의 실수에 대한 인내심 부족으로 증명된다.
- 정서적 알아차림의 부족. "왜 트리쉬는 그냥 행복할 수 없을까?"로 증명된다.
- 역의존성. 도움이 필요한 것으로 자신에게 실망을 느끼는 것과 트리쉬에게 도움을 받는 것을 거부하는 것으로 증명된다.
- 자신에 대한 연민 부족. 트리쉬의 보고에 따라 팀은 자신이 CEO가 아닌 부사장인 것이 충분하지 않다고 느끼는 것이 증명되었다.

여섯 번의 커플 만남 후, 팀은 드디어 몇 차례 개인 회기를 가지기를 원했다. 그 만남들에서 나는 팀의 부모가 그를 사랑하면서 그를 한 가지 일차적인 목적을 가지고 키웠다는 것을 알 수 있었다. 그것은 바로 '성공'이었다. 아동기에서의 그의 스트레스, 노력, 성취 그리고 능력은 모두 부모에 의해서 '미래'의 렌즈를 통해서 보도록 강요받았다. 팀은 자신의 감정, 욕구 그리고 경험은 중요하지 않다는 것을 배웠다. 중요한 것은 '미래에 이것이 무엇을 의미하는가?'였다. 팀은 성인이 되었고, 결혼했고, 자신의 아이들을 가졌다. 하지만 자신에 대해서, 즉 그의 정서 혹은 부인을 포함해서 사람들과 어떻게 관계를 맺어야 하는지에 대해서는 아주 적은 지식만을 가지고 있었다.

다행히도 팀이 자신의 문제를 드러낼 수 있게 되면서, 그리고 이러한 모든 것을 나누면서 우리는 그것에 대해 생각해 볼 수 있었다. 몇 차례 개인 회기를 가진 후에 그는 새로 발견한 자기수용, 연민 그리고 인내를 자신의 결혼과 자녀에게 적용할 수 있게 되었다.

한 자녀가 AP 부모에 의해서 마치 그녀의 감정과 정서적 욕구들은 상관없는 것처럼 취급될 때 자녀의 깊은 개인적 부분은 부인되며, 그 부분은 방에 있는 코끼리처럼 골치 아픈 일이다. 사실상 그 부분이 그녀의 거의 전체임에도 아무도 그것을 보거나 듣고 싶어 하지 않는다. 이 자녀의 대부분이 현실에 적응하고 사람들과 잘 지내며 가족에서 성장할 수 있는 단 한 가지 방법은 자신을 부인하는 것이다. 즉, 그들의 정서적 자기는 존재하지 않는 척하면서 사는 것이다. 방치된 자녀가 자신에 대한 인식에, 자신에 대한 사랑에, 그리고 다른 사람들에게 정서적으로 연결하는 능력에 있어 마음의 공간이 비어 있는 상태로 성장하는 것은 새삼스럽지 않다.

10) 유형 10: 반사회적인 부모

이 유형은 내가 이 책에서 쓰려는 것 중에서 제일 놀라운 부모 유형이 될 것 같다. 당신이 이 범주에는 자신이 해당되지 않는다고 100퍼센트 확신하더라도 나는 이 부분을 읽을 것을 추천한다.

당신은 '소시오패스(sociopath)'란 단어를 들을 때 머릿속에 무엇이 떠오르는가? 소설 속에 나오는 식인 연쇄살인마 한니발 렉터(Hannibal Lecter)? TV 시리즈에 나오는 뉴저지 마피아의 중간 보스 토니 소프라노(Tony Soprano)? 무솔리니(Mussolini)? 이들은 사실 '소시오패스'라는 개념의 상징이 되는 전형이다. 그들은 그중에서도 제일 극단적이고 극적인 소시오패스의 명백한 버전들이다. 하지만 이 책에서 우리가 흥미를 가지는 소시오패스의 유형은 다르다. 이 소시오패스는 대부분 법을 어기거나 교도소에 간 적도 없고, 평범한 사람들에 가깝다. 이 소시오패스는 당신의 이웃일 수 있고, 당신의 형제, 어머니 또는 아버지가 될 수도 있다. 그녀 또는 그는 완벽하게 자신을 조작하여 훌륭한 직장, 자선사업 혹은 사친회(Parent Teacher Association: PTA) 등으로 위장하고 있을 수 있다. 따라서 대부분의 사람은 이 사람을 소시오패스로 생각조차 하지 않았을 것이다. 사실 그/그녀는 카리스마가 있어서 사람들을 끌어들일 수 있다. 그/그녀는 많은 사람에게 존경받으며, 이타적으로 보이며, 친절하다. 그러나 속으로 깊이 들어가면 그/그녀는 우리하고는 다르다. 어떤 때는 그/그녀와 가장 가까운 사람들 말고는 아무도 무엇인가가 잘못됐다는 것을 알아차리기 어렵다. 단지 그/그녀의 자녀는 자주 그것을 느낄 수 있지만 이것이 그것을 이해했다는 것을 의미하지는 않는다.

소시오패스를 우리와 분리시킬 수 있는 하나의 중요한 특성이 있다. 그것은 양심이라는 단어로 표현될 수 있다. 단순히 말하자면, 소시오패스는 죄책감을 느끼지 않는다. 그렇기 때문에 그는 자신이 원하는 것은 어떤 것이든 자유롭게 할 수 있다. 그 어떤 내면의 값도 치르지 않고 말이다. 그리고 그는 그다음 날 또는 영원히 그러한 자신의 행동을 나쁘게 느끼지 않는다. 죄책감이 없는 것과 더불어 소시오패스는 엄청나게 공감능력이 부족하다. 소시오패스에게 다른 사람들의 감정은 의미가 없다. 왜냐하면 감정을 느끼는 능력이 없기 때문이다. 사실 소시오패스는 실제로 우리가 느끼는 것처럼 느끼지 못한다. 그들의 감정은 다른 사람들을 통제하면서 근처를 맴도는, 매우 다른 시스템 아래에서 작동한다. 만약에 그 소시오패스가 당신을 통제하는 것에 성공한다면, 그는 진짜로 당신에 대해 어느 정도의 사랑을 느끼고 있을 수 있다. 하지만 그 동전의 뒷면은 만약 그가 당신을 통제하는 것에 실패한다면 당신을 무시할 것이다. 자신의 목적 달성을 위해 공정하지 않은 수단을 사용할 것이고, 그것이 이루어지지 않으면 협박할 것이다. 그것이 실패하면, 그는 당신에게 상처를 주면서 보복을 할 것이다.

양심이 없기 때문에 소시오패스는 자신이 원하는 것을 얻기 위해 공정하지 않은 수단을 자유롭게 사용한다. 그/그녀는 무자비한 말을 하거나 능숙하게 거짓말을 할 수 있다. 또한 다른 사람들의 말을 자신의 목적을 위하여 왜곡할 수 있고, 일이 빗나가면 다른 사람들을 탓할 수도 있다. 그의 실수를 인정하는 것이 필요 없는 이유는 그가 다른 누구를 탓하는 것이 훨씬 더 쉽기 때문이다. 소시오패스는 '피해자' 역할의 가치를 발견해서 그것을 미덕같이 따른다.

『옆집의 소시오패스(The Sociopath Next Door)』를 쓴 Martha Stout 박사에 의하면 당신이 소시오패스와 상대하고 있다는 것을 확신할 수 있는 유일한 단서는 한 사람이 목적을 가지고 당신에게 상처를 주려고 할 때이며, 그러고는 아무것도 잘못한 것이 없다는 듯 평소처럼 행동할 때이다. 마치 당신이 상처를 받지 않아야 하는 것처럼 말이다. 만약 어떤 사람이 당신에게 반복적으로 이와 같이 행한다면, 당신은 소시오패스와 상대하고 있을 가능성이 있다는 것을 고려해야 한다.

만약 그 사람이 부모 중 한 사람이라는 것을 알아차린다면 당신은 지독하게도 고통스럽겠지만 이는 당신을 자유롭게 하며 삶의 변화를 가져올 수도 있다. 전통적으로 소시오패스의 자녀는 절망적으로 부모의 행동이 말이 되도록 끼워 맞추는데(행동을 납득하려고) 애를 쓴다. 그들은 설명되지 않은 것들을 설명하기 위해 매우 창조적일 수 있다. 여기에 소시오패스의 성인 자녀가 자신에게 상처를 안겨 준 부당하고 가차 없는 부모의 행동을 말이 되도록 끼워 맞춘 것들 중 일부를 소개한다.

- "그는 불안해한다."
- "그녀는 그런 의도가 아니다."
- "그녀의 뇌에 무엇인가 이상이 있다."
- "그는 다만 너무 염려한다.
- "그녀는 그것을 어찌할 수가 없다."
- "그는 힘든 어린 시절을 보냈다."

이 성인 자녀가 무엇을 해명하려고 애쓰고 있는지를 더 잘 이해하려면 지크가 자신의 소시오패스 어머니에게 쪽지를 건네준 바로 다음을 다시 확인해 보자.

*지크의 사례

지크는 엄마가 쪽지를 읽는 것을 관찰한다. 그녀가 쪽지를 읽고 있을 때, 그는 그녀의 굳게 다문 입에서 불쾌감을 읽을 수 있었다. "뭐라고? 어떻게 너는 이런 짓을 했니, 지크? 학교에서 이런 식으로 행동하다니 정말 당황스럽구나." 지크의 눈은 막 울 것만 같다. "나는……" 그는 말하기 시작했으나 엄마는 그의 말을 가로챈다. "너에게서 한마디도 듣고 싶지 않아. 나를 쳐다보는 것도 싫어. 네 방으로 지금 가서 '나는 다시는 학교에서 문제를 일으키지 않겠습니다.'라고 50번 써. 필기체로 읽을 수 있게 쓰는 것이 좋을 거야. 네가 그것을 다 쓸 때까지 네 얼굴을 보고 싶지 않아. 그리고 그 의미는 넌 저녁을 굶어야 한다는 거야."

쓰다가 울다가 다시 쓰다가 울다가 하면서 방에서 4시간을 보낸 후 지크는 그 문장을 20번밖에 쓸 수 없었다. 게다가 그 어떤 것도 필기체가 아니었다. 그는 차가운 공포를 가슴속에서 느꼈다. 엄마가 그가 써 놓은 것을 보면 화를 낼 것이기 때문이다. 그러나 어쩔 수가 없다. 막 학교에 입학한 그는 그 나이에 필기체를 다 터득하기 어렵기 때문이다. 그는 배고프고 슬프다. 그리고 자신이 엄마를 화나게 한 것에 절망적으로 죄책감을 느낀다. 그는 엄마를 위해서 종이 맨 아래에 하트를 그렸다. 그리고 모험을 하는 기분으로 방에서 나와 조심조심 엄마가 TV를 보고 있는 곳으로 다가갔다. "엄마, 20번밖에 못 썼어요. 약속해요. 다시는 문제에 휩싸이지 않겠다고요. 나 그, 그, 그만해도 돼요?" 그는 온순하게 말한다. 지크의 엄마는 TV에서 눈을 떼지 않는다. 그래서 그의 엉망이 된 머리, 지친 모습, 또는 얼굴에 눈물 자국이 있는 것을 보지 못한다. "돌아가, 당장 네 방으로 가." 그녀는 으르렁거렸다. "그렇지 않으면 너를 진짜로 울게 만드는 무엇인가를 하겠어. 그리고 내가 말하기 전에 방을 나왔기 때문에 10번을 더 써야 해." 그녀는 위협적으로 일어서면서 지크를 향하여 걸어가기 시작한다. 지크는 철수해야 하는 **때**라는 것을 안다. 그는 자신의 방으로 뛰어가서 침대에 쓰러져 잠들 때까지 운다.

이 상호작용에서 지크에 대한 어머니의 친숙함은 극단적으로 결핍되어 있다. 그녀는 그가 발달적으로 무엇을 할 수 있고, 무엇을 할 수 없는지(문장을 그렇게 많이 쓸 수 없다는 것과 필기체로 쓰는 것)를 알지 못하며, 그의 감정(공감) 또한 알지 못한다. 그녀는 그에게 힘을 휘두르기 위하여 극단적이고 건강하지 않은 욕구를 보여 주었다(통제). 또한 그녀는 아들을 향한 잔인성과 사디즘(다른 사람들을 다치게 하는 것을 즐기는)에 속한다고 보일 만큼 아들을 정서적으로 상처를 주려고 하였다. 극단적이고 모진 처벌이 소시오패스의 현저한 특징이지만 모든 소시오패스적인 부모가 극단적인 결과를 가져오는 벌을 가하지는 않는다. 어떤 부모는 벌을 내리지 않고 그들의 통제하려는 욕구를, 예컨대 죄책감 혹은 은밀한 조정 등을 통해 다른 방식으로 행사한다. 모든 소시오패스적인 부모에게 공통적인 요인은 자녀를 키우는 데 무엇보다도 힘과 통제를 사용하는 것이다.

*월리스의 사례

마흔일곱 살의 월리스는 늙은 아버지가 돌아가신 후에 치료를 받으러 왔다. 애도에 대한 도움을 받기 위해서 온 것이 아니라 어머니와의 관계에서 자신이 느끼는 극단적인 죄책감 때문에 온 것이다. 월리스는 부모와 2시간 떨어진 곳에서 산다. 그럼에도 지난 20년간 그는 일 년에 단 한 번, 혹은 그보다도 더 적게 그들을 방문했다. 내가 그와 함께 이것에 대해 탐색하였을 때, 그가 기억을 떠올릴수록 죄책감을 가진다는 것을 명백하게 느낄 수 있었다. 그는 부모를 충분히 찾아가지 못한 것 때문에 자신이 부모를 돌보지 않고 고마워할 줄 모르는 아들같이 느껴진다고 말했다. 그럼에도 그는 항상 그들을 방문할 때 우울해지거나 아프다고 하였다. "제가 거기 가지 않아도 될 상황을 만들어요. 또한 아내는 부모님 댁에 가는 걸 진짜로 싫어해요. 아마도 어머니가 그녀를 싫어하기 때문일 거예요."

월리스는 최근에 돌아가신 아버지를 대개 자신의 주변에 존재하지 않았고 일에만 몰두한 일 중독자처럼 기술했으며, 어머니에 대해서는 '힘든 사람'으로 기술했다. 월리스에게 이에 대해 물어보았더니, 그는 "내가 할 수 있는 일들 중에서 그 어떤 것도 어머니의 마음에 든 적이 없었어요. 어머니는 내 아내를 원망하게 만들어요. 그리고 대개는 그러는 것이 아내가 나의 관심을 어머니에게서 가져갔다고 느꼈기 때문이라고 생각해요." 월리스는 그가 아주 드물게 어머니를 찾아가기 때문에 어머니가 그를 이기적이라고 느끼며, 그녀는 직간접적으로 그들이 대화를 나누거나 서로 볼 때마다 그에게 이 사실(월리스가 이기적이라는 것)을 말한다고 설명하였다. 수년간 월리스의 어머니는 그녀에 대한 월리스의 헌신 부족에 대해서 다양한 방식으로 불만을 표현했다.

그는 나에게 어머니의 반사회적 스타일을 보여 주는 하나의 스토리를 아주 간결하게 보여 주었다.

어느 크리스마스 날 월리스와 그의 아내 그리고 아이들은 이를 악물고 어머니의 소원에 굴복하기로 결정했다. 그들은 부모님 댁을 거의 일 년 동안 방문하지 않았다. 그렇기 때문에 어머니가 모두를 모으는 크리스마스 저녁에는 얼굴을 보여야 한다고 생각했다. 월리스의 어머니는 그가 온다는 것을 알고 기뻐했고, 심지어 그가 어린 시절에 제일 좋아했던 고구마 요리도 만들었다. 그 방문은 선물들을 열어 보는 시간까지는 눈에 띄게 잘 되고 있는 것 같았다. 손주들은 할아버지와 할머니가 그들에게 무엇을 주었는지 보려고 신이 났고 빛나게 포장된 선물박스를 뜯었다. 그때 월리스의 심장은 내려앉았다. 그는 어머니가 자신이 당신에게 관심이 부족한 것에 대한 실망을 또 다시 표현했다는 것을 알아차렸다. 이번에 어머니는 다른 손주들에게는 비싼 새 아이패드를 주었고, 월리스의 자녀에게는 값이 싼 플라스틱 장난감 카메라를 주어서 자신의 의도를 강하게 드러냈다. 월리스의 자녀는 할아버지와 할머니에게 공손하게 감사의 인사를 했다. 그러나 월리스는 그들의 선물과 그들의 사촌들이 받은 선물 사이의 극적인 차이로 인해 당황했고 상처를 받았다.

그날 이후로 그는 아이들과 내밀히 이야기할 수 있는 기회가 있을 때, 선물의 불공평함과 관련해서 그들에게 설명하려 했다. 그는 할아버지와 할머니가 늙어서 그 선물들이 어떻게 다르다는 것을 잘 모른다고 말해 주었다. 그러나 그는 이것이 잊히지 않을 사건이라고 느껴졌다. 그는 이 일에 대해서 어머니와 직면해야 한다는 것을 알았다. 그는 어머니가 부엌에 혼자 있을 때 그녀에게 그 선물들은 그에게 무엇인가를 말하려고 했던 것이냐고 물어보았다. 그러자 그녀는 말했다. "너에게는 크리스마스에 그저 선물들이 얼마나 비싼지만 중요하니, 윌리스? 너는 단 한 번도 돈 외에는 관심이 없지. 네가 행복할 수 있다면 내년에는 나는 확실하게 너의 아이들과 더 시간을 보낼 거야." 그러고는 "나는 자신의 부모를 방문하기에 너무 바쁜 사람이 기대해야 할 것은 바로 그 정도라고 생각한다."

크리스마스 이브 저녁에 윌리스의 어머니는 마치 아무것도 일어나지 않은 것처럼 행동했다. 그녀는 마치 크리스마스가 기쁜 것처럼 행동했으며, 모든 것이 좋고, 윌리스도 똑같이 하기를 기대하는 것처럼 보였다.

그가 성인으로서 가졌던 삶의 한 부분을 소개하는 이 이야기에서, 그의 어머니는 소시오패스의 **모든** 특성을 드러냈다. 공식적이지 않은 수단을 통해 그를 통제하려는 행동은 사악하게 그를 공격하는 것이며, 그렇게 하고도 마치 그 공격이 일어나지 않은 것처럼 행동하며, 자신을 피해자로 만들고, 또 윌리스를 탓한다(이기적인 아들이라고). 더구나 그녀는 아들에게 상처를 주기 위해 손주들에게도 상처를 주려는 의지를 가지고 있었다.

윌리스는 나와 같이 상담을 하고 시간이 흐르면서 그가 가진 죄책감이 잘못 자리 잡은 것임을 알게 되었다. 그의 어머니(그리고 개입하지 않았던 그의 아버지)는 이러한 유형의 통제를 사용하여 그의 아동기, 사춘기 그리고 성인기를 거쳐 그의 행동을 벌하면서 그를 떠나고 싶게 만들었다. 그는 무엇이 일어나고 있는지 이해하지 못했기 때문에 부모님 집에 있는 동안 우울해지고 아팠다. 그는 어머니의 독을 삼키고 있었고, 그것과 함께 성장하면서도 그것을 볼 수 없었으며, 대신 부분적으로 자신을 탓하고 있었다. 그의 어머니가 반사회적인 성향이 있다는 것을 인식한 것은 그가 자신과 그의 자녀를 어떤 방식으로든 보호하는 것이 필요하다는 것을 이해하는 데 도움이 되었다. 그는 그제야 잘못 자리 잡은 자신의 죄책감 대신 그것에 초점을 맞출 수 있도록 자유로워졌다.

만약 당신이 자신의 부모(혹은 당신의 삶의 누구든지)가 반사회적일 수 있다는 것에 대해서 어떠한 질문이 있다면, 참고문헌에 제시된 책『옆집의 소시오패스(The Sociopath Next Door)』를 보라.

11) 유형 11: 부모 같은 자녀를 둔 부모

이 유형의 부모는 실제로 자기 자녀가 어린아이가 아니라 마치 부모처럼 행동하도록 허락하고, 장려하거나 강행한다. 어떤 때는 자녀가 스스로를 양육해야 하며, 어떤 때는 자신의 형제들까지도 양육해야 한다. 극단적인 경우에 부모를 양육하도록 요청받기까지 한다. 이러한 가족 중 대다수에서 극단적인 어려움 같은 것이 존재하면서 자녀로 하여금 억지로 갑자기 성인이 되도록 강요한다. 이미 말한 부모의 양육 유형에서 일부는 이러한 어려움이 있는 가족의 좋은 예이다. 예를 들면, 사별한 가족, 식구 중 질병이 있는 가족, 혹은 중독이나 우울한 부모가 있는 가족을 짚어 보자. 경제적으로 어려워 양쪽 부모 모두가 오랜 시간을 일해야 하는 가족이 될 수도 있다. 이 모든 가족에는 진짜 부모가 부모의 기능을 하지 않아 자녀가 나서서 그들의 자리를 맡을 수밖에 없는 이유들이 존재한다.

*지크의 사례

3학년인 지크는 주머니에 선생님의 쪽지를 넣고 집으로 걸어간다. 그는 최대한 서두른다. 다섯 살짜리 동생이 이웃의 도움으로 유치원에서 돌아오기 전에 그가 먼저 집에 도착해야 하기 때문이다. 동생은 집에 혼자 있기에 너무 어리다. 그의 어머니는 근처에 있는 스탑 앤 숍(Stop & Shop)의 계산대에서 일하는데 저녁 8시까지는 집에 돌아오지 못한다. 지크는 그 쪽지에 대해서 조금도 걱정을 하지 않는다. 그는 어머니가 화를 내지 않을 것을 안다. 그가 얼마나 책임감이 있는지를 어머니가 잘 알기 때문이다. 어머니는 그에게 의존한다. 그리고 그가 여동생을 돌볼 것을 믿는다. 지크는 저녁으로 땅콩 샌드위치를 만들어 동생과 먹고 어머니가 집으로 돌아오기 전에 동생에게 파자마를 입힌다. 그녀는 소리치거나 걱정하지 않을 것이다.

이 사례에서 지크가 어머니의 반응을 염려하지 않는 것은 그가 자신을 아이라고 생각하지 않음을 보여 준다. 그는 어린 동생에 대해 모든 책임을 가지고 한 성인의 역할을 하고 있다. 또한 이 책임은 그의 지위에 어머니보다 더 큰 힘과 권위를 부여한다. 부모-자녀 간에 심리적 경계의 부재로 말미암아 지크는 학교에서의 사건으로부터 아무것도 배우지 못한다. 지크는 본질적으로 한 사춘기 아이로서 더 반항적인 행동을 가져오는 위험에 놓이도록 아동기 시절을 놓치고 있다. 그러나 그의 주변 환경이 변하지 않는 이상 그는 성장하면서 그가 느끼는 것에 대해, 원하는 것에 대해, 또는 무엇이 중요한지 알기 어려워하는 책임감이 지나친 성인이 될 수 있다. 이것은 공허에 대한 체제이며, 정서적으로 방치된 많은 성인 경험의 연결되지 않은 감정이다.

그렇기는 하지만, 하나의 실마리를 얻는 것이 매우 중요하다.

예를 들면, 한부모 가족, 아픈 부모, 아픈 형제, 또는 경제적 어려움 같은, 어떻게 보면 타협된 가족이라는 이유 때문에 정서적 방치로 보는 것은 결코 아니다. 이러한 것들과 도전을 대처하는 많은 부모는 자녀에게 맞추어 대응함으로써 자녀가 연결됐고 성인으로서 충분하다고 느끼기 위해 필요한 돌봄과 관심을 자녀에게 제공한다. 사실 많은 시간을 자녀와 보내는 것이 정서적 방치를 예방하기 위한 필요조건은 아니다. 당신은 자녀와 엄청난 시간을 같이 보내지 않아도 자녀의 감정을 알아차리고 자녀가 스스로를 이해할 수 있도록 도우며, 그의 정서적 욕구에 귀 기울일 수 있다. 시간이 충분하다면 어렵지 않은 일이지만 부족하다고 해도 극복할 수 있다.

이 중요한 점을 설명하기 위해 샐리의 사례를 다시 찾아가 보자.

*샐리의 사례

유형 4의 사별한 부모에서 소개했던 샐리를 기억하는가? 샐리의 아버지는 그녀가 어렸을 때 암으로 사망했다. 아버지를 잃은 일은 그녀의 성격과 성인으로서 기능하는 데 많은 영향을 주었다. 아무도 자녀에게 아버지가 죽을 것 같다고 말을 하지 않은 것을 기억하는가? 샐리는 언니에게 "아빠는 돌아가셨어."라고 들었지만, 어머니에게서는 아니었다. 샐리의 아버지가 죽은 후에 그녀의 어머니는 그에 대해서 좀처럼 말을 하지 않았다. 그 시점 후에 자녀는 집에 혼자 남겨졌으며, 사실상 스스로 돌보고 양육하였다. 어머니가 가족을 부양하기 위하여 하찮은 직종을 전전하며 긴 시간을 일해야 했기 때문이다.

이 사례의 어떤 측면이 샐리가 공허감을 가지며 한 성인으로서 색깔이 없는 세상에 살도록 이끌었다고 생각하는가? 아버지의 죽음? 그 죽음 후의 경제적 어려움?

어떤 것도 정답은 아니다. 모든 요인은 **일어난** 일들이다. 그것들은 사건이다. 사건 자체는 정서적 방치를 일으키지 않는다. 만약 샐리의 어머니가 깊이 애도하면서도 자녀의 욕구를 정서적으로 조율하는 능력이 있었다면, 일들은 매우 다르게 전개되었을 것이다.

샐리가 정서적으로 방치된 이유는 아버지의 상실이 아니었다. 아버지의 죽음 후에 **일어난 것** 때문도 아니다. 진짜 이유는 아버지의 죽음 전과 죽음 후 **일어나지 않은 것들**이다. 아버지의 질병에 대해서 부모와 의사소통을 하지 않은 것이다. 일어날 일(아버지의 오랜 질병과 죽음)에 대하여 자녀가 정서적 준비를 하지 못했다. 죽음에 대한 소식을 정중하게 나누고 조심하는 기회가 없었던 것이다. 죽음 후에 자녀의 혼란, 충격 그리고 애도에 대하여 부모 그리고 다른 성인 가족이 자녀로 하여금 아빠를 기억하면서 말하고 그들의 감정을 나누는 것을, 혹은 그들의 감정이 납득이 가도록 그리고 서로에게 정서적 지지를 주도록 허락하지 않았다.

이 모든 요인은 어떤 것의 **부재**이다. 가족사진에서 하얀 공간이며 전면보다는 배경이다. 이것이 바로 샐리가 한 성인으로서, 그녀에게 무엇이, 그리고 왜 잘못되었는지를 보는 데 아주 많은 어려움을 가지는 원인이다.

12) 유형 12: 선의의 의도를 가졌으나 자신도 방치되었던 부모

애정이 많고 선한 의도를 가진 부모도 정서적으로 자녀를 방치할 수 있다. 이 장의 앞부분에서 주목한 것처럼 WMBNT 부모 유형 (The Well-Meaning-but-Neglected-Themselves Parents)은 아마 정서적으로 방치적인 부모의 가장 큰 부분집합을 이룰 것이다. 이 모든 다양한 유형의 정서적으로 방치하는 부모들에 대해서 읽은 후에, 당신은 아마 애정이 있고 돌보는 부모가 어떻게 정서적으로 방치적인 부모가 될 수 있는지에 대한 감을 잡을 수 있을 것이다. 자녀를 사랑하고 자녀에게 최고의 것을 주기 원하는 부모라도 얼마든지 그 자녀를 정서적으로 방치할 수 있다. 진실은 자녀를 **사랑하는** 것과 자녀에게 **귀 기울이는** 것은 매우 다르다는 것이다. 자녀의 건강한 발달을 위해서, 자녀를 사랑하는 것만으로는 충분치 않다. 부모가 자녀에게 귀 기울이려면 그는 전반적으로 감정에 대해서 알아차리고 이해하는 사람이 되어야 한다. 그는 자녀가 발달하면서 무엇을 할 수 있는지 그리고 무엇을 할 수 없는지를 보는 관찰자가 되어야 한다. 자녀를 진짜로 알기 위해서 요구되는 노력과 에너지를 자발적이어야 하며 투여할 수 있어야 한다. 이러한 부분 중 어떠한 것이라도 부족하면 선의의 부모는 정서적으로 자녀를 저버리는 위험에 빠진다.

WMBNT가 어떻게 자녀 양육을 하고 그것을 반복하는지에 대한 더 좋은 아이디어를 얻기 위해 마지막으로 지크의 사례를 다시 보자.

*지크의 사례

지크는 호주머니에 선생님의 쪽지를 넣고 집으로 걸어간다. 그의 어머니는 거실에서 오페라를 관람하고 있다. "안녕, 지크, 학교는 어땠어?" 그녀는 큰 소리로 불렀다. 그가 거실로 걸어 들어와 흥분하면서 그녀에게 쪽지를 건네주려 했을 때, 그녀는 그에게 광고가 나올 때까지 1분만 기다리라고 했다. 그는 손에 쪽지를 쥐고 잠깐 기다리다가 게임을 하기 위해서 방으로 철수한다. 그는 쪽지를 옷장에 둔다. 그다음 날 그녀는 그의 빨래를 서랍에 넣어 두려고 왔다가 그 쪽지를 발견한다. 그녀는 그 쪽지를 읽으면서 순간적으로 편치 않았다. 그러나 그녀는 스스로 생각한다. '롤로 선생님은 지나치게 예민한 것이 분명해.' 그리고 그 쪽지와 그 문제를 제쳐 둔다.

이 예에서, 지크의 엄마는 애정은 있지만, 삶에서 일반적 **감정** 수준을 갖지 못했다. 그녀는 지크가 선생님의 쪽지를 건네주어야 했을 때 아이가 불안이나 당황스러움 같은 감정을 가졌을 것을 감지하지 못했다. 그녀는 학교에서의 지크의 무례에 대해서 염려할 이유를 생각하지 못했는데, 이는 그녀가 행동, 감정 그리고 관계 (이 경우에는 지크와 선생님의 관계)의 연결성을 보지 못하기 때문이다. 그녀는 선생님의 감정에 대해 가치를 두지 않았으며, 그것을 '지나친 반응'이라고만 여겼다. 이런 것은 감정 세계에 대해 알아차리지 못하거나 접하지 않는 사람들 그리고 대개 삶의 표면에서만 사는 사람들에 대한 단서로 확실한 것이다.

이 책에서 이미 우리가 말한 많은 부모가 이 범주 안에 속할 가능성이 매우 크다. 되돌아가서 잠재적으로 WMBNT가 될 수 있는, 우리가 이미 논의한 모든 부모를 살펴보자.

- **소피아**, **요셉** 그리고 **르네**의 권위주의적 부모는 자신도 이러한 부모 밑에서 자라왔다. 그들은 자신의 자녀를 사랑하지만 그들이 아는 양육 방식이라고는 권위주의적 양육밖에 모른다.
- **사만다와 엘리**의 허용적인 부모는 자녀가 원하는 대로 놔두는 것이 사랑이라는 잘못된 신념을 가지고 있다.
- **샐리**의 애도하는 어머니는 자녀를 사랑했고, 그들을 돌보는데 최선을 다했다. 하지만 그녀는 그들의 감정을 접촉하고 그들 자신을 다스릴 수 있도록 돕는 정서적 기술이 없었다. 그녀의 부모가 그녀에게 그런 기술을 가르치지 않은 것 같다.
- **마르고**의 우울한 부모는 분명 그녀를 사랑했다. 그들은 마르고의 양육에 무엇이 빠졌는지를 인식하지 못했다. 이유는 그들 역시 그것을 자신의 부모에게서 받지 못했기 때문이다.
- **샘**의 일 중독자 부모는 그에게 최고를 제공하려 했다. 그들은

물질적 풍요가 샘을 행복하고 잘 적응한 아이로 자라게 할 것이라고 잘못 생각했다.

• **팀의** 성취/완벽에 초점이 맞추어진 부모는 그 자신이 그의 부모로부터 이런 식으로 키워졌으며, 그 또한 결국 그의 자녀를 그렇게 키우고 있다.

이러한 선의의 의도를 가진 사람들 중 그 누구도 아마 자신이 자녀에게 그들이 필요로 하는 행복하고 연결된 삶을 위한 연료를 제공하지 못하는 것에 대해 전혀 생각하지 못했을 것이다. 그들은 단순히 자신의 유년 시절 때 그들이 경험한 것들을 다시 그들의 자녀에게 전해 주고 있었다.

정서적 방치의 불행한 측면 중 하나는 자기전파이다. 정서적으로 방치된 자녀는 자신 및 다른 사람들의 감정에 대해 맹점을 가지고 성장한다. 그들이 부모가 되었을 때, 그들은 자신의 자녀의 감정에 대해 알아차리지 못하며, 자녀가 똑같은 맹점을 가지도록 키운다. 부모가 자녀에게, 또 그 자녀가 부모가 되어서 자녀에게 그 맹점을 대물림하는 것이다.

이 책의 2부에서 선의의 의도를 가졌으나 자신도 방치된 부모의 예를 좀 더 확인할 수 있을 것이다.

제2부

연료가 다 떨어진

3 방치되었던 아이, 어른이 되다

어린 시절을 집의 기초, 성인기를 집이라고 생각해 보자. 집을 지을 때 기초가 결점이 없어야 제대로 완성된 집을 지을 수 있다는 사실은 의심의 여지가 없다. 그러나 만약 기초가 금이 가고 비뚤어졌거나 약하면, 그 집은 힘과 안전을 담보하지 못할 것이다. 이것은 보이는 결점이 아니지만 바람만 한 번 강하게 불어도 집 자체의 구조를 위험에 빠뜨릴 수 있으며, 언제라도 쓰러질 것 같은 집이 된다.

정서적으로 방치되면서 성장한 성인은 표면적으로는 대체로 정상처럼 보인다. 그러나 흔히 자신의 기초에 구조적 결점이 있다는 것을 알아차리지 못한다. 그들은 자신의 어린 시절이 어떤 역할을 하였다는 것도 모른다. 대신에 그들은 삶에서 경험할 수 있는 어떠한 어려움에 대해서 자신을 탓하는 경향이 있다. **왜 다른 사람들은**

나보다 더 행복하게 보이는가? 왜 받는 것보다 주는 것이 더 쉬운가? 왜 나는 나의 사랑하는 사람들을 가깝게 느끼지 못하는가? 내 안에 무엇이 없는가?

당신은 여기에서 많은 사람을 만날 것이다. 그들은 전형적으로 이러한 질문을 해결하려고 고심하는, 아주 머리가 좋고 친근하며 사랑스러운 사람들이다. 그들은 받는 것보다 주는 것을 훨씬 더 잘한다. 그들은 자신의 공허함에 대한 비밀을 아주 조심스럽게 지키는 경향이 있어서, 어떤 사람이건 그들에게 무엇이 없는지를 알아차리는 것이 매우 어렵다. 오로지 그들의 삶에서 가까운 사람들만이 그것도 아주 희미하게 감지할 뿐이다. 모든 사람의 경험은 다르다. 세계에는 60억 명의 사람이 있으며, 제각각 다른 이야기를 가지고 있다. 그러나 정서적 방치를 다루면서 나는 이런 식으로 자란 성인에게서 공통적인 주제를 확실히 발견한다. 이 장에서 우리는 이러한 주제들의 일부를 살펴볼 것이다.

1) 공허감
2) 역의존성
3) 비현실적인 자기평가
4) 자신에 대해서는 없으나 타인에게는 지나치게 갖는 연민
5) 죄책감과 수치심: 나에게 무엇이 잘못된 거지?
6) 자신으로 향한 분노, 자책
7) 치명적인 결점(내 진짜 모습을 알게 되면 사람들은 나를 싫어할 것이다)
8) 자신과 타인을 양육하는 데서의 어려움

9) 빈약한 자기훈련

10) 감정표현불능증: 감정에 대한 빈약한 알아차림과 이해

이러한 감정을 경험하는 사람들은 모두 각자 다른 이유를 가지고 있지만 주제들은 공통적인 관계가 없는 것이 아니다. 앞으로 당신은 라우라의 이야기를 살펴볼 것이다. 그녀의 부모는 수년간 한 명 이상의 친구가 자살을 시도하였을 때 어떤 반응도 하지 않았다. 그러한 부모의 태도는 그녀로 하여금 자신도 반응하지 않아야 한다고 믿게 만들었다. 나는 조쉬의 이야기도 들려줄 것이다. 그의 어머니는 자신의 커리어를 만드는 데 너무나 분주하여 그의 정체성을 형성하는 데 필요한 긍정적이든 부정적이든 어떤 피드백도 그에게 주지 않았다. 각 절의 마지막에, 나는 단서와 신호의 목록을 제시하여 혹시 당신이 그 범주에 해당되는지 결정하는 데 도움을 주겠다.

그러나 읽어 나가기 전에 경고할 것이 하나 있다. 목록의 단서와 신호들을 읽으면서 당신은 '아이고, 나는 이러한 것에 하나도 해당되지 않는 사람을 본 적이 없어.'라고 생각할지도 모른다. 당신의 생각이 맞을 것이다. 인간이라면 누구나 이러한 특성을 한두 가지 이상 가지고 있다. 이 책에서 나는 이러한 문제들로 **상당한 어려움**을 겪고 있는 사람과 이 책을 읽으면서 직감적으로 내 이야기라고 느끼는 사람들에게 말하고 있다는 것을 염두에 두기 바란다.

1) 공허감

내면이 비어 있다고 느껴서 치료를 받으러 오는 사람은 많지 않다. 이것은 장애가 아니며 그 자체가 마치 불안이나 우울증 같은 것이 아니다. 또한 대부분의 사람은 삶을 방해받을 만한 증상으로 경험하지도 않는다. 그것은 더 포괄적인 불편감이며, 생겼다가 없어지기도 하는 만족을 느끼지 못하는 하나의 결핍이다. 어떤 사람들은 그것을 마치 자신의 배꼽이나 가슴의 빈 공간처럼 신체적으로 경험한다. 그런가 하면 어떤 사람들은 마치 하나의 감정적 무감각처럼 경험한다. 당신은 다른 모든 사람이 가진 그 무엇이 당신에게는 없다는 일반적인 느낌을 가지고 있다. 혹은 당신은 밖에서 있으면서 안을 들여다보고 있다. 무엇인지 그냥 옳지 않은 것 같다. 그러나 무어라 이름 붙이기는 힘들다. 여하튼 그것은 당신을 떼어둔 것 같고, 연결되지 않은 기분이며, 마치 당신이 즐겨야 할 삶을 그러지 못한 것처럼 느끼게 만든다.

나는 불안, 우울, 또는 가족 관련 문제들로 치료를 받으러 온 정서적으로 방치된 대부분의 사람이 결국 이러한 공허한 감정을 어떤 방식으로든 표현한다는 것을 발견했다. 전형적으로 공허감은 만성적이고, 그들의 삶의 과정 동안 밀려왔다가 밀려가기를 반복한다. 무엇이 그 사람을 그런 식으로 느끼게 하는지 추측하는 것은 어렵다. 그 대답은 어린 시절 부모로부터 받은 정서적 반응에 있다.

우리는 이러한 감정을 가져오는 원인에 대한 다양한 예, 그것 자체가 나타내는 방식, 그리고 그것을 고치는 과정을 살펴볼 것이다.

이 과정을 시작하기 위해 먼저 정서적으로 방치적인 부모로 인해 갖게 되는 공허감의 일반적인 예를 보자.

*시몬의 사례

시몬이 치료실에 처음 왔을 때 그는 잘생기고 체격이 좋은 서른여덟 살의 젊은이였다. 그가 털어놓은 문제는 여자들이 넘치게 그에게 관심을 가짐에도 관계를 갖지 못하는 것이었다. 시몬은 무엇이 잘못되었는지, 무엇이 자신을 방해하고 있었는지 찾고 싶었다. 겉으로 보이는 모든 조건에서, 그는 훌륭한 결혼 상대자이다. 그는 성공한 주식 분석가로서, 포르쉐 자동차를 몰고 있고, 보스턴에 아름다운 콘도도 가지고 있다. 스카이다이빙을 아주 좋아하고, 취미로 오래된 포르쉐들을 복구해서 자동차 경주를 한다. 여자들을 선택하는 데 있어 너무 까다로운 걸까? 여성에게 헌신하는 데 두려운 걸까? 시몬이 숨어 있는 데서 나오기까지는 어느 정도의 시간이 걸렸다.

시몬은 부유한 부모의 자녀로 나무가 우거진 엄청나게 큰 집에서 자랐다. 그의 부모는 그와 여동생을 유모와 함께 집에 놔두고 자주 여행을 다녔다. 여동생은 장애인이어서 많은 돌봄이 필요했다. 그들은 여행에서 돌아오면 양육에 대한 대부분의 에너지를 그녀에게 쏟았고 시몬은 제멋대로 하게 내버려 두었다. 2장을 기억하면서, 당신은 시몬의 부모가 두 가지 부모 유형을 혼합한 것에 잘 들어맞을 거라고 추측할 수 있을 것이다. 아픈 형제가 있는 집의 부모와 허용적인 부모가 그것이다.

시몬의 부모는 진짜 그와 병리적으로 단절되어 있다. 그는 제한과 규율 없이 자유롭게 지냈다. 어린 시절 그는 많은 시간을 혼자 숲에서 지냈으며, 사춘기가 되어서는 적극적으로 술을 마시고 담배를 피웠다. 그가 DUI(driving under the influence; 음주, 약물 복용 운전-역자 주)를 받았을 때, 아버지는 잠깐 염려했지만 그리 오래가지 않았다.

시몬은 그가 십 대 때 자주 집 뒤편에 있는 나무들 사이에서 많은 시간 초조함을 느끼면서 혼자 보낸 것과 집에 가기를 싫어한 이유는 집이 그에게 아무것도 주지 않았기 때문이었다고 회고했다. 그는 집 현관문을 통과하여 집에 들어갈 때 경험하는 끔찍한 느낌을 최대한 미루고 싶어 하면서 어쩌면 마리화나를 피워서 어두워질 때까지 돌아가는 것을 늦추었던 것이다. 시몬은 부모를 향한 강한 분노를 가지고 있었지만 압도적인 감정의 고독이 뒤섞이어 이를 이해할 수 없었고, 광막하고 허전한 그의 삶을 채워 주기 위해 변치 않는 동반자인 여자 친구가 생기기를 필사적으로 바랐다.

시몬은 DUI 사건 이후 아버지로부터 약간의 관심과 염려를 받은 후 다시 제자리로 돌아갔으며, 대학을 졸업하고 경제학 학위를 받았다. 그는 로스앤젤레스로 이사를 가서 여러 해 동안 엄청나게 큰 회사에서 일을 했다. 그는 크게 성공했으며 많은 돈을 벌었다. 그는 한 여성과 관계를 발전시켰으며 그녀가 결혼을 원하기 전까지는 괜찮았다. 그러나 결혼 이야기가 나온 시점부터 그는 무감각하고 공허해지기 시작했고, 로스앤젤레스가 지루해지기 시작했다. 그는 갑자기 모든 관계를 깨트리고, 직장을 그만두고, 보스턴으로 옮겨 왔다. 그는 학벌이 좋았고 시장성이 높았기에 높은 연봉을 요구할 수 있어서 보스턴에서 새로운 일에 쉽게 정착할 수 있었다.

그는 다시 한번 새로운 삶을 확립했다. 그러나 곧 옛날의 초조함이 되살아나는 것을 발견했다. 무엇인가 올바른 상태가 아니었다. 그는 아직도 행복하지 않았다. 스카이다이빙을 하고 포르쉐로 자동차 경주를 시작했다. 극단적인 스포츠로 그의 공허감과 싸워 물리치려 했다. 비행기에서 뛰어내릴 때마다 아드레날린이 기적 같이 뿜어 나왔다. 그러나 오로지 잠깐뿐이었다. 한 번은 점프를 하고 운전을 해서 집으로 가는데, 그 옛날 감정이 다시 침투해 왔다. 무감각, 공허감 그리고 자신의 낙하산이 열리지 않기를 바라는 마음을 가지기 시작했다. 그는 자신이 죽는 것을 상상했고, 그것이 진정한 휴식이 될 것이라고 상상했다. 사실 그는 여러 해 동안 이와 같은 생각이 왔다 갔다 해서 괴로워하고 있었다.

시몬이 죽고 싶은 것은 너무 많이 느껴서가 아니라 아무것도 느끼지 못하기 때문이었다. 그가 사람들과 관계를 맺는 능력이 없는 것은 그가 공허하고 **주거나 받거나** 할 힘이 없었기 때문이었다. 그는 일, 콘도, 차 그리고 소통에 실패한 사람들을 떨쳐 버리고 끊임없이 삶의 의미를 찾기 위해 세상을 돌아다녔다. 그는 다른 사람들처럼 아주 쉽게 다른 누군가와의 연결을 원했지만, 그에게는 너무나 힘든 것이었다.

치료실에서 시몬과 나의 작업은 감정에 초점을 맞추는 것이었다. 그가 자신의 삶에 대해 이야기했을 때, 나는 자주 개입해서 물어본다. "당신은 그 순간에 어떻게 느꼈습니까?" 혹은 "이것에 대해서 말하면서 지금은 어떻게 느끼십니까?"

처음 시몬은 내 질문들로 인하여 짜증이 나 있었다. 그는 질문들을 마치 그의 이야기의 핵심으로부터 멀어지게 하고, 우리를 잘못된 방향으로 데려 가는 방해와 부적절한 접선으로 생각하였다.

그러나 그는 2년간 치료를 받은 후 점차 그 감정들의 세계에 마음을 열기 시작했다. 내 질문에 대답하고자 시도하면서, 천천히 주의를 안으로 돌릴 수 있게 되었고, 자신의 내면의 경험에 초점을 맞추었으며, 자신의 감정에 이름을 붙일 수 있게 되었다. 흥미롭게도 시몬이 더 감정적인 사람이 되면서, 사귀고 있는 여성과 성적인 문제를 경험하기 시작하였다. 그가 여자 친구와 정서적으로 더 연결되는 것이 가능해지자, 반대로 그녀와의 성관계는 더 어려워졌다. 그의 발기부전은 그에게 큰 고민거리의 원천이 되었다. 그의 치료의 두 번째 단계는 그가 글자 그대로 외톨이 늑대로 자랐다는 것을 깨닫도록 도와주는 것이었다. 그가 관계에서 자신의 정서적 자기를 완전히 차단하였기 때문에 정서적 가까움과 성적 친밀감이 혼합된 순전한 개념이 그를 두렵게 하고 위협하였다. 우리 대부분은 성관계가 쾌감을 목적으로 하면 쉽다는 것을 알고 있다. 그러나 성관계가 정서적 친밀감을 위한 서비스가 될 때에는 좀 더 벅차다. 시몬에게 성관계에 의미가 있고 감정이 붙어 있기 시작했으며, 그것은 그가 감당할 수 있는 것보다 더한 것이었다. 그의 몸은 그를 위하여 성교를 할 수 있는 그의 능력을 닫아 버림으로써 이것을 다루었다.

시몬의 훌륭한 점은 그가 인내했다는 것이다. 그는 결국 치료에서 힘든 작업을 통하여 그 자신 안에서 더 편안하게 성장할 수 있게 되었다. 나중에 그는 세 명의 여자 친구 중에서 충분히 안전하게, 정서적으로, 진정한 친밀감을 즐길 수 있는 한 여자를 찾았다.

당신은 시몬의 공허감, 무감각 그리고 그의 관계 문제들 간의 연결성에 대해 의아하게 생각할 수 있다. 그것은 모두 하나의 핵심 주제, 바로 정서적 방치의 부작용이다. 시몬은 어린 시절 부모와 감정적으로 연결되는 경험을 거의 하지 못하고 혼자서 외롭게 보냈다. 자녀가 부모와 사람들 그리고 세상 일반과 연결하기 위해 있어야 할 정서적 내용이 부재했던 것이다. 시몬은 외부와 단절된 정서적 상태에서 자랐다. 그는 또래들로, 담배로, 파티들로 '자신을 가득 채우려' 했다. 그는 한 여자 친구와 헤어지면 곧바로 또 다른 여자 친구를 찾았는데, 그들이 그를 의미와 연결성으로 채워 줄 것이라고 기대하였기 때문이었다. 그러나 이러한 전략은 그 어느 것도 효과를 보지 못했다. 결국에는 치료가 그에게 답을 주기 위하여 그의 밖이 아닌 자신의 내면을 볼 수 있도록 도왔다. 그는 감정에 대해서 배워야 했고, 자신이 감정을 가지고 있다는 것을 인정해야 했으며, 삶의 내용, 부유함, 그리고 의미를 경험하기 위해 그것들을 느끼도록 허락해야 했다.

삶의 연료는 감정이다. 만약 어린 시절에 감정이 채워지지 않았다면, 우리는 성인으로서 우리 스스로를 채워야 한다. 그렇지 않으면 우리가 우리 자신의 연료를 다 떨어지게 만드는 것이다.

시몬은 공허감의 극단적 예이다. 방치되었던 사람들의 다수는 그보다는 훨씬 더 양호한 수준이었으며, 그로 인해 그렇게까지 고통스러워하지는 않았다. 그러나 나는 공허감이 가장 양호한 상태에서도 삶을 살아가고 즐기기 위한 한 사람의 능력을 방해할 수 있다는 것을 발견했다. 가장 심각한 경우, 그것은 사람들을 자살을 고려하거나 행동화하는 쪽으로 몰고 갈 수 있다.

- 때로 당신은 신체적으로 내면이 비어 있다고 느낀다.
- 당신은 정서적으로 무감각하다.
- 당신은 삶의 의미와 목적에 대해서 질문한다.
- 당신은 어디서 온 것인지 알지 못하는 자살 생각을 갖고 있다.
- 당신은 스릴을 찾는 사람이다.
- 당신은 다른 사람들하고 다르다는 것을 어리둥절하게 느낀다.
- 당신은 자주 당신이 밖에 있으면서 안을 들여다보는 것처럼 느낀다.

만약 당신이 이 단서 중 여러 개에 해당되면 정서적으로 방치되었을 가능성을 고려해 보는 것이 좋다. 그러나 절망하지 말라. 일단 당신이 정서적 방치의 어떤 측면이 자신에게 적용된다는 것을 알아차린다면, 당신은 그 영향을 수정하고 무찌를 수 있다.

2) 역의존성

사람들은 누구나 의존성(dependence)이 무엇인지 안다. 웹스터 사전은 이것을 "다른 사람으로 정의되고 조건화되는, 지지를 위해 다른 사람에게 의존하는"이라고 정의한다. 반대말로 독립(independence)은 "다른 사람에 의해 결정되지 않거나 조건화되지 않는, 지지를 위해 다른 사람한테 의존할 필요가 없는"으로 기술되어 있다. 그러나 '역의존성(counter-dependence)'이란 용어를 들어본 사람은 많지 않을 것이다. 흔하게 사용되는 용어가 아니며 많은 사람에게 친숙하지 않은 개념이다. 사실 이 용어는 대체로 정신건강 전문가들이 사용하는 것으로 아무도 필요로 하지 않으려는 쪽으로 끌고 가는 것을 의미한다. 더 명확히 말하자면, 의존되는 것에 대한 두려움이다. 역의존된 사람은 도움을 요청하는 것을 피하며, 나타내지 않으며, 혹은 필요하다고 느끼지 않는다. 그들은 자신이 큰 비용을 치르더라도 다른 사람에게 의존하지 않으려고 모든 노력을 할 것이다. 여기에 정서적으로 방치된 한 아이가 자라서 어떻게 역의존적이 되는지에 대한 예가 있다.

*데이비드의 사례

데이비드가 치료를 위해 처음 나를 보러 왔을 때, 그는 사십 대의 성공한 사업가였으며, 부인과 세 자녀가 있었다. 그는 경제적으로 아주 부유했으며, 그의 자녀는 모두 곧 집을 떠날 젊은 성인이었다. 그는 오래된 우울증에 대해 도움을 구하기 위해 상담실에 왔다. 상담 초기 데이비드는 자신의 어린 시절은 행복하고 자유로웠다고 말했다. 그러나 자신의 이야기를 하는 동안 그가 핵심적인 요인의 부재로 인해 상당히 타격을 받아 온 것이 명백해졌다.

데이비드는 일곱 자녀 중 막내로 성장했으며, 그의 바로 위의 형과 아홉 살 차이가 났다. 하나의 놀라움이었다. 데이비드가 태어났을 때, 어머니는 마흔일곱 살이었고 아버지는 쉰두 살이었다. 데이비드의 부모는 좋은 사람들이었고, 성실하고 열심히 일하는 사람들이었다. 그는 항상 부모님이 자신을 사랑한다는 것을 알았다. 그러나 데이비드가 태어났을 때쯤, 그들은 자녀를 키우는 데 지쳐 있었고, 데이비드는 스스로 자라게 되었다. 그의 부모는 그의 성적표(모두 A였음)를 보자고 하지도 않았고, 그도 보여 주지 않았다. 학교에서 문제가 있더라도 그는 부모에게 이야기하지 않았다. 그는 그것을 혼자 감당해야 한다고 생각했다. 데이비드는 방과 후 부모님이 자신을 찾는 경우는 드물었기 때문에 뭐든지 원하는 대로 할수 있는 완전한 자유가 있었다. 그들은 그가 좋은 아이라는 것을 알았기 때문에 걱정하지 않았다. 데이비드는 규율과 구조에서 벗어나 광대한 자유를 누렸음에도 내면에서는 그가 혼자라는 것을 깊게 느끼면서 성장했다. 자유로부터 내면화된 메시지는 '물어보지도 말고, 말하지도 말자.'였다. 그는 아주 어린 나이 때부터 자신의 성취는 나누는 것이 아니며, 실패나 어려움, 욕구도 마찬가지라고 이해했다. 비록 부모가 이러한 것들을 실제로 그에게 **말한** 것을 기억할 수 없지만, 그는 자신에게는 이것이 삶이라고 생각하면서 그의 존재 깊은 곳으로 그것을 흡수하였다. 그리하여 그것은 그의 정체성의 한 부분이 되었다.

성인으로서 데이비드는 정서적으로 압박되고 자족적인 것으로 소개되었다. 다른 사람들은 그를 냉담한 사람으로 여겼다. 그의 아내는 15년의 결혼생활 후 벼랑 끝에 와 있었다. 그녀는 데이비드가 자신과 정서적으로 연결되기란 불가능하다고 느꼈다. 그는 사랑한다고 자주 말했다. 그러나 긍정적이든 부정적이든 그는 그녀에게 좀처럼 어떤 감정도 보여 주지 않았다. 그녀는 그가 생활에 필요한 것을 제공해 주는 훌륭한 제공자라고 했지만, 그들의 관계가 비어 있고 의미 없다고 묘사했다. 데이비드는 자신의 내면이 비어 있는 것처럼 느낀다고 했다. 실제로 그는 이 세상에서 유일하게 정서적으로 연결되어 있다고 느낀 것은 십 대인 자신의 딸이라고 고백했다. 어떤 때는 딸이 **자신에게 중요해지고 있기 때문에 원망스러웠다**. 데이비드는 자신이 그렇게도 멋진 삶을 가졌는데도 집요하게 죽고 싶은 소망이 생기는 것을 이해할 수 없었다. 그의 지속적인 판타지는 황폐한 열대섬에서 혼자 살기 위해 도망치는 것이었다.

데이비드의 어린 시절에서 결여된 주요한 요소는 정서적 연결이었다. 그의 가족에게서 감정은 마치 존재하지 않는 것처럼 취급되었다. 데이비드와 부모 간에는 어떤 종류의 작은 상호작용만이 있었다. 긍정적이지 않았으나, 그렇다고 특별히 부정적인 것도 아니었다. 그는 부모님이 자신의 성적표를 볼 때 부모님의 눈에서 기쁨을 볼 수 없었으며, 그가 해가 지고도 한참 뒤에 집에 돌아와도 부모님은 불안해하지 않았다. 단지 데이비드의 부모와의 관계는 '친절한'이라는 단어로 요약할 수 있을 것이다.

데이비드의 부모가 데이비드에게 준 메시지는 그들의 의도와는 상관없이 전혀 인식하지 못한 채 전달되었는데, 그것은 '절대로 감정을 갖지 말라, 감정을 나타내지 말라, 누구로부터도 절대로 아무것도 필요로 하지 말라'였다. 그의 죽음과 열대섬으로 도망치는 것에 대한 판타지는 그런 명령을 이행하기 위해 상상할 수 있는 가장 좋은 방법이었다. 데이비드는 교훈을 잘 배우는 좋은 소년이었다.

- 우울한 감정을 가지고 있어도 당신은 왜 그런지 알지를 못한다.
- 당신은 멀리 도망가거나 단순히 죽는 것에 대한 설명할 수 없는 지속적인 소망이 있다.
- 당신은 어린 시절이 행복했음에도 외롭게 기억한다.
- 다른 사람들은 당신을 냉담하다고 기술한다.
- 사랑하는 사람들이 당신이 정서적으로 멀게 느껴진다고 불평한다.
- 당신은 스스로 하는 일들을 선호한다.
- 도움을 요청하는 것이 매우 힘들다.
- 당신은 친밀한 관계에서 편안하지 않다.

이러한 단서 중 해당하는 것들이 있다면, 당신은 정서적으로 방치된 적이 있을 수 있다. 계속 읽어 보라.

3) 비현실적인 자기평가

만약 당신에게 자신에 대해 기술하라고 한다면 어떻게 답할 것인가? 당신은 어떤 형용사를 사용할 것인가? 자신의 어떤 점을 긍정적 혹은 부정적 단어와 문구로 설명할 것인가? 가장 중요하게, 당신의 기술은 얼마나 **정확할** 것인가? 맥케이와 패닝은 『Self-Esteem(자아존중감)』이란 책에서 독자에게 자신의 자기개념 목록을 작성하도록 요구한다. 독자는 신체적 외관, 성격, 관계, 정신적 기능 같은 다수의 다양한 영역에서 자신의 강점과 약점을 목록으로 만들 것을 요구받는다. 맥케이와 패닝은 자아존중감이 낮은 사람은 자신을 부정적으로 뒤틀린 방식으로 보는 성향이 있다는 것을 지적하였다. 그들은 자신의 약점을 지나치게 드러내는 반면, 강점은 경시하는 경향이 있다.

정서적으로 방치된 많은 사람은 자아존중감이 낮은 것이 사실이다. 대부분 정서적으로 방치된 성인은 반드시 부정적이지는 않으나 자신에 대한 그림들을 **부정확하게** 그린다.

우리는 어린 시절과 사춘기 시절을 거치면서 자아개념을 발달시킨다. 피아노 발표회가 끝난 후 부모의 얼굴에서 자랑스러운 표정을 볼 때, 그것은 우리가 피아노를 잘 쳤다는 확증이 된다. 그리고 그것이 우리로 하여금 더 잘하고 싶게 만든다. 어린이 야구 리그 경기가 끝난 후 부모가 "오늘 상당히 좋은 수비였어. 이제 배팅을 연습해 보자."라고 말하는 것은 자녀에게 그의 강점과 약점에 대해서 생기 있는 피드백을 제공한다. 아이일 때 우리는 주변에서 피드백을 받고, 그것을 우리의 기억에 저장하고, 그 피드백을 다른 피드백과 합치며, 우리의 기술, 재주, 부족과 결점들을 접착하는 아이디어를 발전시키는, 마치 작은 컴퓨터와 같다. 우리는 정보를 선생님, 코치 그리고 동료에게서 얻는다. 그러나 가장 영향력 있는 중요한 정보는 부모에게서 받는다. 이 과정이 바르게 이루어지면 그것은 균형 있는 자아존중감의 기초가 되는 현실적 자기평가가 된다. 이러한 자기평가는 무엇을 위하여 노력할까, 어떤 기술을 발달시킬까, 어떤 대학교를 지원할까, 어떤 것을 전공할까, 어떤 배우자를 찾아야 할까, 어떤 직업을 선택할까와 같은 삶에서의 많은 선택을 위한 초기 발판이 된다. 그것은 자아존중감을 유지하고 보존하는 데 도움이 된다. 예를 들면, 의과대학에 합격하지 못한 사람은 스스로에게 이렇게 말할 것이다. "나는 수학만큼 과학을 잘하지는 않는 것 같아. 의사가 되고 싶다면 더 열심히 공부하고 계속 노력해야겠어." 자신에 대한 이러한 확고한 감이 없는 사람은 절망하게 되고 부적절하게 느낄 수 있으며, 나아가 포기할 수도 있다.

*조쉬의 사례

조쉬는 마흔여섯 살에 여자 친구의 재촉으로 나를 찾아왔다. 그는 열두 살과 열 살인 두 아들이 있는 이혼한 아버지였다. 조쉬는 수년간 치료를 받았지만, 그것이 자신에게 도움이 되지 않았다고 느꼈다. 그는 치료와 삶 모두에서 막다른 길에 몰린 것처럼 느꼈으며, 자신이 부적응자 같다는 느낌도 내밀히 투입되어 있었다. 조쉬는 수많은 경우에 자신을 '동그란 구멍의 네모난 말뚝(적합하지 않은 사람)'이라고 기술했다. 그는 이러한 느낌을 어린 시절부터 가졌다. 나는 조쉬를 알아가면서 왜 그런지 그 이유를 이해하게 되었다.

조쉬는 코네티컷의 작지만 한 부유한 타운에서 성장했다. 독자였으며, 그의 아버지는 조쉬가 두 살 때 어머니를 떠났고, 그 이후 드물게 아버지를 만났다. 어머니는 다시는 재혼을 하지 않았다. 그녀는 지역 대학교의 학장이었다. 조쉬는 초기에는 어머니를 애정이 많고 자신을 애지중지하는 것으로 묘사했다. 그러나 우리가 그 표면을 긁어내니 그녀의 '애지중지'는 실제로는 물질적인 유형이었다는 것이 명확해졌다. 그녀는 그가 원하는 것은 무엇이든지 사주면서 그에게 자유롭게 돈을 썼다. 실제로는 조쉬의 어린 시절 동안, 그녀는 긴 시간을 일하면서 자신의 커리어에 초점을 맞추고 있었다. 그는 어린 시절의 자신을 외톨이 그리고 몽상가로 묘사했다. 방과 후 그는 전원에 있는 집 근처의 숲 사이로 진정으로 가장 좋은 친구들이었던 개들과 함께 돌아다녔다. 바로 개들이 자유로운 시간마다 그를 즐겁게 해 주었으며, 또한 혼자라고 느끼는 감정에서 벗어나도록 해 주었다. 그의 어머니는 그가 친구를 갖도록 북돋아 주는 대신, 그가 스스로를 즐겁게 하려 하면서 자신에게 많은 것을 요구하지 않아 오히려 감격했다. 그에 대해서 상관하지 않아서가 아니라, 그녀가 모든 것을 자신의 일에 전념할 수 있도록 그녀를 자유롭게 만들었기 때문이다.

중학교 때, 조쉬는 학교에서 괴롭힘을 당하면서 문제가 생기기 시작했다. 책을 좋아하는 그의 성향 때문에 그는 '샌님(Dweeb)'이라는 별명을 얻었으며, 그가 그것을 해결하려고 여러 방법으로 시도했음에도 'FBI 요원(Feeb)'이라는 별명만 추가되었을 뿐이었다. 그의 어머니는 조쉬가 이러한 것을 다루도록 돕거나 그와 함께 그 고통을 헤쳐나가기보다는 그를 거기서 끄집어 내어 느닷없이 한 지역의 독립적인 사립학교로 전학시켰다. 조쉬가 그 학교에서 오히려 더 불행하였던 것은 놀랄 일이 아니다. 그는 괴롭힘을 당하면서 자신감의 큰 부분을 잃어버렸다. 그의 머릿속에는 아직도 '샌님' 'FBI 요원'이라는 별명이 메아리쳤다.

조쉬의 어머니는 그에게 친구 문제가 일어났을 때 어떻게 어려운 상황에서 빠져나오는지, 또는 어떻게 맞서고 대처하는지를 가르치는 대신, 그를 두 번 이상이나 다른 학교로 전학시켰다. 그래서 그는 괴롭힘을 견디는 힘이나 이를 해결하는 방법 같은 것을 그 무엇을 통해서도 배울 기회가 없었다.

대학을 지원하는 시기가 되었을 때, 조쉬의 어머니는 자신이 일하고 있는 학교에 그가 지원하기를 강요했다. 그가 저항하자 그녀는 화를 내며 그의 대학 진학에서 손을 떼고 그가 알아서 하도록 내버려 두었다. 그는 스스로 좋은 학교에 가고자 노력했다. 그는 영어를 전공했는데 이는 **오로지 그가 읽는 것을 좋아한다는 사실에만 기초**한 것이다.

조쉬의 어머니는 가정교육을 하면서도 그가 동물을 사랑하며, 야외 활동을 즐기고, 다른 아이들로부터 자신을 고립시키는 것과 같은 그의 강점이나 약점에 주목하지 않은 점을 주시할 필요가 있다. 그녀는 조쉬에게 **정서적 연결을 느끼고** 있지 못했다. 그녀는 **주의를 기울이고** 있지 않았다. 그리고 그를 한 독특하고 독립적인 사람으로 보지 않았다. 또한 그의 정서적 욕구에 **효율적으로 반응하지** 않았다. 조쉬는 부모 눈에 그 자신이 비치는 것을 보지 못하였으며, 자신의 능력과 도전 혹은 현실적 자기평가나 정체성에 대한 감각을 발달시키지 못했다. 조쉬가 대학에 갈 시기가 되었을 때, 그는 대학이나 전공 그리고 커리어 같은 것을 결정하기 위한 기초 발판이 없는 자신을 발견하였다.

영어 전공 석사 학위가 있는데도 내가 조쉬를 만났을 때 그는 건설 부속품을 배달하는 트럭 운전사로 일하고 있었다. 자신의 능력이나 기술을 살리지 못한 불완전 취업자였던 것이다. 그는 이 일이 진짜로 적성에 맞지 않았기 때문에 동료들과 편안하게 느끼는 것에 어려움이 있었다. 그리고 일이 극단적으로 피곤하고 지루하다고 느꼈다. 조쉬는 석사 학위를 받은 후 30대 후반에 2년 동안 한 고등학교에서 영어를 가르치는 것을 시도했다. 그러나 그는 학부모들과 학교 행정관에게 수업을 충분히 통제하지 못한다는 비판을 받았고 결국 교직을 포기하고 말았다.

조쉬가 제시하는 일차적인 불평 중 하나는 자신이 선택하고 커리어를 쌓을 능력이 없다는 것이다. 그는 무엇에 흥미가 있는지, 잘할 수 있는 건 무엇인지, 또는 자신이 어디에 들어맞는지를 알아차리는 데 커다란 어려움이 있었다. 그는 분명 자아존중감이 낮고 상처받기 쉬운, 빈약하게 발달된 정체성을 가지고 있었다.

겉으로 보기에 조쉬의 어머니는 그를 사랑했다. 그러나 그녀는 자신의 자녀를 진짜로 '보지' 못했다. 그녀는 그의 교육에 대한 결정을 '그가 누구인지' 그리고 '그가 무엇을 필요로 하는지'를 바탕으로 하지 않고, 오히려 조쉬의 어머니인 **그녀 자신이** 원하는 방향으로 결정을 했다. 조쉬는 부모의 눈을 통하여 그의 진짜 자질을 지각할 기회가 매우 적었다.

성인으로서 조쉬의 정체성은 균형 밖에 있었다. 부모의 관심과 피드백의 부재, 그의 정체성은 다만 자신에 대한 자기의 관찰에서 파생되어 불완전하게 발달하였다. 그는 자신에 대해서 '외톨이' '몽상가' '좋은 성적을 얻을 수 있는' '방향이 없는' 등으로 묘사했다. 그의 자기평가는 광범위 하고 어린애 같은 필치로 그려 넣어졌다. 건강한 성인이라면 자신에게서 볼 수 있는 복합성과 뉘앙스가 그에게는 전혀 없었다. 자신에 대한 그의 관점은 부정적 방향으로 무겁게 가중되었다. 그것은 그에게 알맞은 커리어의 길을 결정하기 위한 확고한 밑바탕을 제공하지 않았다. 그것은 그가 가르치는 직업을 선택하였고 자신을 위하여 추구한 것에서 비판을 받았을 때 그의 자아존중감을 유지하도록 도와주지 않았다. 대신, 그는 빠르고 쉽게 포기했다.

비현실적인 자기평가의 단서와 신호

- 당신의 소질을 확인하기가 힘들다.
- 당신의 약점을 지나치게 강조하는 성향이 있을 수 있음을 감지한다.
- 당신이 좋아하는 것과 좋아하지 않는 것을 말하는 것이 어렵다.
- 당신은 무엇이 당신의 관심사인지 확실하지 않다.
- 당신은 일들이 도전적이 되면 재빨리 포기한다.
- 당신은 커리어를 잘못 선택하거나 여러 번 바꾸었다.
- 당신은 자주 자신이 '동그란 구멍에 사각형 말뚝'과 같은 부적응자처럼 느껴진다.
- 당신은 부모가 당신에 대해 무엇을 생각하는지(혹은 생각했는지) 확실하지 않다.

4) 자신에 대해서는 없으나, 타인에게는 지나치게 갖는 연민

연민은 인간 감정의 형태에서 가장 상위에 있는 것 중 하나이다. 그것은 바로 우리를 대인관계적이게 하며, 사회 양쪽을 같이 연결해 준다. 연민은 자선 단체에 우리가 기부를 하도록 이끄는 연료가 되기도 한다. 즉, 연민은 선한 사마리아인 행동을 동기화하며 삶의 상처에서 우리를 치유하는 것을 도와준다. 연민은 우정의 접합제이며, 잘못한 사람들을 용서하도록 돕는다. 연민에는 두 가지 유형이 있다. 즉, 타인에 대해 느끼는 연민과 우리 자신에게 느끼는 연민이 그것이다. 정서적으로 방치된 사람은 전자는 충분하지만 후자는 매우 부족하다. 그들은 자주―적어도 표면상으로―다른 사람들의 흠과 실수를 많이 용서한다. 다른 사람들은 그들이 비판적이 아니며 수용하는 것으로 보이기 때문에 그들에게 말을 걸기가 쉽다고 본다. 그러나 그들은 자신한테는 거의 비판적이고 완벽주의적 성향을 가지고 있다. 다른 사람들이 가진 약점에 대해서 쉽게 견디지만 자신에게 같은 약점이 있는 것에 대해서는 매우 화를 낸다.

*노엘의 사례

노엘는 서른여덟 살로 한 아이의 어머니이다. 그녀는 2개의 아이비리그 대학 상급 학위를 취득한, 훌륭한 교육배경을 가지고 있다. 그녀는 애엄마가 되기 전에 빠른 성공의 길로 나아가는 비즈니스 커리어를 걸어 왔다. 모든 것을 통틀어, 외부 관찰자는 그녀를 성공하였다고 여길 것이다. 노엘의 불안장애를 위한 치료를 시작하였을 때, 그녀는 최근에 해고당한 상태로 괴로워하고 있었다. 겉으로는 자신을 위하여 많은 것을 감당하는 것처럼 보임에도 불구하고 내면에서는 무엇인가 다른 것을 느끼는 것이 분명했다. 사실, 노엘의 머릿속에서는 테이프가 지속적으로 돌아가고 있었다. 누군가 노엘에게 "너는 무엇이 잘못됐니? 너는 자동차도 제대로 주차하지 못 하잖아." "왜 너는 비만을 벗어나지 못하는 거야?" "정말 똑똑한 사람에 비하면 너는 시끄러운 한 어머니일 뿐이야." "너는 얼간이 같아."라고 계속 말하는 것 같았다. 그녀는 친구나 다른 누구에게도 절대로 적용하지 않을 엄격한 비판의 잣대를 자신에게 적용하고 있었다. 아주 작은 잘못 하나에도 말이다. 노엘은 이러한 편향된 동정심 지표를 어떻게 발달시켰을까? 이는 그녀의 성장기 동안에 그녀가 경험한 정서적 방치에 뿌리를 두고 있다.

노엘은 그녀가 여섯 살 때 이혼한 부모의 외동딸이었다. 그녀의 아버지는 알코올 중독자였고 어머니를 학대했다. 노엘은 부모의 별거 전에 있었던 여러 시끄럽고 두려운 말다툼을 떠올렸다. 노엘의 어머니는 사회복지사로 자신의 딸을 몹시 사랑했다. 그녀는 딸이 총명하다는 것을 알았으며, 자주 그에 대한 자긍심을 노엘과 타인에게 표현했다. 노엘은 자라면서 자신이 영리하다는 것을 알았으며, 매우 유명한 학교에 지원하기에 자신감이 충분했고, 그리하여 결국 훌륭한 커리어를 가지게 되었다. 그러면 무엇이 그녀를 잘못되게 만들었을까?

별거 후 노엘의 어머니는 곧 재혼을 했다. 노엘의 어머니는 노엘을 무척이나 사랑했지만, 어린 시절에 심각한 외상이 있었고 스스로를 학대해 왔다. 그녀는 이 결혼을 마치 자신의 삶에서 처음으로 치유되는 시간이자, 동시에 자신을 찾아 가는 기회로 여겼다. 그녀는 새로운 독립적인 생활과 관계에 전적으로 몰두하였고, 어린 딸에게 기울이는 관심은 점점 줄어들었다. 그러는 사이에 노엘은 변화된 삶의 주변 환경, 즉 어머니의 재혼과 아버지의 상실에 대한 힘든 감정을 홀로 다스리도록 방치되었다. 노엘이 가지는 곤경에 대한 그녀 어머니의 연민 부족은 노엘 자신에 대한 연민 부족으로 이어졌다.

부모의 개입과 상호작용의 부재로, 노엘은 스스로 자신의 부모가 되어야 했다. 그녀는 매일 냉동된 닭고기 샌드위치를 전자레인지에 데워서 아침 식사를 해결했고 매일 오후에는 집에 돌아와 홀로 TV를 보았다.

노엘은 자신이 머리가 좋다는 것을 알았다. 그리고 자신의 마음에 영양분을 주는 따뜻한 고치처럼 자신의 지능을 스스로 포장했다. 그러므로 그녀는 자신이 만들어 낼 수 있는 그 어떤 실수도 용납할 수 없었는데, 그것이 그녀가 가진 단 하나의 안전보호막을 해치기 때문이었다. 부주의에서 비롯된 잘못은 자신을 어리석다고 느끼게 만들었다. 그녀는 자신의 실수에 대해서 스스로를 비난하였는데, 그렇게 하는 것이 실수를 줄이도록 도와줄 것이라 생각하였다. 그녀는 자신에게 모든 과목에 A를 받을 것을 요구하였으며, 어쩌다가 B를 받게 되면 스스로에게 대단히 실망했다. 그녀는 살면서 그녀 자신의 실수에 대해 상황을 고려하고 그러한 일이 왜 일어났는지를 이해하도록 돕거나 그녀가 느낀 실망에 대한 연민을 보이는 주변 사람이 아무도 존재하지 않았다. 따라서 그녀는 자신을 위하여 이러한 일들을 하는 것을 배우지 못했다. 대신 그녀의 가혹한 내면의 부모는 단순한 접근을 취했으며, 그녀에게 모든 것을 정확하게 해야 하며 그렇지 않을 경우 그 결과로 인해 고통받을 것이라고 가르쳤다. 결과적으로 그녀는 실망으로 인해 불구가 되었고, 자신에게 화를 내게 되었다.

노엘이 자신을 스스로 양육하느라 바쁜 반면, 정서적으로 잘 양육된 다른 아이들은 자기 자신을 용서하는 법을 배우고 있었다. 그들이 집에 저조한 성적을 가져왔을 때 그들의 부모는 그 원인에 대해서 알아내려 하고, 자녀에게 그것을 어떻게 고쳐야 하는지에 대해서 말해 주며, 자녀에게 모든 사람은 때때로 미끄러지고 넘어진다는 것을 가르쳐 준다. 이렇게 하는 것이 건강한 자녀가 자신에 대해서 익히고, 자신을 용서하고, 이해하고, 실수를 통해서 배우고, 그 실수에 연연해하지 않고 앞으로 전진하도록 돕는다. 내가 노엘과 작업한 부분은 그녀가 한 성인으로서 이러한 것을 혼자서 어떻게 하는지를 배우게 하는 것이었다.

자신에 대한 부적절한 연민의 단서와 신호

- 타인이 그의 문제에 대해서 당신과 이야기하기 위해서 자주 당신을 찾는다.
- 다른 사람들은 자주 당신이 좋은 경청자라고 말한다.
- 당신은 당신 자체의 실수에 대해 너무 엄격하다.
- 당신의 과실과 결점을 지적하면서 당신 머릿속에 비판적인 목소리가 존재한다.
- 당신은 다른 사람들보다 당신 자신에게 훨씬 힘들게 한다.
- 당신 스스로에게 자주 분노를 느낀다.

5) 죄책감과 수치심: 나에게 무엇이 잘못된 거지?

당신은 앞의 사례에서 정서적으로 방치되었던 성인은 거의 완벽주의적이며 자신에게 모질다는 것을 보았을 것이다. 많은 사람이 거기서 멈추지 않는다. 부모로부터 그들의 감정은 하나의 짐이고, 지나치고, 또는 단순히 **잘못된** 것이라는 메시지가 주어지면, 그들은 흔히 죄책감을 느끼거나 그러한 감정을 가진 것을 수치스럽게 생각하기 시작한다. 그래서 그들은 자신의 감정을 다른 사람들에게 들키지 않으려고 하거나 그러한 감정을 전혀 안 가진 것처럼 애쓸 것이다.

정서적으로 방치되었던 많은 성인이 학대받은 경험은 전혀 없었기에, 그들은 어린 시절을 마치 행복하고 태평한 것으로 회상한다. 따라서 그들은 어떤 요소를 특별히 지적해서 문제라고 탓하지 못하고 그저 자신을 탓하게 된다. 흔히 그들은 데이비드와 조쉬처럼 상당한 자유를 가지고 성장한다. 아이로서 스스로에게 책임감이 강했기 때문에 그들은 어른이 되어서도 자신에게 불완전한 것에 대한 책임이 있다고 느낀다.

자녀의 감정이 부모에 의해 승인되거나 확증되지 않았을 때, 자녀는 자신에게도 마찬가지로 감정을 승인하는 능력 없이 성장할 수 있다. 한 성인으로서, 자녀는 자신이 가지는 감정에 대하여 그것이 어떠한 감정이든 관용을 보이지 못하며, 그것들을 파묻어 버릴 것이다. 그들은 화가 나고, 흥분하며, 절망적이 되고, 슬프고, 행복해지는 것조차도 자신을 탓하는 성향을 가질 수 있다. 단순히 그들이 가지는 감정에 대한 자연스러운 경험이 비밀스러운 수치의 원천이 된다. 그들은 자기 자신에게 '나에게 무엇이 잘못된 거지?'라는 질문을 자주 하게 된다.

자녀는 '행복한 어린 시절'과 설명할 수 없는 감정 사이에서 무엇인가 심각하게 어긋난 것을 가정하도록 방치되었다.

*라우라의 사례

라우라가 열네 살이었던 어느 날이었다. 그녀는 학교에서 가능한 한 급하게 집으로 돌아왔다. 어머니에게 너무나도 하고 싶은 이야기가 있었기 때문이다. 그녀는 학교에서 가장 친한 친구인 샐리의 열여섯 살 된 오빠 토드가 지난밤에 자살했다는 것을 들었다. 라우라는 토드를 혼자 좋아하고 있었는데, 그는 동생이나 그녀의 친구에게 친절했으며, 자주 그들과 놀았고, 축구 연습에 데려다 주기도 했다. 라우라는 충격과 혼란, 슬픔 그리고 이전에 느끼지 못했던 감정의 소용돌이로 짓뭉개지는 것 같았다.

라우라는 집에 도착하자마자 서둘러 어머니에게 갔다. 이미 소식을 전해 들은 그녀의 어머니는 그녀를 껴안았다. 그리고 "나는 이 일이 일어난 것에 대해 놀라지 않는다. 나는 그가 마약을 했다고 생각해."라고 말했다. 그것이 끝이었다. 그 주제를 다시는 언급하지 않았다. 라우라의 어머니는 한 번도 그녀의 기분이 어떤지 물어보지 않았다. 그러므로 라우라 자신도 그것에 대해 질문하지 않았다. 대신, 감정을 아래로 끌어내리고, 그것에 대해 생각하지 않으려 애를 썼다. 잇따른 몇 주 동안(그녀의 부모는 가지 않고 오로지 친구들뿐이었던 장례식에 참석한 기간에), 그녀는 친구들, 학교 그리고 축구에만 집중했다. 그러면서 샐리를 피했다. 라우라는 샐리를 보는 것이 편치 않았으며, 이따금 수학 시간이나 샤워할 때도 '이유 없이' 울음이 터졌다.

고등학교를 졸업할 때쯤, 라우라가 아는 아이들 중 같은 학교에 다닌 두 명이 자살을 시도하였다. 그녀는 이러한 상실을 마치 처음 있는 일처럼 다루었다. 그녀가 어머니에게 말하려는 부분을 건너뛴 것을 제외하고는. 그녀는 의무적으로 친구들과 함께 장례식에 참석하였다. 그리고 자신이 얼마나 불안하고, 혼란스럽고, 충격을 받았는지를 자기를 포함해서 그 누구에게도 고백하지 못했다.

라우라는 학교에서 집중하는 데 어려움이 있었고, 집에서는 자주 성질을 부렸다. 결과적으로 그녀는 학교 과제로 더 애를 써야 했다. 부모님은 그녀 때문에 좌절했으며 자주 "무슨 일 있니?" 하고 물어보았다. 그러나 그것은 형식적인 질문이었다. 그들은 실제로는 알고 싶지 않았다. 라우라는 자신이 약하고, 어리석고, 비협조적이라고 생각하기 시작했다. 그녀도 자신이 무엇이 잘못됐는지 의아하게 생각되었다. 이러한 자기 견해는 그녀가 성인으로 성장하는 내내 그녀와 함께했다. 일반적으로 그녀는 정서적으로 무감각하다고 기술했다. 이것은 그녀가 자신의 감정이 그녀를 귀찮게 하지 못하도록 완전히 잘라 냈기 때문이다. 그러나 어떤 강한 감정이 들 때마다 그녀는 무슨 까닭인지 자신을 약하고 수치스럽게 느꼈다. 서른두 살에 그녀는 치료 회기에서 나에게 말했다. "나는 훌륭하고 특권이 있는 어린 시절을 보냈어요. 그럼에도 나는 죽고 싶었어요. 그렇게까지 우울했던 것에 대해 변명의 여지가 없어요. 나는 뭔가 심각하게 잘못되었어요."

라우라에게는 감정을 가지는 행위가 수치스럽고 잘못된 것이다. 그녀는 감정을 마치 짐처럼 경험하면서, 그녀의 부모는 무심코 그녀에게 그런 감정을 가지지 말아야 하며, 만약 그것을 가지고 있다면, 자신에게도 절대로 표현해서는 안 된다는 메시지를 주었다. 라우라의 감정은 그녀의 비밀스러운 수치심이었다.

- 드러난 이유 없이 당신은 때때로 우울하고, 슬프고, 또는 화가 난다.
- 당신은 때때로 정서적으로 무감각하게 느낀다.
- 당신은 당신에게 무엇인가 잘못됐다고 느낀다.
- 당신은 자신이 다른 사람들하고 무엇인지 다르다고 느낀다.
- 당신은 감정을 끌어내리거나 그것을 피하는 경향이 있다.
- 당신은 자신의 감정을 다른 사람들이 보지 못하도록 숨기려 한다.
- 당신은 다른 사람들보다 열등하다고 느끼는 경향이 있다.
- 당신은 삶에서 더 행복하지 않은 것에 대해 변명의 여지가 없다고 느낀다.

6) 자신으로 향한 분노, 자책

선천적으로 인간적인 감정인 부끄러움을 자신에게 화가 나지 않으면서 깊게 느끼는 것은 어렵다. 수치심은 한 걸음 나아가면 자기를 향한 분노가 된다. 라우라의 사례와 함께 이야기를 계속하자.

*라우라의 사례

십 대 그리고 성인기에 걸쳐, 라우라는 자기패배적 감정과 판타지로 전염되어 있었다. 대학 시절 남자 친구가 헤어지자고 한 후, 그녀는 약물을 과다 복용하여 곧장 입원했었다. 그 이후로 성인이 된 그녀는 맥주 여섯 캔이 들어 있는 팩을 사서 자신의 아파트에서 혼자 마셨다. 더 마시면 마실수록 그녀는 더 감정을 느낄 것이다. 울기 시작하면서 눈물을 흘리게 될 것이고, 우는 자신에 대해 정떨어지는 느낌으로 변할 것이다. 그러면 그녀는 자신을 자기증오로 가득 채울 것이다. 그리하여 그녀는 자신의 배에 몇 개의 칼자국을 낼 것이다. 그녀는 이것이 이상하게도 편안함을 주고 자신을 잠들 수 있게 한다는 것을 알게 되었다. 다음 날 그녀는 기분이 더 나아졌으며, 웬일인지 자신이 깨끗해진 것 같았다.

라우라는 완전히 자신의 감정을 차단하였으며, 그렇게 함으로써 자신의 자각 밖에 있으면서 일상생활을 무감각하게 보냈다. 그녀는 실제로 분노, 슬픔 또는 애통함을 **느끼지** 못했다. 이것은 그녀를 지속적으로 약하고 부끄러운 감정으로부터 보호하였다. 그러나 그러한 감정은 마치 화산 아래 용암처럼 그녀의 내면에 저장되어 있었다. 맥주는 그녀에게 얼마간의 용암이 뿜어져 나오도록 허락하였으며, 그로 인해 부끄러우면서도 깨끗해진 기분을 느꼈다.

라우라에게는 약물 과다 복용과 감정 차단이 자신을 향한 분노의 표현이었다. 내면 깊은 곳에서 라우라는 자신을 증오하고 있었다. **진짜** 실패 또는 과오 혹은 허물 때문이 아니라 그녀가 슬퍼하고 상처받고 있기 때문이었다. 그러나 그녀 자신은 왜 슬프고 상처를 받았는지 자신에게 설명할 수 없었다. 그녀의 생각으로는 자신은 손상된 물건이었고, 그것에 대해 변명의 여지가 없었다.

7) 치명적인 허물(내 진짜 모습을 알게 되면 사람들은 나를 좋아하지 않을 것이다)

정서적으로 방치된 성인 대부분이 공통적으로 가지는 하나의 특징은 바로 자신이 다른 사람들과 다르거나 허물이 있다는 느낌을 조심스러운 비밀로 간직한다는 점이다. 앞에서 본 것처럼 라우라는 자신이 약하고 손상됐다고 느끼게 만드는 감정을 부끄럽게 느꼈다. 사람이 깊은 내면에서 자신에게 무언가 문제가 있다고 느낀다면, 그의 본성은 그 감정을 이해하고자 애쓸 것이다. 또는 자신에게 그것을 설명하려고 할 것이다. 정서적으로 방치된 사람이 "나에게 무엇이 잘못된 거지?"라는 물음에 대한 유일한 설명은 자신의 어린 시절과 가족 환경에 기초한 것이다. 한 번은 정서적으로 방치된 8명의 여성을 한 치료 집단에 넣은 적이 있다. 나는 그들이 서로 자신이 자신을 아주 힘들게 하는 사람인 동시에 자신들을 키운 사람들 때문에 찾기 힘든 누락된 행동을 서로가 볼 수 있도록 도와줄 것을 기대했었다. 일 년여의 과정을 거쳐 그들은 그들을 한 집단으로 함께 엮어 주는 공통적인 특징을 찾고 그것에 이름을 붙였는데, 바로 '치명적 허물(fatal flaw)'이라 불리는 것이었다.

치명적 허물은 진짜 허물이 아니다. 그러나 그것은 **진짜 감정**이다. 그것은 정서적으로 방치된 성인에게 깊이 자리 잡은, 자신에 대한 신념으로서, 그 어떤 사람하고도 자신을 다르게 느끼게 하거나 세상에서 이방인 같다고 혹은 다른 사람들에게 수용되지 않는다고 느끼게 만든다. 그것은 가슴 가까이에 자리 잡고 있다. 치명적 허물은 '나에게 무엇이 잘못된 거지?'를 이해하기 위해 애쓰는 아이의 메아리가 들어 있는 하나의 캡슐이다.

정서적으로 방치된 사람들은 다른 사람들로부터 진짜 자신을 멀리 숨겨야 한다고 느끼는 경향이 있다. 이는 사람들이 그들 가까이 다가오면 자신의 허물이 노출될까 두렵기 때문이다. 어떤 사람에게는 자신이 가치가 없는 사람이라는 신념이 그 허물일 수 있다. 라우라에게는 그녀가 약한 사람이라는 수치스러운 비밀이 허물이다. 노엘에게는 그녀가 어리석다는 신념이었다. 그러나 각각 정서적으로 방치된 사람은 자신만의 고유한 허물이 있다. 여기에 캐리의 사례가 있다.

*캐리의 사례

캐리는 세 자녀 중 막내로 성장했다. 그녀의 아버지는 디젤 차량 정비공이었고, 어머니는 집에서만 지내고 있었다. 그녀는 여섯 살 위 오빠와 네 살 위 언니가 있다. 그녀는 고등학교 교육을 받은 부모님에 대해 '가정적인 사람'이라고 묘사하였다. 그러나 그것은 그들이 전혀 모험적이지 않고, 호기심이 없으며, 세상에 대해서 관심이 없다는 의미이기도 하다. 그들은 착한 사람이었으며, 다만 열심히 일하고 자녀를 양육시키고자 원할 뿐인 단순한 사람들이었다. 그들은 세상에 대해 복잡하게 생각하지 않았으며, 자신 또는 자녀 중 누가 무엇을 느끼는지에 대해서는 조금도 관심을 가지지 않았다.

캐리의 어머니는 캐리와 언니가 네 살 터울임에도 불구하고 그들에게 똑같은 규율을 적용했다. 캐리의 어머니는 그녀들에게 똑같은 옷을 입혔으며, 머리 모양도 똑같은 형태로 자르고, 취침 시간도 똑같이 정했다. 둘은 똑같은 양의 자유를 가졌으며, 대개 모든 것을 함께 하도록 하였다. 캐리의 언니는 이것을 끔찍하게 불공평한 것으로 느꼈고, 자기 삶의 모든 측면에 끼어드는 캐리가 원망스러웠다. 캐리나 그녀의 언니 모두 하나의 자립적인, 개별적인 인간으로 다뤄지지 않았거나 또는 그렇게 느끼지 못했다. 그들은 마치 한 사람의 두 부분인 것처럼 다뤄졌다. 캐리는 허우적거리며, 왜 언니가 자신을 그토록 미워하는지를 의아해하면서 성장했으며, 언니의 자비를 얻으려고 무던히 애를 썼다. 그러나 그녀가 무엇을 하든 언니는 캐리를 무시했다. 그녀의 상황에 대한 단순하고 어린아이 같은 분석은 '나는 남들이 좋아할 아이가 아니다.'라는 것이었다.

캐리(성인이 되어서 그녀가 주의력결핍장애와 학습장애가 있다는 것을 발견했다)가 중학교에서 열심히 학업에 집중하기 시작했을 때, 그녀의 부모는 미처 알아차리지를 못했다. 그녀가 C와 D가 가득한 성적표를 집으로 가져왔을 때, 어머니는 "글쎄, 좋아. 네가 할 수 있는 모든 것은 최선을 다하는 거야."라고 말했다. 캐리는 어머니의 이러한 반응을 어머니가 그녀의 지능이 모자라기 때문에 더 이상의 성적을 받을 거라는 기대를 하지 않는 것으로 받아들였다. 더 상세한 구체적인 설명이나 더 높은 기대의 부재에서, 그녀는 자신에 대해서 두 가지 중요한 가정, 즉 자신은 남들이 좋아할 만한 아이가 아니며, 어리석은 사람이라고 생각하게 되었다.

캐리가 중학교 시절 친구들과 우정 문제가 있었을 때, 그녀는 같은 유형의 간단한 원인/결과 분석을 적용하였다. 이러한 모든 사건에 대해 그녀는 "사람들이 나를 알게 되면, 그들은 나를 좋아하지 않아."라고 하였다. 이것이 그녀가 사귀었던 모든 소년하고 헤어지게 된 그리고 그녀의 삶에서 만난 모든 사회적 결함에 대한 그녀의 설명이었다.

내가 캐리를 만났을 때 그녀는 30대 중반이었다. 그녀는 모든 상황마다 거부당할 것을 예상하며 좀처럼의 사회적 상호작용을 시도하지 않는 회피적 유형을 발달시켰다. 캐리는 스스로 자신의 이야기를 거의 꺼내지 않았으므로 나로 하여금 열심히 치료를 하게끔 만들었다. 그녀는 수다는 잘 떨지만 자신의 삶에 대해서는 깊이 있는 대화를 나누는 것을 정말 힘들어했다.

캐리는 친구가 없고 혼자였다. 그것은 그녀가 우정을 유지하거나 관계를 지탱하는 데 충분히 의미 있는 연결을 제공하지 않았기 때문이었다. 그녀는 결혼하고, 아이를 낳고 싶다고 했지만, 모든 낭만적인 관계에서 상대 남자와 어떤 일이 생길 때마다 곧장, 그도 다른 사람들처럼 자신에 대해 알면 자신을 좋아하지 않을 것이라고 가정하고는 포기해 버렸다. 그녀는 깊은 내면에, 그녀의 삶을 통제하는, 숨기기 위해서 최선을 다한, 아무하고도 나누지 않은 비밀스러운 지식이 자리 잡았다. "만약 사람들이 나를 알게 되면, 그들은 나를 좋아하지 않을 거야." 그것은 그녀의 치명적 허물이었다.

치명적 허물의 단서와 신호

• 사람들에게 가까이 가는 것에 대한 당신의 두려움
• 가장 가까운 친구들에게도 자신을 개방하는 것이 힘들다.
• 당신은 모든 상황마다 거절을 예상하는 경향이 있다.
• 당신은 우정을 시작하기를 피한다.
• 당신은 대화를 지속하는 것이 어려울 때가 있다.
• 당신은 사람들이 너무 가까이 당신에게 다가오면 그들이 당신한테서 볼 수 있는 것들을 싫어할 것이라고 느낀다.

8) 자신과 타인을 양육하는 데서의 어려움

양육은 사랑, 돌봄 그리고 도움이 결합된 것이라 기술할 수 있다. **정서적으로** 양육되지 못한 아이들은 다른 사람들에게 정서적 양육을 제공하는 데 커다란 어려움을 가지고 성장할 수 있다. 일곱 자녀 중 막내로서, 아이라는 사실이 무시되었고 성인으로서 연결하는 능력이 없었던 데이비드를 기억하는가? 그의 사례를 조금 더 살펴보자.

*데이비드의 사례

앞서 언급한 것처럼 데이비드의 부모는 열심히 일하며, 선의를 가지고 있는 괜찮은 사람들이었다. 그들은 데이비드에게 화목한 가정, 좋은 옷 그리고 풍성한 음식을 제공했다. 그의 모든 물질적 욕구는 채워졌다. 그의 어머니는 주부였으며, 거의 항상 그의 곁에 있었다. 데이비드는 자신이 부모에게 사랑받고 있다는 것을 **느끼면서** 성장했다. 그러나 긍정적이든 부정적이든 모든 종류의 감정을 드러낼 수 없었거나 집 안에서 그러는 것은 허락되지 않았다. 데이비드는 신체적으로는 잘 양육되었으나 정서적 양육은 제대로 받지 못하였다.

치료 집단에서 한 성인으로서, 데이비드는 어떤 사람이 집단에서 감정을 강하게 표출할 때 대부분 민망해했다. 그는 아픔이 있는 집단원에게 질적이고 합리적인 조언을 제공하는 데는 능숙했다. 그러나 그는 이 일에 감정을 싣지 않았다. 즉, 그의 조언은 선의에서 한 것이지만 감정 없이 전달되었다. 그의 스타일은 그의 조언을 수용하는 데 자주 방어적이 되고 어려움을 가지는 다른 집단원들에 의해 인식되었다.

우리 대부분은 모든 종류의 개인적 조언은 돌봄의 **감정**이 동반될 때 가장 잘 받아들인다는 것을 알고 있다. 집단원들은 데이비드의 실질적인 조언을 고맙게 생각했지만 그의 냉정한 발표에 대해서는 아니었다. 데이비드는 집단원들이 정서적으로 자신과 연결되는 것이 두려워서 집단원들과 정서적으로 연결짓지 못했다. 그들이 자신을 필요로 하면서 성장할까 봐, 그들이 자신에게 의존할까 봐, 데이비드는 자주 필요해지거나 돌봐야 하는 것에 대해 심각한 불편함을 표현했다. 데이비드가 딸에 대해서 어떻게 느꼈는지 기억하는가? 그는 자신이 **딸을 돌보아야 한다는 사실에 대해 딸을 원망했다.**

연민처럼 **양육(nurturance; 애정이 담긴 정서적 및 신체적 돌봄)** 은 우리를 사람들에게로 함께 묶어 주는 하나의 정서적 접착제이다. 그것은 우리의 정서적 탱크를 채우는 연료이다. 양육은 건강한 육아(parenting)를 위한 필요조건이다. 좋은 결혼에서는 그것이 남편과 아내 사이에 풍성하고 상호작용적이어야 한다. 우리가 자녀로서 부모로부터 양육을 받으면, 우리는 그것을 내면화하여 우리의 한 부분으로 삼는다. 그래서 성인으로서 우리는 다른 사람들이—부모이건, 친구나 배우자이건, 또는 자녀이건—그것을 필요로 할 때 양육을 제공할 수 있는 능력을 갖추게 된다. 자녀는 부모의 사랑과 돌봄, 도움을 흡수하는 스펀지와 같다. 스펀지가 물에서 멀리 떨어져 있으면 마를 것이다. 그리고 결국 딱딱해진다. 마찬가지로 한 아이가 사랑과 돌봄, 도움에서 너무 멀리 떨어져 있으면 딱딱해지고, 벽을 세우고, 양육을 주고받는 데 문제가 생길 것이다. 이러한 것이 데이비드에게 생겼다. 그는 사랑을 느끼지도 표현하지도 못한다.

자신과 타인을 양육하는 데서의 어려움에 대한 단서와 신호

- 사람들은 당신에게 거리가 느껴지고 차갑게까지 보인다고 말한다.
- 사람들은 때로는 당신이 거만하다고 생각한다.
- 당신은 자주 다른 사람들이 너무 감정적이라고 생각한다.

- 사람들은 실질적인 조언을 듣기 위해서는 당신을 찾으나 정서적 지지를 위해서는 아니다.
- 당신은 누군가 당신 앞에서 울 때 불편함을 느낀다.
- 당신은 스스로 우는 것이 불편하다. 특히 다른 사람 앞에서.
- 당신은 어떤 사람이 당신을 진짜로 필요로 하는 느낌을 좋아하지 않는다.
- 당신은 궁핍하게 느끼는 것을 좋아하지 않는다.

9) 빈약한 자기훈련

우리는 모두 자기훈련을 매일 그리고 많은 방식으로 사용할 필요가 있다. 우리는 정확한 시간에 일어나고, 샤워하고, 잘 먹고, 운동하고, 집중하고, 집안일을 하고, 돈을 저축한다. 우리는 우리를 키워 준 이들의 구조와 사랑, 기대를 통하여 어떻게 우리 스스로가 이러한 과업을 할 수 있는지를 배운다.

정서적으로 방치된 사람들은 이러한 일을 어마어마하게 어려워한다. 이 일을 우리는 자기훈련이라 부르는데, 자기훈련이 잘 되지 않은 사람의 숫자는 주목할 만하다. 나는 정서적으로 방치된 사람들이 흔히 자신이 하지 말아야 하는 것을 중단하려고 애쓰는 것을 발견했다. 그것은 정크푸드를 먹는 것, 돈을 지나치게 쓰는 것, 방탕함 같은 것들이다. 정반대로 그들은 하고 싶지 않은 것, 즉 집안일, 과제, 일이나 운동 등을 꾸준히 하기 어려워한다. 그들은 흔히 "나는 나 자신한테 너무 많이 좌절감을 느껴. 나는 시작하는 것조차 엄두가 나지 않아."라고 말할 것이다. 그렇다. 우리 모두는 어느 정도는 이러한 것과 투쟁한다. 그러나 정서적으로 방치된 사람의 투쟁은 더 만성적이고 강렬하다. 그것은 평생의 주제이다. 정서적으로 방치된 사람은 자신이 산만하고, 게으르고, 동기화되지 않았고, 미루는 사람이라고 하면서 치료를 받으러 올 것이다. 그들이 어린 시절에 대해서 이야기할 때, 당신은 그들의 부모가 그들을 사랑은 하지만, 자기훈련 기술을 배우기 위한 진짜 구조적인 것은 제공하지 않았다는 것을 알 수 있다. 예를 들면, 그들은 자녀가 밖에 나가기 전에 숙제나 집 주변의 잡일이나 과제를 하게 하거나 TV를 보기 위해서는 운동 같은 것을 하도록 만들지 않았다.

부모가 이러한 규칙과 기대를 정해 주고 강요할 때마다, 그것은 자녀의 레퍼토리의 한 부분이 된다. 자녀는 지루한 일을 하기 위해 자신을 어떻게 몰아붙여야 하는지를 배운다. 한편, 정서적으로 방치하는 부모는 흔히 자녀가 정크푸드를 너무 먹는 것을, 그들의 돈을 날리는 것을 그만하게 하지 않는다. 자녀를 마음대로 하도록 내버려 두면서 자신들을 관대하게 다루는 법만을 배우게 할 것이다.

정서적으로 방치된 많은 자녀는 자신을 무척이나 사랑하고 그들에게 모든 물질적 필요를 제공하는 부모가 있다. 그러나 자녀양육의 한 부분은 자녀가 어떤 사람인지를 보는 것이다. 양육은 그가 잘 하는 것에만 주목하는 것이 아니라, 그가 그런 것들을 확실히 응대하도록 노력을 기울이면서 그가 힘들어하는 것에 대해서도 알아차리는 것이다. 정서적으로 방치적인 부모는 대부분 잘 돌보는 부모이다. 그러나 그들은 **자녀의 수준에는 열중하지 않는다.**

*윌리엄의 사례

윌리엄은 30대 후반 무렵에 치료를 받으러 왔다. 그는 더 많이 성취해야 한다는 감정에 매달렸다. 그는 유명한 비즈니스 학교의 MBA 학위를 가지고 있었고 20대에 치른 심리검사에서는 IQ가 매우 높은 것으로 나타났다. 그런데도 윌리엄은 자신의 학위와 관련 없는 평범한 일들을 해 왔으며, 스펙에 준하는 연봉 또한 받지 못했다. 그는 최근 해고됐으며, 상사가 자신의 일처리에 만족하지 못했던 것을 걱정하고 있었다.

윌리엄은 직장 관련 일과 사적인 생활 모두에서 자기훈련을 하면서 열심히 노력했다고 보고했다. 가끔은 밤을 새며 일을 하였고, 그다음 날 아침은 지나치게 늦잠을 잤다. 그의 아내는 그가 때때로 먹는 것을 잊어버리며 운동도 거의 하지 않는다고 불평을 했다. 그의 좋은 의도와 노력에도 그는 어렵거나 지루하거나 불쾌한 과업을 시작하는 것에는 매우 소극적이었다. 어쩔수 없이 이러한 과업을 시작하게 되면, 그는 곧바로 더 즐거운 어떤 일을 하는 생각을 하며, 그런 쪽으로 생각을 바꾸었다. 그를 고용한 사람은 그가 일을 끝내는 것이 너무 느리다는 피드백을 보냈다. 낮은 생산성으로 인해 그 자신도 매우 속상해하였는데, 그는 "나는 끔찍하게도 미루는 사람이에요." "나는 게을러요." 그리고 "나에게 무엇이 잘못된 거죠?"라고 말하고 하였다.

윌리엄의 부모는 그가 태어나자마자 이혼을 했다. 그의 아버지는 그의 삶의 한 부분을 차지하고 있지 않다. 한부모로서 그의 어머니는 그녀의 눈에 넣어도 아프지 않을 정도로 그를 사랑하였다.

윌리엄은 참으로 대단한 아이였다. 그는 영리하고, 인기가 많았으며, 그다지 문제를 일으키지 않았다. 선생님들은 그를 좋아했고, 그는 성적면에서도 좋은 점수를 받았다. 어머니는 그에게 잘했다고 자주 말했다. 그리고 전반적으로 어떤 일들을 하는 데 있어 스스로 하도록 내버려 두었다. 그녀는 아이들을 키우기 위해서 하루 종일 일을 해야 했다. 그녀는 자신이 그를 일일이 감독하지 않아도 괜찮을 것이라 믿었다. 따라서 윌리엄은 많은 자유와 많은 사랑, 많지 않은 감독과 아주 적은 구속 아래 자랐다. 그는 마감 시간 직전까지 학기 말 리포트를 쓰거나, 공부하지 않고 시험을 치고, 중학교와 고등학교 시절 내내 친구들과 하루 종일 그리고 밤늦게까지 어울려 다녔던 것을 기억한다. 그는 잡일이나 집안일에 대해서는 책임감이 없었으며, 굳이 있었다면 아주 느슨하게 일을 처리했다. 그의 어머니는 집안의 규칙들을 아주 느슨하게 하거나 그를 옭아매는 것은 쉽고 빠르게 풀어 주었다. 그가 성적이 떨어져서 학사경고를 받게 되면 선생님들은 그에게 유리한 해석을 해 주었다. 이는 그가 머리가 좋고, 선한 의도가 있는 모범적인 학생이기 때문이다. 그가 편안한 영역 밖에서 작업하며 지루한 잡일에 매달리는 것은 그에게는 드물게 일어나는 도전이었다.

당신은 아마도 이것이 하나의 재미있는 어린 시절의 이야기인 것처럼 생각할 수도 있다. 맞다. 그것은 여러 면에서 그랬다. 그러나 문제는 그러한 것들이 윌리엄에게 성인기에서 요구되는 많은 것을 준비하지 못하게 하였다는 것이다. 그는 최근 고객들과 같이 일하면서 그들의 프로젝트를 끝내야 했다. 고객이 원하는 것이 무엇인지 알아내야 했으며, 그것을 창출하기 위해 계획을 세워야 했다. 그것을 마감일까지 마무리하여 전달해야 했다. 이러한 많은 프로젝트에서 그는 모든 것이 확실하게 작업되기 위해 팀원들의 역할을 조직화해야 했다. 윌리엄은 이 일과 그에게 요구되었던 창조성을 좋아했다. 그러나 조직화하고 스케줄을 잡는 일은 그를 눈물이 나도록 지루하게 만들었다. 마지막 평가보고서를 써야 할 때 그는 작업을 미루었다. 결과적으로 그는 마감일을 어겼으며, 그의 상사는 그에게 실망을 하였다. 이것은 윌리엄에게는 친숙한 패턴이었으며, 그는 불안전하게 성장했다. 윌리엄은 충분히 영리했으며, 매력적이었고, 일을 필요로 했으며, 일을 즐겼다. 그러면 무엇이 문제인가?

어린 시절 윌리엄은 불쾌한 요구가 주어지지 않는 한 그가 잘 할 수 있도록 그를 준비시켰다. 은유적으로 말하자면 윌리엄은 한 성인으로서 자유롭게 해 나아가는 기술이 있었다. 그러나 상사가 어떤 결과를 요구하거나 목표를 위해서 노력이 필요할 때를 위한 자기훈련을 받지 못했다.

그의 어머니가 쉽게 포기하면서 최소한의 저항 의사를 취하고 밀어붙이거나 구조화하지 않은 것처럼 윌리엄 또한 그랬다. 예를 들면, 윌리엄은 집에서 정상적인 가사에서 벗어날 수 있는 혜택을 얻었다. 만약 그의 어머니가 고등학교에서 그의 도전하려는 의지의 부족을 인식했다면, 어쩌면 그를 위해 상급 수학이나 언어 수업을 받게 했을 것이다. 집안의 규칙과 제제가 더 있었다면 윌리엄이 자신을 위해서 그것을 내면화하는 데 도움이 되었을 것이다. 그리고 식탁을 제대로 닦은 것인지에 대한 어머니와의 갈등은 그에게 재미없는, 달갑지 않은 과업을 수행하면서도 철두철미해야 하는 것의 중요성을 가르쳐 주었을 것이다. 윌리엄은 스스로를 어떻게 구조화하는지, 하고 싶지 않은 일이라도 그것을 어떻게 할 수 있도록 자신을 다그치는지에 대해 배우지 못했다. 그는 영리하고 매력적인 아이였기 때문에 일과 관련된 성인 세계에 들어갔을 때까지 그가 자기조절이 부족하다는 사실을 발견하지 못했다. 결국 어느 시점이 되고 나서야 성공한 성인이 되기 위해 필요한 특징인 지루함을 견디는 능력, 자신을 구조화하는 능력, 인내하는 능력 같은 것이 그에게 부족하다는 것이 명확해졌다.

빈약한 자기훈련의 단서와 신호

- 당신은 자신이 게으르다고 느낀다.
- 당신은 일을 미루는 사람이다.
- 당신은 마감일을 지키는 것이 어렵다.
- 당신은 과다하게 먹으며, 너무 많이 마시며, 과다수면과 과다지출을 한다.
- 당신은 삶의 지루함에 따분해한다.
- 당신은 재미없는 과업들을 피하려 한다.
- 당신은 조금밖에 하지 못한 것에 대해 스스로에게 화를 낸다.
- 당신은 자기 능력 이하의 성적을 내는 사람이다.
- 당신은 자기훈련이 빈약하다.
- 당신은 자주 당신이 더 잘할 수 있는 능력이 있다는 것을 알면서도 체계적이지 못하다.

10) 감정표현불능증: 감정에 대한 빈약한 알아차림 과 이해

정서적 방치의 공통분모로 여길 수 있는 증상이 있다면, 그것은 아마 감정표현불능증일 것이다. 이것은 모든 정서적으로 방치된 성인에게서 어느 정도 나타난다. '감정표현불능증(alexithymia)'이 라는 단어는 대부분의 사전에서 발견되지 않는다. 이것은 일반 대 중에게 사용되는 용어가 아니기 때문이다. 이것은 일차적으로 심 리학자와 정신건강 전문가 그리고 대개 연구기관에서 사용되는 단 어이다.

감정표현불능증은 한 개인의 감정에 대한 지식과 감정에 대한 알아차림이 결핍된 것을 말한다. 극단적인 경우, 감정표현불능증 이 있는 사람은 그들 고유의 감정과 다른 사람의 감정 모두를 해독 할 수 없다. 감정표현불능증을 가진 사람은 자신의 삶에서 기꺼이 하고자 하는 것이나 견디는 능력, 또는 감정을 경험하는 것을 아예 하지 못한다. 나는 감정표현불능증을 가진 많은 사람이 짜증을 내 는 성향이 있다는 것을 관찰했다. 그들은 외견상으로는 다른 사람 들에게 이유 없이 달려드는 것처럼 보이는데, 당연히 이것으로 인 해 그들의 관계는 방해를 받게 된다. 이로 인해 이런 증상을 겪는 이들은 다른 사람들과 먼발치에 떨어져 있게 한다. 심지어 그것이 자신을 끔찍하게 혼자라고 느끼게 할지라도.

인정되지 않거나 표현되지 않은 감정이 뒤범벅되어 끝내 분노로 드러난다. 궁극적으로 억압된 감정은 가라앉은 채로 있기를 거부 한다. 그것들은 다른 사람들에게 상처를 입히는 짜증의 작은 소용

돌이처럼 폭발한다. 다음은 정서적으로 방치되었던, 감정표현불능증이 심한 한 남자의 사례이다.

*칼의 사례

키가 크고 말랐으며 쇠약해 보이는 남자 칼은 50대 중반에 치료를 받으러 왔다. 그는 자신을 돌보고 있던 의사에게 천년의 시대가 끝나는 마지막 날에 자살을 계획하고 있다고 말한 후 1999년에 그 의사에 의해서 의뢰되었다. 첫 번째 회기에서, 그는 자신의 자살 계획에 대해서 매우 확고했다. 그 회기에서 그는 화가 나 있었고, 무시하는 태도가 현저했다. 적대적인 감정만이 그가 자진해서 드러내거나 드러낼 수 있는 유일한 것이었다. 칼을 알수록, 그가 알코올 중독자이면서 자기 능력 이하의 성취를 하는 사람이라는 것이 곧 명확해졌다. 그는 엔지니어 학위가 있음에도 낮에는 정비수리공으로 일하고 밤에는 아파트에서 혼자 맥주를 마시고는 했다. 그는 결혼한 적이 한 번도 없었기 때문에 자녀 없이 혼자 살았다.

여러 해 동안 칼은 사라지는 것에 대한 공상을 하고 있었다. 몇 개월의 치료 후에 그의 비밀스러운 판타지를 함께 나눌 수 있게 되었는데, 그 내용은 그가 가족, 친구나 그를 아는 누구에게도 말하지 않고 전원의 숲으로 도망가서 은둔자처럼 사는 것이다. 그를 아는 모든 사람이 그가 사라졌다는 이야기를 들은 후에 슬픔과 충격에 대한 반응들을 보일 것인지, 얼마나 걱정하고 당황해할 것인지, 얼마나 그가 돌아오기를 소망할 것인지를 상상하면서 그는 강렬한 즐거움을 자아냈다.

칼은 두 명의 형이 있었다. 그리고 부모님은 아직 살아 계신다. 치료를 하는 과정에서 그는 자신의 가족 모두를 향한 강렬한 원망을 쏟아내고, 그가 증오의 경계에 있음을 표현했다. 그는 왜 자신이 그렇게 느끼는지 설명할 수 없었다. 그러나 그는 치료실에 오기 일 년 전에 가지고 있던 모든 가족사진—자신이 어린아이였을 때의 것들을 포함해서—을 들추어내어 찢어 버렸다. 그는 이 행동에 대해 그 어떤 설명도 할 수 없었다. 그리고 그것에 대한 나의 호기심과 그 자신이 가지는 어떠한 호기심에도 대답하지 않았다. 칼은 또한 직장에서 동료들과 고객들에게 덤벼든 것 때문에 여러 번 보호관찰 처분을 받았다.

칼이 치료를 받는 과정에서 이 모든 것은 납득이 되었다. 그는 뉴욕주 북부에 있는 한 노동자 타운에서 성장했다. 그의 부모는 독일 이민자 2세대였다. 그의 아버지는 공장에서 일했고 어머니는 칼과 두 형을 키우려고 집에 머물렀다. 집에서 학대는 없었다. 칼은 잘 보호받았고, 잘 먹었고, 잘 입었다. 형들과의 관계에 대해서 물어보았을 때, 그는 중학생이 될 때까지 형들과 야구하는 것을 즐겼는데 그 시점에 그들이 그와 어울리지 않았다고 말했다. 이것은 그의 가족에서 일어난 어떤 상호작용에 대하여 그가 중요하게 여기는 단 하나의 예였다. 칼에게 질문했을 때, 그의 기억에 가족 중 누구도 한 번도 소리를 질렀거나, 울었거나, 포옹했거나, 입을 맞추었거나, 접촉했거나, 윙크를 했거나, 또는 그 어떤 유형의 감정을 표현하지 않았다고 하였다. 칼은 감정에 대한 내 질문에 당혹스러워 하는 것 같았다. 그가 감정의 언어를 말하지 않는다는 것이 명백해졌다. 감정에 대한 개념은 그의 레이더 스크린에 표시되지 않았다.

　그러나 분노만큼은 칼에게 친숙한 단 하나의 감정**이었다**. 그는 분노를 자주 느꼈으며, 매일 온종일 느낄 때도 있었다. 그는 일에서는 분노를 통제하려고 시도했다(상사와 문제가 되지 않도록). 그리고 그것을 밤늦도록 떨쳐 버리려고 애를 썼다. 그래야 잠을 잘 수 있기 때문이었다. 분노는 그의 삶 어디에나 있었음에도 자신이 그것을 가지고 있다는 것을 알지 못하였다. 그는 그것을 인식하지 못했다. 그리고 그것에 대해 의문을 품지 않았다. 그는 그것이 편했다. 그것은 자신의 한 부분, 한 팔이나 심장 같았기 때문이다.

　정서적 방치의 본질은 그의 정서적 성장을 심각하게 저해시켰다. 모든 관계에서 그는 자신이 느끼는 것을 이해하지 못하거나 다른 사람들이 느끼는 것을 공감하지 못하였으며, 다른 사람에게 무엇을 요구하거나 제공해야 할지 알지 못했기 때문에 정서적으로 불구였고 외톨이였다. 그가 술을 마신 것과 그가 떠나면 다른 사람들이 그를 그리워하며 그때 그의 곁에 없었던 것을 후회할 것이라는 판타지를 가진 것은 그리 놀랄 만한 일이 아니다. 그리고 그의 삶의 이야기를 담은 잠긴 상자로부터 해독할 수 없는 감정이 새어 나올 때 자살사고가 그를 달래는 것은 놀랄 만한 일이 아니다. 결국 그것은 오로지 정서이고 우리가 존재라고 부르는 이 수상한 것에 의미를 주는 연결성이다.

　칼을 위한 치료의 첫 번째 단계는, 그가 자신의 분노에 대해서 알아차리는 것이다. 두 번째는 더 어려운 단계로서, 칼이 자신의 감정을 채우기 위해 술 마시는 것을 멈추도록 돕는 것이며, 그에게 자기의 감정을 참는 방법을 가르치는 것이다. 제일 힘든 단계는,

칼로 하여금 분노라고 불리는 자물쇠로 잠긴 상자를 비집어 열고 그 안에 들어 있는 모든 감정에 이름을 붙이고 경험하도록 돕는 것이다.

치료에서 칼과 신뢰할 수 있는 관계를 형성하면서, 그는 형들이 함께 야구하는 것을 멈춘 그 일이 실은 단순한 사건 이상이었다는 것을 깨닫게 되었다. 그때 이후로 지금까지 칼은 버려진 것 같고, 상처를 입고, 제외되고, 사랑받지 못하고, 중요하지 않게 느꼈다. 그는 그러한 감정을 확인하지 않았고 인정하거나 명명하지도 않았다. 대신 잠글 수 있는 상자에 그것을 넣고는 내면화하였다.

칼한테 찬사를 바치면서 비록 독자를 슬프게 할지도 모르지만, 나는 여기서 그의 이야기를 끝내려고 한다. 칼은 자신의 감정을 인식하고 이름을 붙이는 것을 배우면서 눈에 띄게 부드러워졌다. 수년간의 치료를 통해, 그는 자주 전화를 나누면서 친구들에게 더 개방적이 되었다. 그의 치료자로서 나는 그와 함께 전화 통화를 하고 시간을 같이 보내는, 목공일을 하면서 만난 오래된 지인들에 대해서 듣기 시작했다. 그는 술을 마시는 것을 중단했으며, 스스로 요리하는 법을 배우기 시작했다. 밤에 혼자 술을 마시는 대신, 그는 친구들과 외출을 하기도 하고 어떤 때는 큰 냄비에 고춧가루가 들어간 음식 또는 냄비에 소고기를 찐 음식을 집에서 만들었다. 그는 몸무게가 늘었으며 신체적으로 더 강하고 건강해 보였다. 그의 자살 계획은 사라졌다.

칼은 새로 찾은 세상과의 연결을 즐길 수 있게 되었으나 그 기간은 짧았다. 그의 폐에서 반점이 발견될 때까지 2년 동안 그는 술에 취하지 않고 진지했다. 그의 뇌에서 암이 돌아다녔으며 그에게 9개월의 시간이 주어졌다. 그 9개월 동안, 그는 신체적으로 가능한 한 치료를 계속 하였다. 그의 친구들은 그와 함께 자리했으며, 그를 병문안하고, 그를 위해 요리했다. 마지막 순간에도 그는 혼자서 죽지 않았다. 친구들과 함께하는 가운데 숨을 거두었다. 그의 주치의는 나에게 전화로 그의 죽음을 알려 주었다. 우리는 전화 통화를 하다가 같이 울었다. 우리 모두가 그를 사랑했기 때문이었다.

칼은 이별의 선물로 귀중한 교훈을 남겼다. **정서적 방치**의 흉터 자국이 영구적이지 않다는 것을. 그리고 그 자국을 없애는 일은 절대로 늦지 않았다는 것을.

감정표현불능증의 단서와 신호

- 당신은 짜증이 나는 경향이 있다.
- 당신은 감정이 있다는 것을 드물게 알아차린다.
- 당신은 자주 다른 사람들의 행동으로 인해 혼란에 빠진다.
- 당신은 자주 자신의 행동으로 인해 혼란에 빠진다.
- 당신이 화가 날 때, 그 화가 과도해지거나 폭발적이 된다.
- 때로 당신의 행동은 자신과 타인들에게 분별없어 보인다.
- 당신은 자신이 본질적으로 다른 사람들과 다르다고 느낀다.
- 당신 안에 무엇인가 빠진 것 같다.
- 당신의 우정은 깊이와 내용이 부족하다.

헨리 데이비드 소로는 "대다수 사람이 조용한 절망의 삶을 살고 있다."라고 말했다. 나는 그가 어린 시절에 상처를 받은 사람들 군단을 언급한 것이라고 확신한다. 내 진실된 소망은 이 책이 당신 자신의 삶 속에서 정서적 방치의 잔존물을 볼 수 있게 허락하는 것이다. 그리고 그것을 정복하기 위한 용기를 불러일으키는 것이다.

4 인지적 비밀: 자살 감정의 특별한 문제

이 장은 아무도 이야기하기를 좋아하지 않는 주제에 대해서 이야기할 것이다. 그리고 대부분의 사람은 그것에 대해 아예 생각하고 싶어 하지도 않는다. 당신이 절대 자살에 대해서 고려하지 않았다면, 그리고 그런 사람을 한 명도 알지 못한다면, 이 장을 건너뛰어도 좋다.

그러나 당신이 어떤 방식으로든지 자살사고나 자신의 행위 또는 다른 사람으로 인해서 한 번이라도 영향을 받았다면, 계속 읽기 바란다.

자살의 주제는 모두 불쾌하고도 무섭다. 우리 대부분에게는 그것이 상상할 수 없는 것이요, 생각할 수 없는 것이다. 어떤 사람들은 자살을 이기적인 행위로 생각한다. 다른 사람들은 그것을 비겁한 행위로 본다. 우리 대부분은 죽음을 피하기 위해 모든 힘을 동

원하면서 삶을 보낸다. 한 개인이 자신에게 죽음을 가져오도록 동기화하는 것이 무엇인지를 인식하는 것은 매우 어렵다. 그것이 반드시 매우 극적이면서도 심각한 어떤 부정적인 **사건**이어야 할까?

우리가 이 주제를 피하려고 안간힘을 쓰는 경향이 있음에도 많은 사람이 자살을 고려했거나 시도했거나 또는 실제 자살을 한 사람들을 알고 있다. 미국 국립정신건강연구원(National Institute of Mental Health)에 의하면 2007년 미국에는 3만 4,598명의 자살한 사람이 있었다. 하루에 95명이 자살한 것이다. 2007년 자살은 남성의 사망 원인 중 7위이며, 여성의 사망 원인 중 15위를 기록하고 있다. 이러한 통계는 미국에서 매일 일어나는 1,045명의 자살시도를 포함하지 않는다. 물론 삶의 오랜 기간 조용히 자살을 고려할 뿐, 아무에게도 알려지지 않은 많은 사람 또한 포함되지 않았다.

사람들은 끝없이 다양한 원인으로 자신을 죽인다. 어떤 경우는 실제로 무언가 매우 극적인 이유가 있다. 앞에서 본 것처럼 공공의 실패나 모욕감 같은 하나의 극단적인 부정적 사건에 대한 반응이 그 예이다. 다른 경우는 징역과 같은 자신이 한 행위의 결과를 회피하기 위한 개인의 시도이다. 또한 양극성장애 또는 심하거나 만성적 우울증 때문에 자살하는 이들도 있다. 지역사회와 남겨진 사랑하는 사람들에게 항상 충격적이고 좌절을 줌에도 촉매 작용으로 확인되는 어떤 명확한 사건이나 질병이 존재하면 적어도 **왜** 그런 죽음을 선택했는지에 대해 어느 정도는 명료하게 알 수 있다. 그러나 항상 그런 것은 아니다.

*로빈의 사례

　서른두 살의 로빈은 시애틀의 중심지에서 산다. 그녀는 자연스럽고, 사람들이 그녀를 주목하게 하는, 그러나 자신은 중시하지 않는 매력이 있었다. 그녀는 대개 긴 적갈색 머리를 들어 올리거나 머리를 묶어서 망아지 꼬리처럼 늘어뜨린다. 사람들이 로빈을 처음 만나면 누구나 적갈색 머리와 수정 같은 파란 눈의 흔치 않는 조합을 알아차리며, 로빈은 그것에 대해서 많은 관심을 받는다. 대부분의 사람은 그들이 그것을 언급할 때 로빈에게 칭찬을 한다고 생각한다. 그래서 그녀가 그러한 반응에 당황스러워 할 때 놀란다. 진짜로, 로빈은 자신의 외모가 두드러지고 특이하다는 사실에 매우 불편해한다. 그녀는 남들 눈에 띄지 않을 때 훨씬 더 편안하므로 서른두 살인데도 자신의 외모를 경시하려고 애쓴다.

　로빈은 혼자 살고 있으며, 한 번도 결혼을 하지 않았다. 그녀는 스물한 살에 심리학으로 학사 학위를 받았다. 그러나 그 이후 다양한 직종에서 몇 해를 일하다가, 그 일로는 생계를 유지하기 힘들다고 결정했다. 그 시점에 그녀는 다시 학교로 돌아가서 지금은 UCLA에서 경영학 석사 학위를 취득했다. 그녀는 연봉이 대단히 후한 일과 친절한 이웃이 사는 아름다운 마을에 콘도를 가지고 있다. 그녀는 체육관에서 1마일 떨어진 곳에서 살며, 주말이면 체육관을 오가며 에어로빅과 저항훈련을 적절히 조합하면서 운동을 한다. 로빈의 친구들은 그녀의 건강한 습관에 대해 놀리곤 하였다. 그녀는 먹는 것을 조심하며, 어디서 새까맣게 탄 음식은 위암을 일으킬 수 있다는 것을 읽은 뒤로는 구운 음식에 대한 공포가 있다. 친구들이 야외에서 요리하며 파티할 때 로빈을 초대할 때면 자연스럽게 손에 참치 통조림을 가지고 있다. 그들은 그녀의 별난 불만거리를 놀려 대는 데 재미를 붙였는데, 그녀가 잘 받아들이기 때문에 더욱 추가적인 문제가 생긴다.

로빈의 친구들은 그녀를 모순덩이라고 말한다. 그들은 그녀에게 아무것이나 말할 수 있는데, 이는 그녀가 그들의 이야기를 경청하고 나서 훌륭하며, 확고하고, 생각이 깊은 조언을 해주기 때문이라고 했다. 그러나 그녀는 자신에 대해서는 그렇게까지 많이 공유하지 않는다. 그녀는 주는 것은 좋아하지만 친구들한테 지지나 조언을 요청하지는 않는다. 게다가 때로 그녀는 추적이 불가능하다. 그녀는 몇 주에 한 번씩은 전화를 받지 않는다. 그녀의 친구들은 농담 삼아 "로빈은 은둔자 모드에 있어."라고 말한다. 그녀가 사회 활동에 대한 초대를 허용하려는 동안에도, 그녀는 좀처럼 아무것도 시작하지 않는다, 사실 로빈의 대다수 친구는 그녀의 콘도를 본 적이 없다. 그녀는 전반적으로 물러서서 조용하고 눈에 띄지 않게 처신한다. 그러나 그녀가 술을 조금이라도 마시면 금방 파티의 중심이 된다. 그녀의 풍자적인 유머 감각이 나타나고, 환희에 차며 사회적으로 대담해지기까지 한다. 친구들은 그녀에게서 깊이를 느낀다. 그러나 어떤 때는 그것을 따라잡을 수 없기 때문에 좌절한다. 그럴 때는 로빈이 마치 훌륭한 친구 같으나, 그녀가 '은둔자 모드'에 있으면 그녀는 완전히 접근할 수 없다.

6월의 어느 토요일 밤에 로빈은 야외 요리 파티를 위해 친구 트리쉬의 집에 갔다. 트리쉬는 새로운 레몬 마티니(진과 베르무트를 섞은 칵테일) 레시피를 선보였다. 그리고 그것은 놀랍게도 맛이 있었다. 사람들은 스테이크 조각을 구워 먹었다. 로빈은 참치 샌드위치 그리고 세 개의 레몬 마티니를 먹었다. 평소처럼 그녀는 그날 밤을 우스꽝스럽고 즐겁게 보냈다. 그들은 꼭두새벽까지 포커를 쳤으며, 드디어 그날 밤은 놀 만큼 놀았다고 생각하고 집으로 갔다.

이틀 후, 트리쉬는 로빈의 언니에게 전화를 받고 충격적인 소식을 들었다. 언니는 로빈을 만나려고 집에 들렀는데 로빈은 문을 열지 않았다. 놀란 언니는 집 안에서 의식을 잃은 로빈을 발견했다. 로빈은 파티 다음 날인 일요일에 약을 과다 복용했던 것이다.

로빈의 친구, 가족 또는 직장 동료 누구도 그녀의 자기패배적 행동에 대해 납득이 가지 않았다. 어떻게 이렇게 똑똑하고, 성공했고, 사랑받는 사람이 이런 일을 할 수 있는가? 그녀는 모든 것을 다 가지고 있었다. 왜 그녀는 스스로 목숨을 끊으려 했는가? 왜 아무 단서가 없었는가? 왜 아무도 로빈이 자살 계획을 세우는 어떠한 조짐도 알아차리지 못했는가? 로빈을 사랑하는 모든 사람은 그들이 놓친 하나의 단서를 떠올리느라 애쓰면서 머리를 쥐어짰다. 그들은 그 전주에 로빈과 보냈던 모든 순간의 분, 초까지 분석하였다. 하지만 파티에 있었던 친구들까지 포함해서 그 누구도 작은 단서 하나도 떠올릴 수 없었다.

어떤 사건이나 질병으로 확인할 수 없는 것처럼 보이는 자살이 많이 있다. 이러한 일들은 하버드 학생들, 비즈니스에 성공한 사람들, 모든 과목에서 A를 받는 고등학교 운동선수들처럼 그들의 전성기에 있는 듯해 보이는 사람들에게서 발생한다. 또는 단순히 잘 지낸다고 모두가 생각했던 친구, 이웃, 학교 동료 또는 형제에게서도 일어날 수 있다. 때로는 인식 가능한 도화선이 존재한다. 그러나 그것은 어떤 사람이 자살할 만한 이유처럼 보이지 않는다. 흔히 그 사람이 사랑한 사람들은 충격에 남겨질 뿐만 아니라 얼떨떨하고 혼란스럽다. 남겨진 사람들은 '**어떻게 그가 이런 일을 할 수 있을까?**'란 질문뿐만 아니라 '**왜 그가 이런 일을 했을까?**'와 같은 답이 주어질 수 없는 질문을 붙들고 고심한다.

이 질문에 답하고자 애쓰기 위해, 로빈의 사례로 되돌아가자. 지금까지 당신은 그녀의 친구와 가족과 같은 방법을 경험했을 것이다. 왜 그녀는 이런 극단적인 행동을 취한 것인가, 그녀에게 진정 무슨 일이 일어나고 있었던 것일까를 안팎으로 이해하기 위해 지금은 외부로부터 로빈의 내면의 세계로 들어갈 것이다.

로빈은 워싱턴주의 한 작고 평화스러운 마을에서 성장했다. 그녀는 애정이 있고 주의를 기울이는 부모의 다섯 자녀 중 셋째였다. 그의 아버지는 기계공학자로 일하고 있었으며, 어머니는 아이들이 모두 십 대에 들어설 때까지 집안일을 했고, 그 이후로는 직장으로 돌아가 아이들의 지역 학교 시스템에서 보조교사로 일했다.

여러 면에서 로빈의 어린 시절은 괜찮았다. 그녀와 그녀의 형제자매는 나이가 비슷했다. 로빈은 가족과 아이들이 가득 찬 나무로 둘러싸인 동네에서 살았으므로 같이 놀 친구도 절대 부족하지 않았다. 그리고 그녀는 자매들하고도 가까웠다. 그녀의 가족은 부자는 아니지만, 만족스러운 삶을 살기 위한 돈은 여유가 있었다. 그러므로 경제적 스트레스는 없었으며, 절대 돈이 부족하지는 않았다. 4월마다 그들은 짐을 싸서 디즈니월드로 날아가서 한 주를 지내고,

12월이 되면 크리스마스와 새해를 포틀랜드, 오리건에서 로빈의 조부모와 보냈다.

또한 로빈의 부모는 다투는 일이 매우 드물었으며, 그들은 모든 종류의 부정성에 대해 아량을 베풀지 않았다. 자녀 사이에 갈등이 있을 때도 각자를 곧장 자신들의 방으로 보내면서 엄중히 단속했다. 무엇에 대한 싸움인지, 혹은 한 사람이 확실히 옳거나 또는 피해를 받고 있어도 상관없었다. 부모의 모토는 '무관용 정책(Zero Tolerance; 범법자에 대한 처벌을 대단히 엄격하게 가하는 정책 – 역자 주)'이었다. 그들은 또한 이 규칙을 불평이나 불행감, 슬픔 또는 좌절감을 표현하기 위해 적용하였다. 그 결과는 조용한 가정이었다. 자녀는 그들의 사고에 어떤 부정적인 것이 있다면 그것을 자신만이 간직하는 것이 좋을 것이라고 생각했다. 엄마와 아빠는 그런 말도 안 되는 것들로 짐을 지는 것을 거부했다. 그들은 이러한 방식으로 모두가 서로 잘 지내고 아무도 불만족하지 않는 행복하고 협동적인 가정을 유지하기를 원했다. 부모는 다섯 자녀를 다루고, 자신들의 위기를 해결하고, 눈물을 누그러뜨리고, 좌절감을 달래기 위한 시간과 에너지가 없다고 느꼈다. 무관용 정책은 자녀가 가정에 대해 책임지도록 해 주었고, 그들은 그것이 삶에 대해 긍정적 관점을 유지하는 것이라고 느꼈다.

로빈과 그녀의 형제들은 집에 붙어 있지 않았다. 어린 나이 때부터 그들은 이웃에서 형제들이나 친구들과 함께 자유롭게 뛰어다니는 것을 선호하였다. 집 밖에서 그들은 불만을 토로하거나 싸우거나, 그들의 생각과 감정을 긍정적이든 부정적이든 표현하는 것이 자유로웠다. 로빈의 형제들은 이것이 자신들의 마음을 시원하게 하고 자유롭게 한다고 느꼈다. 그들은 부모가 견디지 못하는 감정이 다른 곳에서는 수용된다는 것을 알아낼 수 있었다. 그러나 로빈은 달랐다.

로빈은 태어날 때부터 예민한 아이였다. 그녀의 부모는 세 번째 아이인 그녀의 성격이 형제와 다르다는 것을 금방 알아차렸다. 그녀는 많이 울었다. 그녀는 어머니가 양말을 신기거나 새로운, 익숙지 않은 노리개젖꼭지를 주면 찡찡댔다. 그녀의 부모는 그녀에게 '자주 우는 아이'라는 별명을 주었고, 이는 '자주 날아가는 아이'라는 문구에서 빌려 온 농담이었다. 그녀는 유아기를 거쳐 유치원 시기와 학령기로 성장하면서 그녀의 가족 구성원들로부터 수없이 놀림을 받았다. 그녀가 너무도 쉽게 눈물을 흘렸기 때문이었다. 그녀는 놀림을 받을 때만 조용히 눈물을 흘렸다. 그러나 소리 내어 우는 것은 또 다른 사정이었다. 만약 로빈의 울음이 시끄러웠다면, 부모는 무관용 정책을 폈고, 그녀는 곧장 그녀의 방으로 보내졌다.

이 모든 것을 통하여 로빈은 강력한 교훈을 배웠다. 그녀는 부정적인 감정은 나쁜 것이고 참을 수 없는 것이라고 배웠다. 그녀는 그녀가 가진 낙관적이지 않거나 재미있지 않거나 또는 긍정적이지 않은 것들은 삭이거나 조심해서 감추어야 한다는 것을 배웠다. 그녀는 이러한 감정을 가지고 있는 것이 부끄럽게 느껴졌으며, 그것을 절대 드러내지 않을 것이라고 조용히 맹세했다. 시간이 지나면서 그녀는 모든 시간에 자신을 긍정적이고 낙관적으로 유지하도록 가장했다. 주기적으로 그녀가 낙관적으로 보일 수 없는 시점에 오면, 그녀는 콘도에 틀어박혀 외부로부터 자신을 완전히 보호하였다. 그러면 그녀는 모든 시간을 그 임무에 완전히 몰입하면서 일을 하거나, TV쇼를 관람하면서 콘도에 갇혀 있었다. 이렇게 하는 것이 그녀로 하여금 궁지에 몰려 있는 모든 생각과 감정이 다시금 모든 부정적인 것과 싸우도록, 그리고 다시 '행복'해지도록 그녀의 에너지를 다시 얻도록 도왔다.

로빈은 이 전투에서만 싸운 것이 아니다. 그녀는 여태껏 싸우면서 살아왔다. 그녀의 삶은 내부로부터의 모든 부정적인 것을 그녀가 누설하거나, 주변 사람들이 보거나, 알거나, 느끼지 않도록 확실히 정리하였다. 거기에는 엄청난 양의 힘이 들어갔다. 그녀는 누구도 그녀를 잘 알 수 없도록, 세상으로부터 자신의 부정적이고 부끄러운 부분을 감추는 데 열중하고 있었다(로빈 버전의 치명적 허물). 이것이 바로 친구들이 그녀의 콘도에 초대되지 않는 이유였다. 그녀는 보여 주기를 원치 않는 그녀의 일부분을 그들이 볼까 봐 걱정하였다.

이 모든 것을 통하여 주목해야 하는 중요한 것은 로빈이 심하게 외로웠다는 것이다. 그녀는 부모, 가족 그리고 친구들이 그녀를 사랑하는 것을 알았다. 그러나 자신이 사랑받는다고 느끼지 않았다. 당신을 잘 알지 못하는 사람들로부터 사랑받는다고 느끼기란 힘들다. 그리고 아무도 진짜 모습의 로빈을 몰랐다. 그녀는 인류의 나머지로부터 완전히 고립되어 있는 것처럼 느꼈다. 다른 사람들은 행복하고 완전한 것처럼 보였다. 그들은 서로를 아는 것처럼 보였으며, 서로를 보살피고 자유로운 것처럼 보였다. 다른 사람들은 자신을 감추려고 하는 것 같지 않았다. 또는 이러한 투쟁을 하는 것 같지 않았다. 로빈은 마치 자신만 동떨어진, 홀로 그리고 전혀 모르는 사람으로, 영화 스크린을 감상하듯 인생을 바깥에서 들여다보는 것처럼 느꼈다. 그녀는 자주 살아 있는 것에 대해서 의문시했다. 삶이 너무 많은 고통, 아픔 그리고 보상의 부족과 함께 너무 공허하다면, 왜 사는 것일까?

사춘기 때부터 로빈은 이런 '바깥에서 들여다보는' 느낌이 있었다. 열세 살 나이에, 그녀는 자신에게 무슨 문제가 있는 것인가 하고 의아해했다. 그녀는 멋진 어린 시절을 가졌을 것이다. 그래서 그녀가 어떻게 허물이 있는 것으로 느꼈는지에 대한 설명이 없다. 무엇인가 빠진 것이 있었으며, 그녀 안에서 어떤 아픈 것이 있었다. 하나의 빈 비밀 공간이다. 자신을 편안한 상태로 만들어 주는 단 하나의 방법은 죽어 있는 것을 상상하는 것이었다. 죽어 있는 것은 하나의 안도 같은 것이었다. 그녀는 목숨을 끊으려는 의도가 없었지만 하나의 안전망처럼 가능성을 남겨 두었다. 그녀가 고통을 더 견딜 수 없다고 이르는 시점에 도달하면 그녀가 언제든지 삶을 끝낼 것이라는 것을. 그래서 더는 투쟁이 없을 것이고, 더 이상 공허감, 외로움, 아픔이 존재하지 않을 것이라고. 로빈은 열세 살 때부터 성인기에 이르기까지 자신을 달래기 위해 죽는 것에 대한 판타지와 그녀의 안전망에 대한 비밀 지식을 사용했다. 그러나 그에 대해 누구에게도 한마디도 하지 않았다.

지금은 로빈이 그녀의 안전망을 실천한 바비큐 파티 다음 날로 돌아가자. 여기에 그날 무엇이 일어났는지가 있다.

로빈은 그 전날 저녁에 있었던 매우 재미있었던 기억과 온건한 숙취를 가지고 일어났다. 그녀는 TV 앞에 앉아서 시리얼을 먹었다. 몇 주 동안 '은둔자 모드'와 싸워 물리치려고 하고 있었기 때문에 머릿속에서 어두운 구름이 떠나지 않는 것을 느꼈다. 그녀는 너무 지쳤으며, 무기력했으며, 공허했다. 그리고 무감각했다. 그녀는 무감각과 공허감을 없애려는 시도로 오래된 〈Andy Griffith〉의 에피소드를 시청하였다. 그러나 의도대로 잘 안 됐다. 그녀는 소파에 앉아 죽은 것을 상상하였다. 그렇게 하는 것이 평상시에는 도움이 되었기 때문이다. 그런데 이번에는 잘 되지 않는 것 같았으며, 오히려 공허감과 아픔이 더 강렬해졌다. 그녀는 일어나서 거실의 끝에서 끝으로 왔다 갔다 했다. 그렇게 할수록 어두운 구름은 더 짙어졌고, 공허감은 더 깊어졌다. 걱정에 사로잡힌 그녀의 뇌리는 TV에서 〈The Waltons〉가 〈Andy Griffith〉 다음에 방송했다는 것을 알아챘다. 그리고 어린 시절 〈The Waltons〉 에피소드를 보고 그녀가 울 때 그녀의 가족이 그녀를 가차 없이 꾸짖었던 기억이 빠르게 회상되었다. 그녀는 갑자기 강한 수치감과 자기증오 덩어리가 공허감 위에 밀려오는 것을 느껴졌다. 더 심해지는 아픔을 멈추기 위해 절망적이던 로빈은 충동적으로 화장실로 달려가서 약 캐비닛에서 찾을 수 있는 모든 약을 다 삼켜 버렸다. 그중 대부분은 그녀가 언제든 이렇게 절망적이 되는 경우를 위해서 보관해 두었던 것들이다.

당신이 보는 바와 같이, 모든 사람이 아는 그리고 사랑했던 로빈은 진짜 로빈이 아니었다. 그녀는 주기적으로 폭발되게 장치된 시한폭탄이었다. 로빈으로 하여금 그녀의 판타지를 행동으로 옮기도록 만든 이 특정한 상황이 여느 때와 달랐던 것은 무엇인가? 그것은 한 드라마틱한 사건이 아니다. 한 TV 프로그램이 그녀의 수치심과 자책이 최악이 될 수 있는 순간에 최대의 힘으로 그녀를 덮쳤다. 로빈은 〈The Waltsons〉 쇼를 보기 전에 이미 위험에 처해 있었다. 그러나 가족의 비판이나 모욕감의 기억이 그녀의 훨씬 더 깊은 고독감과 고립감의 우물 속으로 급락하면서 마지막 지푸라기로 그녀를 무너져 내리게 했다. 결국 이렇게 된 이유의 모든 것은 〈The Waltsons〉의 시청이었다.

때마침 로빈은 언니가 집에 들렀기 때문에 운이 좋았다. 로빈과 같은 사람 중 대다수는 너무 늦은 순간까지 발견되지 못한다. 이러한 사람들은 도움을 받을 수 없다. 그들은 그들의 고통을 공유하거나 이해할 기회가 주어지지 않는다. 그리고 그들은 누구에게도 그들의 마지막 순간을 설명할 수도 없다. 나는 자신의 사랑하는 사람들을 어리둥절하게 만들고 혼란스럽게 만드는 이들은 흔히 실제 무슨 일이 일어났는지 결코 이해하지 못한다고 생각한다.

지금은 다른 각도에서 이러한 주제를 볼 수 있도록 제3장에서 제시한 사례 일부를 다시 살펴보자. 그 전에 먼저, 자살하려는 감정과 정서적 방치 간의 가능한 관계를 고려하기 위해 잠깐 쉬어 보자. 나는 여기에서 당신에게 인간은 감정을 느끼도록 설계되었다는 것을 상기시키고 싶다. 그 설계가 합선이 될 때, 처음에는 정서적으로 방치적인 부모에 의해서 그리고 나중에는 자녀 자신이 한 성인으로서 전체 시스템으로부터 내던져진다. 상상해 보라. 설탕 없이 아이스크림이 만들어졌고, 컴퓨터 프로그램에서 가장 기본적인 명령이 제거되었다면 어떨지를. 이러한 것은 감정이 정신으로부터 생겨난, 인간 정신의 오작동이다.

다양한 측면에서 공허감과 무감각은 고통보다 더 나쁘다. 많은 사람이 '**무엇이든**(anything) 느끼는 것'을 '**아무것도**(nothing) 느끼지 않는 것'보다 훨씬 더 선호한다고 말했다. 무엇에 대한 '**부재**

(absent)'를 인정하고 납득하거나, 또는 어떤 단어들로 표현하기가 매우 어렵다. 당신이 공허감을 다른 사람에게 설명하기 위해 그것을 단어들로 표현하는 데 성공하더라도 다른 사람들은 그것을 이해하기가 매우 어렵다. 공허감은 대부분의 사람에게는 **아무것도** 아닌 것처럼 보인다. 그리고 아무것이 아닌 것은 아무것도 아니다. 나쁘지도 좋지도 않다. 그러나 인간의 내면적 기능의 경우, 확실한 것은 아무것도 없다. 공허감은 실제로 하나의 감정이며 그 자체이다. 그리고 나는 그것이 매우 격렬하고 강력해질 수 있는 하나의 감정이라는 것을 발견했다.

사실, 그것은 사람들이 그로부터 탈출하기 위해 극단적인 일을 하도록 끌어내는 힘이 있다.

잘생기고, 성공한 서른여덟 살의 시몬을 기억하는가? 시몬이 매우 공허하고 무감각하게 느끼기 때문에 자살충동을 느꼈던 것을 기억할 것이다. 그의 삶에는 연결성, 의미 그리고 열정이 없었다. 스카이다이빙의 스릴은 오래가지 못하고, 그에게 살고 싶은 이유가 되기에는 불충분했다.

한편, 데이비드는 '감정을 갖지 마라, 감정을 보이지 마라, 다른 사람의 도움은 절대 필요치 않다.'라는 메시지를 내면화했다. 그의 자살충동 감정은 부모로부터 자신도 모르게 흡수된 이 명령을 충족시키기 위한 그의 소망에 기초하고 있었다. 데이비드는 사실 감정과 욕구 둘 다 가지고 있는 하나의 살아 있고, 숨 쉬는 인간이었기 때문에 그 명령을 이루는, 그가 아는 유일한 방법은 죽는 것이었다. 실제로 내가 그를 만났을 시기쯤, 그는 이미 근본적으로는 삶에 대한 참여를 중단하고 있었다.

당신은 라우라가 그녀의 삶에서 감정을 완전히 차단하며 지냈다는 것을 기억할 수 있을 것이다. 그녀는 감정을 경감시키기 위해 맥주를 마시고 칼로 자신의 몸에 상처를 냈다. 그러나 그것을 위해 강렬한 수치심을 대가로 지불했다. 라우라는 자신이 스스로 지각한 허물의 감옥에서 살았다. 그녀는 자신을 마치 손상된 물건, 사랑받을 수 없고 연결되지 않은 것으로 느꼈다. 라우라가 자살충동을 느끼는 것은 그녀가 용납하거나 인정하거나 또는 파기할 수 없는 감정과 욕구를 가진 자신에 대한 분노에서 기인했다. 이러한 측면에서 그녀는 로빈과 유사하다.

칼은 청년기가 끝나 갈 때 목숨을 끊으려는 계획을 가지고 있었다. 거창한 방법으로 죽으려는 생각은 그를 편안하게 했다. 그 이유는 주변 사람들이 드디어 그가 영원히 그들에게 말로 전할 수 없는 자신의 아픔에 대해서 알 수 있게 될 것이라고 생각했기 때문이다. 칼이 감정을 극복했을 때, 그는 이 거대한 탈출 판타지를 자신을 달래기 위해 사용하였다.

나는 정서적으로 방치된 이 네 사람이 자살충동을 행동으로 옮길 위험에 노출되어 있었다고 믿는다. 만약 그들이 제 시간에 치료에 들어가지 않았더라면, 그들 각자는 실제 자신을 해치려고 하였을 것이다. 다음은 이 네 사람과 로빈에게서 공통적으로 나타나는 몇 가지 요인이다.

- 공허감과 무감각
- 조용히 괴로움을 가지는 것
- 자신의 삶에 대해서 질문하는 것(삶의 포인트는 무엇인가?)

• 탈출 판타지

데이비드, 라우라, 로빈 그리고 칼 모두가 애정이 있고 선의의
의도를 가진 부모를 가지고 있었다는 것에 주목하는 것이 중요하
다. 그들 모두는 편안한 중산층 그리고 잘 돌보는 가정에서 성장했
다. 아무도 학대받지 않았으며, 그들 모두 행복한 어린 시절의 추
억을 가지고 있었다. 그런데 이들 모두에게 한 가지 진짜로 심각하
게 잘못된 것이 있었으며, 그것은 보이지 않았다. 그것은 지각되지
않는 어떤 것으로, 무엇인가 **빠진** 것인데, 가족 안이든 밖이든 누
구도 볼 수 없었다.

정서적으로 방치된 사람들은 무감각과 고통을 비밀리에 가지고
있다. 다른 모든 감정과 같이, 그것은 아무하고도 나눌 수 없다. 시
간이 지난 후 당신은 이것이 어떤 사람에게도 피해가 미칠 수 있다
고 상상할 수 있을 것이다. 강 유역에 홍수가 난 것처럼 그것은 서
서히 한 개인의 존재 기반을 침식해 나간다. 그들의 에너지, 동기,
자아존중감 그리고 삶에 대한 참여를 침식한다.

제3부

탱크를 채우는

5 변화는
어떻게 일어나는가

먼저 누락된 것을 바로잡으려는 시도를 시작하고, 변화를 생각하기 위해 잠시 시간을 가지는 것이 중요하다. 그것은 어떻게 일어나며, 어떻게 일어나지 않는가? 무엇이 방해가 되는가? 그리고 당신이 원하는 대로 되지 않으면 어떻게 해야 하는가(가끔 그러는 것처럼)?

당신은 다음 장들에서 변화를 보게 될 것이다. 여기에는 다수의 **변화 기록지(Change Sheets)**가 포함되어 있다. 당신은 기록지의 빈 공간을 채우면서 당신이 **정서적 방치**로 발달시켰을지 모르는 습관을 찾아볼 수 있다. 이 **변화 기록지들**은 절대로 변화가 하나의 시트처럼 일차원적이라고 암시하는 것이 아니다. 당신은 책을 읽어나가면서 변화 기록지들이 당신이 직면하고 있으며 깊게 유지되어 있는 복잡한 개인적 투쟁에 일률적으로 접근하는 방식이라고 느낄 수 있다.

나는 공장에서 생산하는 것 같은 일률적인 접근을 사용하는 것이 **아니다**. 이러한 접근은 아무런 변화도 일으키지 않을 것이며, 오히려 당신의 정서적 방치를 좀 더 진전시킬 것이다. 이것은 좀처럼 내가 하고 싶은 일은 아니다. 당신은 '**탱크를 채우는(Filling the Tank)**' 것에 관한 나머지 장을 읽어 가면서, 당신이 여러 가지를 골고루 선택할 수 있는 뷔페식 접근법을 사용할 수 있도록 내가 의도했다는 것을 알기 바란다. **연습지(Practice Sheets)**들을 선택하여, **당신에게** 적용되는 기술과 제안을 **당신에게** 도움이 될 것 같은 방식으로 맞추라.

동시에 성공적인 변화의 방법을 얻는 가장 강력한 요인들의 일부에 대해서 말해 보자. 변화를 만드는 것을 시작하면서 그것을 이해하고 기억하는 것은 그것이 나타날 때 빨리 볼 수 있게 도움이 될 것이다.

1) 성공적인 변화 과정을 방해하는 요인

⑴ 거짓 기대

① **변화는 일직선이다.** 일단 당신이 변화를 위한 작업을 시작하면, 시간이 지남에 따라 점점 더 좋아지면서 점차적인 성공적 변화의 결과를 기대하는 것이 자연스럽다. 한 번에 한 걸음씩, 위로 꾸준하게 전진하면서 계단을 올라가는 것을 떠올려 보라. 그런데 대부분의 진짜 변화는 전혀 그런 식으로 진행되지 않는다. 그보다는

앞으로 두 걸음을 가면, 뒤로 한 걸음 가는 식으로 간헐적으로 일어난다. 진짜 열쇠는 앞을 향한 다른 걸음을 뗄 때까지 오로지 뒤를 향한 걸음을 꾸준하고 끈기 있게 유지하는 것이다.

② **차질은 실패이다.** 차질이 하나 생길 때 실패한 것처럼 느끼는 것은 실패의 위험에 대한 감정이 쉽게 자기분노로 변하기 때문이다. 자기분노는 전진의 적이다. 그것은 쉽게 당신을 경기장 밖으로 보내거나 퇴보하게 한다.

③ **경기장 밖으로 나가게 되면 포기할 수도 있다.** 경기장 밖으로 나가는 것은 변화를 경험하는 하나의 과정 속에 포함되어 있다. 만약 당신이 더 잘 먹기, 운동, 또는 어떤 오래된 행동이나 습관에서의 변화를 시도하고 있다면, 당신은 한 번 이상 방향을 잃을 수 있는 가능성이 높다. 만약에 방향을 잃는다 해도 절대적으로 문제가 되지 않는다. 그것은 당신의 궁극적 성공에 중요하지 않다. 당신이 포기하지만 않는다면 말이다.

(2) 회피

변화는 다양한 수준에서 어렵다. 첫째, 당신은 무엇인가 이질적이라 느끼는 일을 자발적으로 해야 한다. 둘째, 당신은 어렵다고 생각하는 무언가를 스스로 해야 한다. 셋째, 당신은 앞에서 기술한 것처럼 끈기 있게 지속해야 한다. 넷째, 변화를 만드는 것은 많은 일을 요구한다.

이 네 가지 도전에 대한 자연스러운 반응은 회피이다. "그것들 모두를 맡는 것이 꽤 힘들지 않겠어요? 단순히 그것을 뇌리에서 꺼내고 싸워 나가는 것을 걱정하지 않는 것이 더 편하지 않을까요?

당연히 그럴 거예요!" 그러나 자기분노처럼 회피는 전진의 적이다. 회피는 사막의 오아시스처럼 당신에게 손짓할 것이다. 그러나 그것은 당신을 몹시 목마른 채로 놔두고 떠날 것이다.

회피하는 쪽으로 자연스럽게 생각이 쏠리는 것을 극복하기 위한 단 한 가지 방법은 직면하는 것이다. 회피가 시작되는 순간들을 포착하라. 그리고 돌아서서 그것에 도전하라. 그것은 당신을 아무 곳에도 가지 못하는 일방통행로로 데려갈 것이라는 것을 스스로에게 상기시키라. 모든 가치 있는 것은 노력을 요구한다는 것을 당신 스스로에게 상기시키라. 그리고 당신의 변화 기록지를 꺼내서 시작하라.

⑶ 불편함

변화는 매우 두려운 일일 수 있다. 오래된 자기의 모습과 다르게 느껴지기 시작하면, 또는 당신이 만든 변화 때문에 사람들이 당신을 낯설게 대하기 시작하면, 당신은 다른 세계에서 살고 있는 것처럼 느낄 수 있다. 어떻게 행동해야 하고, 어떻게 반응해야 하는지를 알기 어렵다. 갑자기 상황이 이전과는 달리 불안하게 느껴진다.

내 경험으로는, 대부분의 사람은 그들의 불편함을 인식하지 못한다. 그러나 그들은 불편함을 느끼며, 그래서 자연적으로 그들의 변화로부터 물러나고, 그들이 있던 곳으로 돌아가고 싶어 한다. 이것은 완전히 자연스러운 감정이고 정상적인 반응이다. 그러나 그것은 앞에서 우리가 이야기한 어떤 요인들만큼이나 위험하다. 그것은 당신을 원점으로 되돌려 보낸다. 예를 들면, 많은 사람이 그들의 몸무게가 약간 줄어들면 갑자기 다르게 느낀다. 설사 그것이 더 좋더라도 이상하게 느껴지며 불편하다. 그래서 더 분발하지 않고 노력은 사라진다. 이것이 당신에게 쉽게 일어날 수 있다는 것을 알고 있으라. 그것을 관찰하라. 그것이 정상적이지만 파괴적이라는 것을 인식하라. 그것이 당신을 끌어내리도록 놔두지 말라. 오로지 계속해 나아가라.

6 감정은 왜 중요하며, 어떻게 다루어야 하나

"우리 중 많은 사람이 자신을 '감정을 느끼고 사고하는 존재'라 생각함에도 불구하고, 생물학적으로는 '사고하는 감정을 느끼는 존재'이다."
—Jill Bolte Taylor 박사, 신경과학자

1) 당신의 감정에 대한 목적과 가치를 이해하기

우리 사회에서는 감정을 저평가한다. 감정은 흔히 하나의 골칫거리로 보인다. 흔히 감정을 표현하는 단어들은 '바보 같은' '지저분한' 또는 '몹시 감상적인' 것 같은 것이다. 감정은 흔히 유치하고, 여성적이고, 또는 연약한 것으로 생각된다. 감정은 사고의 반대로 여겨졌다. 우리는 똑똑한 사람은 감정적인 사람이 아닐 것이며, 감정적인 사람은 똑똑하지 못할 것이라고 가정한다. 하지만 현실에서 가장 똑똑한 사람들은 자신의 감정을 생각하는 것을 돕는 데 사용하며, 생각은 감정을 다스릴 때 사용한다. 핵심은 감정을 건강하고 균형적인 방식으로 사용하는 것이다. 당신의 감정이 당신에게 무엇을 말하는지 경청하라. 그러고 나서 당신의 형편, 당신의 삶, 또는 주변 세상을 더 좋게 하기 위해서 그것을 넘어 행동하기 위한 방식을 생각해 보라. 가장 가치 있는 과학적 발견으로 많은 것이 만들어졌는데, 이는 한 과학자가 자신의 주제에 대해서 열정적이었기 때문이었다. 과학자의 열정은 비탄에 의해서 투지가 넘칠 수 있다. 예를 들면, 고통받고 있는 사랑하는 사람을 돕기 위해 방법을 발견하려는 소망으로 투지가 넘치는 것이다. 그러나 가장 성공적인 사람들은 감정에 의해서 투지가 넘친다.

신경과학자들은 인간 뇌의 진화적 발달을 광범위하게 연구했다. 인간은 감정을 느끼는 능력이 생각하기 위한 능력보다 수억만 년 전에 진화했다. 인간의 감정은 대뇌피질 밑에 깊게 파묻혀 있으며, 뇌의 한 영역으로 사고가 유래된 곳인 변연계에서 비롯되었다. 이렇게 우리의 감정은 사고보다 더 우리의 기본적 부분을 이루고 있다. 그것은 손톱이나 무릎처럼 우리 몸의 한 생리적 부분이다. 우리가 배고픔이나 갈증을 거부하거나 신체의 일부인 팔꿈치나 귓불을 없앨 수 없는 것처럼 우리의 감정은 지워질 수 없으며 부인될 수 없다.

왜 감정은 맨 먼저 진화했는가? 어떤 때는 특별히 정서적으로 방치된 사람에게 감정은 짐처럼 느껴진다. 친구와 갈등이 있어도 슬프게 느껴지지 않고, 어떤 사람이 교통 체증 가운데 우리를 가로질러 가더라도 화가 나지 않으며, 직장 면접 전에 불안을 느끼지 않는다면 더 좋지 않을까? 얼핏 보기에는 혹시라도 우리가 이러한 감정을 느끼지 않는다면 살아가기 더 쉬울 것으로 보일 것이다. 그러나 나의 신념에 따르면 **만약 우리가 감정을 가지고 있지 않았다면, 삶은 더 좋지는 않았을 것이다. 사실, 그것은 지속 가능한 것이 아니다.**

　감정은 생존하기 위해 필요하다. 감정은 우리에게 말한다. 언제 우리가 위험한지, 언제 뛰어가야 하는지, 언제 싸우며 무엇을 위해서 싸우는 것이 가치 있는 것인지. 감정은 몸의 방식으로 우리와 의사소통하고 우리가 일을 할 수 있도록 우리를 동기화한다. 다음은 일부 감정이 가진 목적의 예이다.

감정	기능
무서움	우리로 하여금 도망가게 한다./자기보존
분노	우리를 반격하도록 한다./자기보호
사랑	우리로 하여금 배우자, 자녀, 타인을 돌보도록 동기화한다.
열정	우리로 하여금 출산하게 하며, 창조하고, 발명하게 한다.
상처	우리가 상황을 고치도록 만든다.
슬픔	우리가 무언가 중요한 것을 상실하고 있다고 말해 준다.
연민	우리가 다른 사람들을 돕도록 만든다.
혐오	어떤 것을 회피하도록 우리에게 말해 준다.
호기심	우리로 하여금 탐색하고 배울 수 있도록 동기화한다.

당신은 모든 감정에는 목적이 있으며, 감정은 우리가 적응하고,

생존하고, 번창하는 데 도움을 주는 믿을 수 없을 정도로 유익한 도구라고 생각할 수 있다. 정서적으로 방치되었던 사람들은 감정을 지우고, 부인하고, 밀어내는 데에만 훈련이 되어 있다. 그리고 어떤 경우에는 이 귀중한 피드백으로 형성된 감정에 대해 수치심을 가질 수 있다. 그들은 자신의 감정을 경청하지 않기 때문에 우리 중에서 가장 불리한 조건에서 작동하고 있다. 이처럼 정보의 중요한 원천을 배제하는 것은 당신을 취약하고 덜 생산적이게 만든다. 또한 그로 인해 당신의 삶은 풍성하기 어려워진다.

감정은 우리가 어떠한 일들을 하도록 동기화하는 것 이상을 할 수 있다. 그것은 또한 삶을 더 가치 있게 만드는 깊이와 풍부함을 제공하는 인간관계를 충족시킨다. 바로 이 깊이와 풍부함이 '삶의 의미는 무엇인가?'라는 질문에 가장 좋은 답을 제공한다고 나는 믿는다. 다른 사람들과의 정서적 연결은 우리로 하여금 실존적 불안뿐만 아니라 공허감을 떨쳐 내는 데 도움을 준다.

2) 당신의 감정을 확인하고 명명하기

제2장에서 감정표현불능증의 사례로 소개한 칼을 기억해 보라. 칼의 문제 가운데 상당 부분은 그가 자신에게 감정이 존재한다는 것을 전혀 알아차리지 못한 것에서 비롯되었다. 이것은 정서적으로 방치된 모든 사람에게 어느 정도 해당한다(항상 그렇게 심각한 정도는 아니라 해도). 칼의 구별되지 않은, 분노와 짜증으로 나타나는 내면화된 감정이 그의 내면에 곪아 있었다.

감정은 밑바닥으로 밀어내지거나 무시되면 다양한 결과를 불러일으킨다. 그러한 결과들은 다음과 같다.

- G.I(Government Issue-미국 병사)의 괴로움, 두통 또는 등 통증과 같은 신체적 증상이 된다.
- 식욕, 수면, 기억, 집중, 또는 사회적 철수 같은 문제를 일으키면서 우울증으로 변한다.
- 에너지를 소모시킨다.
- 아무 때나 당신이 아무것도 아닌 것으로 폭발하거나 터지게 한다.
- 불안을 더 악화시키며 그리고/또는 공항 발작을 일으킨다.
- 당신의 관계성과 우정을 피상적으로 유지하며 깊이가 부족하다.
- 당신을 공허하게 그리고 성취하지 못한 것으로 느끼게 한다.
- 당신의 삶의 목적과 가치에 대해서 스스로 질문하게 한다.

이 중 하나라도 예방하기 위한 첫 번째 단계는 당신의 감정을 인식하고 그것을 단어로 표현하는 것이다. 감정을 말로 표현하는 것은 마술과 같은 일이다. "나는 슬퍼졌어." "나는 좌절했어." 또는 "당신이 그렇게 했을 때 나는 상처받았어." 당신이 자신이나 다른 사람에게 당신의 감정을 확인하고 명명할 때, 당신은 무엇인가를 내면으로부터 가져와서 밖으로 표현하는 것이다. 이 과정은 당신이 모르는 것을 알도록 해 준다. 당신은 그것을 담당하는 것이다. 그리고 당신은 삶을 위한 연료인 당신의 감정, 즉 가장 귀중한 자원을 만들어 내고 있는 것이다.

3) 자기 감정을 감시하는 것을 배우기

감정을 확인하고 단어로 명명하는 것은 하나의 기술이다. 다만, 다른 어떤 기술처럼 그것을 발달시키기 위해 많은 노력이 필요하다. 여기에서 우리는 당신이 그 기술에 능숙해질 수 있도록 도와주는 연습 한 가지를 배울 것이다. 처음 이 연습을 할 때는 방에 혼자 있어야 하며, 집중을 방해하는 모든 것에서 자유로워지는 것이 중요하다.

(1) 확인하고 명명하는 연습

① **단계 1**: 눈을 감으라. 모든 생각을 사라지게 만들고 마음에 빈 스크린을 상상하라. 모든 주의를 스크린에 두고, 주의를 내면으로 기울이라.
② **단계 2**: 자신에게 질문을 하라. "**나는 지금 무엇을 느끼고 있지?**"
③ **단계 3**: 당신의 내면의 경험에 초점을 맞추라. 떠오르는 여러 생각에 대해 알아차리고, 그것들을 빨리 지우라. 당신의 초점을 유지하라. "**지금 바로 나는 무엇을 느끼고 있는가?**"
④ **단계 4**: 감정을 표현하기 위해 감정 단어들을 확인하는 시도를 하라. 당신은 하나 이상의 단어가 필요할 수 있다.

⑤ **단계 5:** 만약에 당신이 어떤 감정을 확인하는 데 어려움이 있다면 이 책의 마지막 부록에서 감정 단어 목록을 훑어 보라. 그리고 당신 눈에 띄는 한 가지나 그 이상의 단어들이 있는지 찾아보라.

⑥ **단계 6:** 하나의 감정 단어가 당신이 가진 감정에 들어맞는다면, 당신은 왜 그것을 느끼는지 알아내려고 시도하는 다음 단계로 나아갈 준비가 되어 있다.

그러므로 지금 자신에게 물어보라. **"왜 나는 지금 _____을 느끼고 있지?"**

하나의 감정 뒤의 이유들을 정의하는 것은 매우 어려울 수 있다. 특히 정서적으로 방치된 사람에게는 더욱 어려울 수 있다. 감정에 대해서 자신에게 질문을 하는 것은 당신이 그것을 왜 느끼는지 이해하는 데 도움을 준다. 그러므로 당신이 어떻게 이것을 진행하는지 설명하기 위해 하나의 예를 들어 보자. 당신이 확인한 감정이 슬픔이라고 가정해 보라.

다시, 눈을 감고 주의를 내면으로 돌리고, 자신의 감정에 대한 이해를 발달시키기 위해 다음과 같은 질문을 최대한 많이 해 보라.

• **"나를 슬프게 만들 수 있는 그 무엇이 바로 지금 나의 삶에서 일어나고 있는가?"**

• **"최근에 나를 화나게 만드는 무엇인가가 일어났는가?"**

• **"최근의 사건들로 인해 어떤 슬프거나 문제시되었던 것이 과거로부터 다시 불려왔는가?"**

- "이 슬픔의 감정이 나에게 친숙한 것인가?"
- "이 슬픔을 전에도 자주 느꼈는가?"
- "만약 그렇다면 언제 그리고 왜 느꼈는가?"
- "이것은 내 밑바닥에 자리 잡고 있는 한 감정일까?"
- "만약 그렇다면, 과거의 어떤 일이 나에게 처음 이러한 감정을 야기했었는가?"

이 연습은 단순해 보일 수 있다. 그러나 쉽지 않다. 정서적으로 방치된 사람은 자기 자신을 마주하는 것에 대해 큰 어려움을 갖는다. 이것을 처음 시도하려 할 때 매우 어렵거나 불가능하게까지 보이더라도 당신은 계속 시도해야 한다. 어떤 사람은 요가나 명상 수업을 듣는 것이 아주 중요한 내면적 초점 기술을 터득하는 데 도움이 된다는 것을 발견했다. 당신은 뇌가 독창적이고 다양한 활동을 하도록 강하게 촉진한다. 설령 당신이 한 번에 성공하지 못할 때에도 매번 그것을 할 때마다 더 강해지고 점점 더 잘 수행할 수 있는 새로운 신경 연결망을 구축하는 것이다.

다음의 **감정 기록지(Feeling Sheet)에** 당신의 감정을 하루에 적어도 세 번 이상 기록하기 바란다. 점차 당신의 내면에 초점을 맞추기 위해서이다. 그래서 당신은 감정이 발생하는 대로 자연스럽게 조율할 것이다. 이 알아차림이 나타나기 시작하면, 당신은 드디어 감정이 자신에게 가져오는 모든 힘에 접근할 수 있을 것이다. 그리고 파괴적이고 그것들을 억제하기 위한 부담스러운 노동에서 해방될 것이다.

감정 기록지(Feelings Sheet)

* 당신의 감정을 하루에 3번씩 기록하시오. 자료들(Resources)에 있는 감정 목록을 참고하시오.

일	아침	
	점심	
	저녁	
월	아침	
	점심	
	저녁	
화	아침	
	점심	
	저녁	
수	아침	
	점심	
	저녁	
목	아침	
	점심	
	저녁	
금	아침	
	점심	
	저녁	
토	아침	
	점심	
	저녁	

이 감정 기록지를 당신의 욕구에 맞추어야 함을 확실히 기억하라. 내가 전에 말한 것처럼 이것은 쿠키 틀과 같은 접근법이 아니다. 만약 계속 그렇게 하는 것이 어렵다면 혹은 당신이 그것을 충분히 하지 못해 두렵다면, 제5장 '**변화는 어떻게 일어나는가**'로 되돌아가서 읽기 바란다.

지금 당신은 감정을 가지고 있으니, 그것을 가지고 무엇을 해야 하는지 배울 준비가 되어 있는 것이다.

4) 당신 자신의 감정을 수용하고 신뢰하기

만약 당신이 정서적으로 방치되어 있었다면, 자신의 감정을 수용하고 믿는 것이 어려울 때가 더 많을 것이다. 정서적으로 방치된 사람 중 일부는 감정의 존재에 대해 전혀 알지 못한다(칼처럼). 어떤 사람들은 자신의 감정을 밀어내는데, 이는 감정은 나쁘고 다른 사람들에게 부담을 주며 혹은 그들을 나쁜 사람이 되게 만든다는 관점이 깊게 자리 잡고 있기 때문이다. 다음의 세 가지 규칙을 기억하라.

(1) 나쁜 감정이란 없다

감정 자체는 좋거나 나쁘거나, 옳거나 틀리거나, 도덕적이거나 비도덕적이지 않다. 모든 인간은 한 번쯤은 격노, 질투, 증오, 파괴성, 우월감 같은 것을 느꼈을 것이다. 대부분의 사람은 살인 감정까지도 가지고 있다. 이런 감정 자체는 나쁘지 않다. 그리고 우리를 나쁜 사람으로 만들지 않는다. 우리가 감정을 가지고 무엇을 하는가가 중요하다. 당신의 감정으로 당신 자신을 판단하지 말라. 당신의 행동에 대해 판단하라.

⑵ 감정은 항상 합리적 감각을 만들지는 않는다. 그러나 그것들은 항상 좋은 이유로 존재한다

감정은 논리의 원칙을 따르지 않는다. 그것은 설명할 수 없으며 예측할 수 없는 것처럼 보일 수 있다. 그러나 **모든** 감정은 당신이 충분히 열심히 노력하면 설명할 수 있다. 모든 감정을 통해 우리의 몸이 우리에게 메시지를 전달한다. 그것들이 아주 이상하게 보이더라도 상관없다. 한 예로, 현재 40대 비즈니스 남성이지만 어린 시절 어떠한 훈육도 받지 못했던 데이비드의 사례로 돌아가자. 데이비드는 가끔 어떤 사람이 식당에서 음식을 먹고 있는 것을 보았을 때 견딜 수 없는 혐오감과 반발심을 느낀 적이 있다고 하였다. 그는 이 감정으로 혼란스러웠으며, '내가 이상한 것은 아닐까?'라는 생각이 들어 걱정한 적이 있다고 내게 이야기한 바 있다. 결국 그의 **정서적 방치**에 대한 많은 탐색을 통하여, 우리는 그 이유를 알아낼 수 있었다. 데이비드의 변연계에서는 그 자신도 모르게 식욕, 음식 섭취가 양육(nurturance)과 같은 것이 되어 있었다. 데이비드는 음식에서 즐거움을 얻지 못했다. 그는 정서적인 양육뿐만 아니라 영양적 양육(nutritional nurturance)도 즐기는 데 큰 어려움을 겪었다. 무의식적으로 그는 누군가 경계심을 내려놓고, 자신에 대한 돌봄을 즐기는 것을 보았을 때 혐오감을 느꼈다. 이것은 하나의 감정이 표면상 비합리적이고 의미 없어 보이는 한 예이다. 그러나 실제로는 꽤 의미 있고, 아주 합당한 이유로 존재했다.

(3) 감정은 매우 강력할 수 있으나 다스릴 수 있다

숨어 있는 감정은 우리에게 큰 힘을 가지는 경향이 있다. 우리가 감정에 대해서 알아차렸을 때, 우리는 그것을 돌볼 수 있다. 데이비드는 자신이 강한 혐오감에 휘말리는 것을 느꼈다. 때로는 그러한 감정을 회피하기 위해 식당에 가려고 하지 않았다. 그가 감정의 원천을 알고 그러한 감정을 갖는 것에 대해 스스로를 판단하지 않음으로써 자신의 감정에 대하여 완전한 인식과 수용의 순간에 들어갔다. 그는 맞서 싸우기 시작했고, 혐오감은 그 힘을 잃어 버렸다. 궁극적으로 그것은 완전히 사라졌다.

IAAA 단계

IAAA는 **Identify**(확인하라), **Accept**(수용하라), **Attribute**(귀인하라), **Act**(행동하라)를 나타낸다. 이 단계들은 앞에 나온 세 가지 규칙의 최고점이다. 이들은 우리 감정의 가치를 최대화하는 네 단계로, 감정으로부터 에너지를 얻으며 안내를 받는다. 첫째, 감정을 **확인하라**. 둘째, 그것을 **수용하라**. 그것이 나쁜 것인지 좋은 것인지 판단하지 말라. 셋째, 그 감정을 가지고 있는 이유를 분별하거나 그것을 하나의 원인에 **귀인하라**. 넷째, 감정이 불러오는 **행동**이 존재하는지 확인하라. 만약 그렇다면 그것을 적절하게 받아들이라.

바로 지금 당신은 무엇을 느끼는가? 눈을 감고, 당신 자신에게 질문을 해 보라. 만약 답이 '취약함'이라도 절망하지 말라. 당신의 감정과 친구가 되는 과정은 복잡하게 보일 것이다. 혹은 넘어설 수 없는 것으로까지 보일 수도 있다. 그러나 당신은 그것을 할 수 있다. 그렇다. 그것은 시간이 걸린다. 그러나 계속 그 작업을 하면, 자신에게 일어난 작은 변화를 인식하기 시작할 것이다. 그 변화는 미묘할 수 있으며 처음 보기에는 중요하지 않게 보일 수 있다. 그러나 매번 하나의 정서적 인식을 갖게 된다면 바로 그것이 당신에게 새로운 것이다. 이것이 당신이 성장하고 배운다는 신호이다. 만약에 당신이 당신 자체가 너무 많이 투쟁하고 있음을 발견하거나 혹은 단념하기 직전에 있다면, 나는 당신이 당신을 도와줄 치료자를 찾을 것을 권한다. 능숙한 치료자는 당신이 이러한 기술들을 터득하도록 도울 것이다. 따라서 당신은 완전히 연결되고, 존재하고, 살아 있을 수 있다.

5) 효율적으로 감정을 표현하는 것을 배우기

기억하라, 감정 자체는 나쁘지 않다는 것을. 중요한 것은 그것으로 우리가 뭘 하느냐는 것이다. 우리의 감정의 힘을 동력화하여 사용하는 매우 효율적인 방법은 그것을 적절하게 표현하는 것이다. 그것은 수동적으로 하는 것을 의미하지 않는다. 공격적으로도 아니다. 그러나 **자기주장적이며 연민**을 가지고 하는 것이다. 자기주장적(assertive)이라는 단어는 많은 비즈니스 훈련과 세미나에서 논의되고 있다. 이 단어는 하나의 특별한 의미를 가지고 있다. 당신이 어떤 것을 단호하게 표현하고자 한다면 그것을 다른 사람이 받아들일 수 있는 식으로 표현하라는 것이다. 아주 진짜 단언적이 되기 위해 당신은 동정심과 공감이 있어야 한다. 이는 당신이 말하고자 하는 것이 다른 사람에게 어떻게 영향을 줄 수 있는지 알아차리는 것을 의미한다.

당신이 감정을 확인하고 명명하는 연습에서의 모든 단계를 아주 열심히 했다고 치자. 그리고 당신은 자신이 언제 화가 나는지 더 잘 알아 가고 있다. 어느 날, 당신이 영화관에서 줄을 서서 기다리고 있는데 한 남자가 바로 당신 앞에서 새치기를 했다. 이 상황을 단호하게 다루기 위해, 당신은 분노를 가슴속에 묻어 두지 않을 것이다. 당신은 그것을 단지 친구에게 속삭이지 않을 것이다. 당신은 그 남자에게 소리치거나 그를 됨됨이가 변변하지 못한 사람이라고 부르지도 않을 것이다(비록 당신이 원한다 해도). 대신 당신은 그의 어깨를 칠 것이다. 그를 당황스럽게 할 수 있음을 마음에 두고(연민과 함께) 그리고 조용히 그러나 단호하게, "실례합니다, 선생님. 줄의 맨 끝은 저 뒤에 있습니다." 바라건대, 그는 멋쩍어 보일 것이며 그가 가야 할 자리로 갈 것이다. 그러나 당연히 그가 그렇게 하지 않을 가능성도 있다. 여기서 중요한 점은 자신의 감정이 당신을 내면으로부터 갉아먹도록 억누르는 대신에 자신을 표현하는 것이다. 당신이 다른 사람의 반응을 통제하지 못함에도, 당신이 자기주장적이라면 그가 하든지 하지 않든지 상관없이 당신은 해야 할 행동을 함으로써 더 좋게 느낄 것이다. 그리고 당신의 분노는 나중에 두통이나 등 통증을 일으키게 만들도록 억압되지 않을 것이다.

또 다른 예를 보자. 금요일이라고 하자. 당신은 오늘 저녁 친구 베치와의 약속을 기대하고 있었다. 그런데 직장에서 떠나기 직전 상사가 당신을 사무실로 불러서는 당신이 처리한 고객 바콘과 관련된 일에 실망했다고 말했다. 그녀는 당신이 그 일을 보강해야 한다고 말하며, 그렇지 않으면 고객을 담당하는 일에서 빼겠다고 했다. 당신에게 이 모든 부정적인 피드백을 쌓아 놓은 다음, 그녀는 주말을 '즐기라고' 말하고 당신을 내보낸다. 당신의 기분은 막 받은 예상치 못한 독설로 인해 급락했다. 당신은 어두운 기분으로 베치를 만나러 간다.

이 상황에서 당신은 선택을 해야 한다. 선택 1은 당황한 나머지 또는 그냥 그 일을 잊어버리고 저녁을 즐기기 위해서 베치한테 그 사건에 대해서 이야기를 하지 않는 것이다. 선택 2는 무엇이 일어났는지를 베치에게 말하는 것이다.

당신이 1을 선택한다면, 그것은 역효과를 낳을 것이다. 베치에게 화가 난 당신의 감정을 숨기지 못할 것이고, 그녀는 아마 저녁의 많은 시간을 당신이 평소와는 달리 즐거운 모습이 아닌 것에 의아해하면서 보낼 것이다. 당신은 결국 과음하거나 침울해 보이거나, 어떤 식으로든 그녀에게 화풀이를 할 수도 있다.

당신이 2를 선택한다면, 어떻게 진행될 것인가. 다음은 이에 대한 기술이다.

"베치, 오늘 우리가 같이 저녁을 먹을 수 있어서 참 기뻐. 난 정말 기분 전환이 필요했거든. 나는 정말 화가 났어. 오늘 회사에서 무슨 일이 있었는지 너는 믿지 못할 거야. 나는 오해받았고, 인정받지 못했고, 그래서 화가 났어." 베치에게 그 이야기를 하고 그에 대해서 어떻게 느끼는지를 말한다. 그녀가 가능한 몇 가지 해석을 제공할 수 있도록, 당신에게 어떠한 위안을 주도록, 또는 그냥 경청하도록 허락한다. 당신이 이 대화를 한 후에, 베치는 당신에게 친구로서 더 가깝게 느낄 것이다. 분노는 당신의 가슴에서 뽑혀 있을 것이며, 당신은 그것을 내려놓고 더 좋은 저녁을 즐길 수 있을 것이다.

여기에서 매우 중요한 요소를 주목하라. 베치는 당신의 문제를 해결해 주지 않았다. 그녀는 단순히 경청했다. 더 좋은 감정과 더 좋은 대처를 할 수 있었던 비결은 말로 당신의 감정을 표현하고 그것을 나눈 것이다. 당신이 이 비결을 경험한 적이 전혀 없다면, 그것을 시도하는 것이 매우 중요하다. 친구 또는 가족에게 이를 시도하는 것이 너무 어렵다면, 치료 전문가나 상담자를 만나라. 그들은 이 과정을 당신이 배울 수 있도록 도와주기 위해 훈련된 사람들이다.
앞서 기술한 모든 원칙은 자신 없음, 불만족, 배신감 같은 모든 감정에 적용된다. 한번 확인하고, 수용하고, 귀인하면 당신은 행동할 수 있다. 당신은 감정에 단어를 적용할 수 있다. 가장 좋은 방법은 단순히 스스로 그것을 표현하는 것이다. 어떤 때는 직접 연루되지 않은 제삼자에게 말을 하는 것도 좋다. 또 어떤 때는 연루된 사람에게 직접적으로 당신의 감정을 표현하는 것이 필요할 때도 있다. 이렇게 하는 것이 바로 자기주장적이 되는 것이다.
자기주장에 대한 좋은 책이 많다. 부록에 자신의 감정을 자기주장적이며 연민 어린 방식으로 표현하도록 도움을 줄 책들이 제시되어 있다.

6) 관계에서의 감정을 인식하고, 이해하고, 소중히 여기기

　정서적으로 방치되어 성장한 사람들은 다른 사람들과 관계를 맺을 때 감정에 대하여 그릇된 신념을 갖는 경향이 있다. 여기에 하나의 좋은 예가 있다.

- 당신의 감정이나 문제를 다른 사람하고 나누는 것은 상대방을 부담스럽게 만드는 것이다.
- 당신의 감정이나 문제를 다른 사람하고 나누는 것은 상대방을 멀리 쫓아내는 것이다.
- 만약 당신이 다른 사람으로 하여금 당신이 어떻게 느끼는지를 알게 한다면, 상대방은 당신과의 관계에서 그것을 이용할 것이다.
- 당신의 감정을 다른 사람과 나누는 것은 당신을 약해 보이게 만들 것이다.
- 다른 사람에게 당신의 약함을 보인다면 당신이 불리해진다.
- 당신이 좋은 관계를 가지기 원한다면 가장 좋은 방법은 싸우지 않는 것이다.
- 문제에 대해서 말하는 것은 도움이 되지 않는다. 오로지 행동만이 문제를 해결한다.

　다행히도 이러한 신념 중 그 어느 것도 진실이 아니다. 사실은 전부가 크게 잘못된 생각이다(단, 하나 예외를 들자면 아무런 아이디어가 없기 때문에 어떻게 반응할지 모르는 정서적으로 방치된 사람과 당신의 감정을 나누는 것이다). 당신이 성장 과정에서 자신의 감정은 자신이 책임져야 한다는 일관된 직간접적 메시지를 받았다면, 자신의 감정이 다른 사람들에게 부담이 되고 원치 않는 것이라고 가정하는 것이 자연스럽다. 이 절은 이러한 가정을 극복하는 것에 대한 것이다. 당신이 그것을 극복하지 못한다면, 당신 삶의 모든 영역에서 만나게 되는 다른 사람과의 관계가 진전되기는 어려울 것이다.

먼저, 다음의 것에 대해서 말해 보자.

(1) 우정

상사에게 비판을 듣고 나서 베치랑 저녁을 먹은 이야기를 읽고, 당신은 베치와 이야기함으로써 상황이 긍정적으로 변할 것이라고 받아들이기 어렵다고 생각했는가? 만약 당신이 실제 그런 상황에 있었다면, 당신은 앞서 제시한 일곱 가지 신념(혹은 제시되어 있지 않은 당신의 신념 중 일부)에 의거해서 당신의 문제를 자신에게 담아둘 것인가? 만약 그렇다면 진짜 진실을 배우는 단 하나의 방식이 있다. 그것은 바로 내가 이름 붙인 다음의 것을 시도하는 것이다.

① 조지 코스탄자 실험(The George Costanza Experiment)

〈사인필드(Seinfeld)〉는 1990년대에 TV에서 인기 있는 시트콤이었다. 한 에피소드에서 전형적 실패자였던 조지 코스탄자(George Costanza)는 일주일 내내 그가 자연스럽게 하는 것들과 반대로 하기로 결정했다. 어떤 매력적인 여성이 그에게 어디서 사는지 물어보았을 때, 그가 성공한 사람이라고 암시하기 위해 난해한 대답을 하는 대신에, 그는 "나는 직장이 없고 퀸즈에서 부모님과 함께 살고 있어요."라고 솔직하게 대답했다. 이것은 당연히 재미있었다. 그러나 그것은 조지에게 완전히 새로운 세계를 열어 주었다. 그는 데이트를 했고, 얼마 동안 다른 긍정적인 이득을 얻게 되었다.

우리의 목표를 위해, 조지 코스탄자 실험은 감정을 나누는 기회가 된다면 당신이 평소와 반대로 행동하기를 권한다. 예를 들면, 베치한테 당신의 문제를 말함으로써 당신이 자신의 감정을 다스리는 데 도움을 주는지, 혹은 그녀가 당신에게 당신의 문제를 악용하는지 보기 위한 것이다. 그녀가 달아나는지, 그것 때문에 그녀가 부담을 느껴서 저녁 식사를 망치는지, 아니면 그녀가 당신에 대해 '연약하다'라는 새로운 견해를 가지게 되는지를 보기 위한 것이다. 그것은 다른 사람들이 당신의 감정을 보고 듣도록 하는 것과 그로 인해 당신에게 손해 혹은 도움을 가져오는지를 관찰하기 위한 것이다. 감정을 밀어서 제쳐 두는 대신, 그것이 당신의 우정에 파괴적인지 알아보기 위해 친구랑 함께 문제에 과감히 부딪치는 것을 의미할 수 있다.

모든 상황에서 항상 100퍼센트 안전한 것은 없다. 어떤 우정은 정서적 깊이를 형성하는 도전에서 생존할 능력이 없을 수도 있다. 어떤 사람은 어쨌거나 그러한 우정은 질이 좋지 않을 수도 있다고 주장할 수 있다. 그러므로 당신이 조지 코스탄자 실험에 자주 도전한다면, 나는 당신의 관계가 더 강하고 깊게 성장하고, 스스로 더 차분해지고, 더 현실에 기반을 둔다는 것을 알게 될 것이며, 다른 사람들은 당신을 약한 사람이 아닌 강한 사람으로 생각하게 될 것임을 확신한다.

정서적으로 방치된 사람은 좋은 경청자가 되려는 경향이 있다. 그러나 그들은 말하는 것을 잘하지 못하며, 특별히 자신에 대해서 그렇다. 이것은 그들을 삶의 생명을 유지하는 데 중요한 원천으로부터 단절시키는 것이기 때문이다. 정서적 연결은 인생의 본질이고, 삶을 가치 있게 만든다. 그것은 마치 예쁜 케이크에서의 설탕과 같다. 인류의 심장 박동이다.

이제 결혼에 대해서 말해 보자.

(2) 결혼

나는 지속적으로 부부상담을 해 왔는데, 그중 한 배우자가 관계에 대해 심한 불만족을 표현하였다. 그러나 그 이유를 설명하지는 못했다. 2장의 '성취/완벽에 초점이 맞추어진 부모'에서 제시한 트리쉬와 팀의 사례를 생각해 보자. 트리쉬는 말했다. "내가 그에게 말을 걸면, 그는 나를 막아 버려요. 나는 그가 비참하다는 걸 알고 있고 그를 도와주고 싶어요. 그런데 나는 그렇게 할 수 없어요." 이 불행한 배우자는 자주 말할 것이다. "그는 학대적이지 않아요. 그는 술을 마시지 않고 돈도 잘 벌어요. 그런데 나는 그와 함께 있을 때 행복하지가 않아요. 무엇인가 빠진 것 같아요." 어떤 사람들은 배우자가 그들에게 주는 것보다 더 많은 친밀감이 필요하다고 말할 수 있다. 그러나 배우자가 그것이 무엇을 의미하는지 질문하면, 그들은 대체적으로 정확한 답을 할 수 없다.

그들이 실제로 요구하는 것은 바로 배우자가 그들을 읽을 수 있으며, 그들이 배우자를 읽을 수 있는 것처럼 그들과 배우자가 서로의 감정을 자연스럽게 느끼는 정서적 연결에 대한 느낌이다. 정서적 연결은 삶의 요소이기 때문에, 그것은 관계를 유지하는 접촉제와 계속 탈 수 있게 해 주는 연료 모두의 특성을 가지고 있다. 싸움이 없는 관계는 쉬익~쉬익~ 하는 소리를 내다가 소멸할 것이다. 진정으로 정서적으로 연결된 부부는 그들이 상처를 받았을 때, 화가 날 때 서로에게 알려 준다. 그리고 필요할 때는 결판을 낸다. 이 취약성에 대한 열망은 열정이 살아 있게 하며, 치료자의 사무실이나 이혼 법정에 가는 것을 예방한다.

앞에서 읽은 우정에 대한 모든 것은 낭만적 관계에도 적용된다. 우정은 적어도 한동안은 공통적인 관심만으로도 유지된다. 하지만 낭만적인 관계는 정서적 연결보다 많은 것을 요구한다. 감정은 로맨스, 사랑 그리고 오래 지속되는 관계의 기초이다.

여기에 당신의 배우자와 정서적 연결을 할 수 있도록 도와줄 나의 제안이 있다.

① 확인하고 명명하는 연습문제를 매일 하라.
② IAAA 단계를 따라가라.
③ 배우자에게 자기주장과 연민을 사용하면서 공을 들이라.
④ 질문을 하라! 배우자에게 질문을 하고, 배우자의 답을 듣고 더 질문을 하라. 다음을 보라.

수평적 및 수직적 질문[1]

모든 질문이 같지는 않다. 어떤 질문은 다른 질문보다 더 힘이 있다. 정서적으로 더 조율된 사람은 자연적으로 어떻게 더 힘이 있는 질문을 하는지를 알고 있다. 그들은 무엇을 질문해야 할지를 알고 있다. 정서적으로 방치된 사람은 우리가 말한 이유 때문에 그들이 자신을 연마하지 않는 이상 대체적으로 이러한 기술을 가지고 있지 않다.

문제의 핵심 또는 사람을 파악하기 위한 한 가지 방법은 수평적인 질문과 함께 수직적인 질문을 연습하는 것이다. 수평적인 질문은 **정보**를 얻는 것에 목적이 있으며, 수직적인 질문은 **이해**에 목적이 있다. 예를 들면, 남편이 어머니를 만나러 갔다가 돌아왔는데 침울해 보인다. 자연스럽게 당신의 첫 번째 질문은, "만나고 온 건 어땠어요?"일 것이다. 그는 "좋았어."라고 대답할 것이다.

이 상황에서 **수평적 질문**의 예는 다음과 같을 것이다.

질문: 어머니는 어떠세요?

대답: 괜찮아.

질문: 오늘 밖에 나가셨어요?

대답: 오늘 가게에 갔어.

질문: 지난주에 내가 보냈던 수프를 좋아하셨어요?

대답: 그랬어.

질문: 괜찮아 보이세요?

---

1) Sharon Jacques, PhD. (2002). *Psychology Care Associates*. Couples Training Seminar.

대답: 그러신 것 같아.

질문: 아직도 우울해 보이세요?

대답: 언제나 조금은 우울해 있지.

질문: 내일 있을 수지의 춤 발표회에 대해서 말씀드렸어요?

대답: 응.

이 상호작용에서 수평적 질문을 통해 당신이 원하는 정보를 얻는 것에 주목하라. 당신은 시어머니가 괜찮다는 것을, 당신의 수프를 좋아했다는 것을, 다른 때보다 더 우울해하지 않았다는 것을, 그리고 수지의 춤 발표회에 대해서 알고 있다는 것을 찾아냈다. 수평적 질문은 정보를 수집하고 교환하는 데 매우 유익하다. 나는 그것이 사람들 간 대화의 90퍼센트 이상을 형성한다고 추정한다.

그러나 수평적 질문이 어긋나는 상황이 존재한다. 이 경우는 당신이 한 사람이나 그의 경험을 깊은 수준에서 이해하려고 할 때 또는 한 이슈를 더욱 깊이 탐구하고자 할 때이다. 남편이 어머니를 만나러 갔다가 돌아온 예로 되돌아가 보자. 그러나 이번에는 당신은 왜 그가 침울하게 보이는지 알기 원하며, 그 이유를 찾기 위해서 그에게 수직적 질문을 할 필요가 있을 것이다.

당신이 이 상황에서 어떻게 **수직적 질문**을 사용할지에 대한 예를 제시한다.

질문: 당신은 침울해 보여요. 어머니는 모든 것이 괜찮았어요?

대답: 내가 그래? 응, 어머니는 괜찮아.

질문: 당신은 최근 어머님을 뵙고 오면 항상 가라앉아 보여요. 무슨

일이 있나요?

대답: (잠시 멈춘 다음에, 생각하는 것처럼 보인다.) 내가 그래? 나
는 그런지 몰랐네.

질문: 어머님 말씀이 당신을 기분 나쁘게 했나요?

대답: 아니, 그렇게 생각하지 않아.

질문: 당신은 어머님을 뵈러 갈 때마다 당신을 침울하게 만드는 것
이 무엇이라고 생각해요?

대답: (잠깐 멈추고, 다시 생각한다.) 모르겠어. 어쩌면 그냥 어머니
가 너무 늙은 것을 보면서, 어머니가 얼마나 더 우리 곁에 살
아 계실지 확신이 서지 않아서, 그냥 어머니가 너무 연약해
보여서 그런 것 같아. 나는 어머니가 혼자 사는 것이 걱정돼.

수직적 질문은 매우 빠르게 남편이 자신과 그의 감정에 대해 더
깊게 생각하도록 도왔다. 그리고 그의 감정을 단어들로 표현해 당
신과 그것을 나누고 당신의 눈을 통해서 자신을 볼 수 있도록 도와
주었다. 지금 그의 감정이 틀에서 벗어나니 당신은 들을 수 있고,
그가 그것을 처리하는 것을 도와주고 그것을 이용할 수 있다. 어쩌
면 그의 감정은 그에게 지금 바로 어머니를 돌보기 위해서 더 많은
조치를 시작해야 하며, 그가 어머니를 잃을 수 있는 상황을 준비해
야 한다고 알려 주고 있다.

진정한 수직적 질문에서는 다른 사람의 답을 듣는 것이 필수적
이다. 당신의 다음 질문은 주의를 내면으로 이끌고 감정 안으로 깊
게 안내하도록 맞추어져 있다. 그것은 항상 돌봄과 연민을 가지고
해야 한다. 당신이 올바른 방법으로 질문하면, 그것은 문제의 핵심

과 사람을 파악하도록 도울 것이다.

　관계에서 감정을 인식하고, 이해하고, 평가하는 것은 정서적으로 방치되지 않았던 사람한테도 매우 어려운 일이다. 더욱이 당신 또는 당신의 파트너가 정서적으로 방치되었던 사람이었다면, 당신은 더 힘든 작업을 해야 할 것이며, 다양한 단계를 거쳐서 도움이 필요할 수 있다. Terrence Real의 훌륭한 책을 추천하고자 하니 **부록**을 참조하기 바란다. 이 책은 다양한 커플에게 정서적 연결을 이해하는 데 도움 줄 것이다.

　당신은 아마 도움을 요청하는 것에 그다지 관심이 없을지도 모른다. 그러나 나는 당신이 어려움에 봉착하거나 이러한 기술을 발달시키는 과정을 거치면서 막힐 때, 제7장에 나올 자기돌봄에서도 계속해서 한 전문가가 당신을 도울 수 있도록 허락하기를 바란다.

7 자기돌봄

정서적으로 방치된 사람들이 자신과 자신의 욕구들을 돌볼 때 실패하는 네 가지 주요 방식이 있다. 어려서 정서적으로 방치되었던 사람들은 그들의 욕구가 무엇인지 알지 못한다. 또한 정서적으로 방치된 사람에게 자신의 소망, 욕구 그리고 감정은 상관없는 것일 뿐만 아니라 보이지 않는다. 우리가 말하려는 네 가지 주요한 영역은 다음과 같다.

1) 1부: 자신을 양육하는 것을 배우기
2) 2부: 자기훈련을 향상시키기
3) 3부: 자기 달래기
4) 4부: 자신에게 연민을 갖기

어린 시절에 부모에게 **충분한** 양육과 훈련을 받은 사람은 이 네 가지 기술이 자연스럽게 따라오는 경향이 있다. 만약에 당신의 부모가 당신이 어린 시절 느꼈던 감정에 대해 **충분한** 연민과 공감이 있었다면, 당신은 성인이 된 자신에게도 같은 것을 가졌을 것이다. 만약 부모가 당신을 자녀로서 대할 때, 그들의 관계에서 **충분한** 밀접함과 돌봄, 수용이 있었다면, 당신은 아마 한 성인으로서 친밀한 관계를 위한 좋은 수용력을 가졌을 것이다.

당신이 정서적으로 방치되어 성장했을 때, 다른 사람들에게는 어느 정도 자연스럽게 따라오는 이러한 능력이 당신에게는 성인기에 발전시켜야 하는 기술이 된다. 하나의 기술을 발전시키는 것은 작업이 필요하다. 그것은 시간과 의식적인 노력이 요구된다. 이 장에서는 이러한 기술이 무엇인지, 그것이 의미하는 것과 그것을 자신을 위하여 어떻게 연마해야 하는지를 말할 것이다. 각각의 기술을 시도하려 하면 처음에는 낯설고 조심스러울 것이다. 핵심은 그것이 어떻게 느껴지든 그냥 그것을 해 나가는 것이다. 이번 과정은 당신에게 자신의 감정을 무시하라고 말하는 몇 안 되는 상황 중 하나일 뿐이다. 모든 기술의 발달은 끈기를 요구하며 그 끈기가 결실을 얻을 것이라는 것을 나는 약속한다.

이 장에서 기술들에 대해서 읽으면서, 당신은 내가 고안한 특별한 추적지인 **변화 기록지**(Change Sheet)라고 부르는 것을 볼 것이다. 변화 기록지를 사용하면서 당신이 이 기술 모두를 한꺼번에 작업하면 버거울 것이다. 그래서 나는 한 번에 하나의 기술을 숙달하기를 추천한다. 그리고 그것을 여기에 소개한 순서대로 하는 것이 좋다. 최대한으로 많이 하더라도 한 번에 두 개까지만 할 수 있다.

하나를 숙달하기 전에는 또 다른 것을 시작하지 말라. 그리고 그중에서 하나가 당신에게 적용되지 않는 것 같으면, 그것을 뛰어넘어 당신에게 더 맞아 보이는 것으로 옮겨 가라. 한 기술에 모든 노력을 투자하는 것이 다양한 기술을 너무 얄팍하게 익히는 것보다 더 좋다.

우리가 이 장에서 말하려고 하는 모든 기술은 숙달하기에 도전적인 것들이다. 많은 사람이 자신의 삶에서 여러 해 동안 자신을 통제하는 법을 터득하려고 애를 쓴다. **변화 기록지**를 사용하는 데 있어서 자신에게 충분한 시간, 이해 그리고 돌봄을 제공하는 것이 중요하다. 당신의 성취에 긍지를 가지라. 탈선을 하더라도 자신에게 화를 내지 말고 다시 자신을 궤도에 들어서게 하라.

필시, 당신은 이 장을 거쳐 **변화 기록지**를 사용하면서 어느 정도의 도움이 필요할 것이다. 이 과정 내내, 진행에 도움을 받기 위해 바라건대 나의 웹사이트인 www.drjonicewebb.com을 이용하기 바란다.

1) 자기돌봄 1부: 자신을 양육하는 것을 배우기

이것이 정확히 무슨 의미인지 의아해할 수 있다. 양육(nurturance)이라는 단어는 다양한 의미를 가지고 있다. 여기에서는 자기양육에 대한 것이며, 이는 자신이 건강하고 삶을 즐기도록 돕는 데 필요한 단계에 대해서 말하려는 것이다. 당신이 건강하고 삶을 즐긴다면, 주변 사람에게 긍정적인 영향을 주도록 자신을 개방시킬 것이다. 당신의 건강과 행복감은 잔물결 효과를 일으켜, 자녀 그리고 친구에게, 그리고 주변으로 계속 퍼져 나아갈 것이다. 정서적으로 방치된 경험이 있지만 이미 **다른 사람들을** 훌륭히 돌보는 사람이 되어 있을 수 있다. 하지만 지금은 자신의 욕구에 주의를 기울이기 시작해야 하며, 먼저 **자신**을 돌봐야 할 때이다. 자신을 양육하는 법을 배우는 네 가지 단계는 다음과 같다.

(1) **단계 A: 자신을 우선으로 두기**
(2) **단계 B: 섭식**
(3) **단계 C: 운동**
(4) **단계 D: 휴식과 이완**

(1) 자기양육 단계 A: 자신을 우선으로 두기

자기 자신을 우선으로 두기를 시작하자. 그것은 이기적이라고 생각하는가? 그렇지 않다. 건강하고 강할 때 당신은 다른 사람들에게 더 넉넉하게, 더 깊게, 더 건강하게, 그리고 강한 방식으로 자신을 내어 주는 데 자유롭다. 이런 식으로 생각해 보자. 비행하는 동안 우리가 드물게 경청하는, 안내 방송을 생각해 보자. 승무원은 각 좌석 앞에 산소마스크가 떨어지게 될 때를 주의시킨다. 어른들에게는 다른 사람들을 돕기 전에 자신의 마스크를 먼저 써야 함을 확고히 한다. 이 요구는 완벽하게 말이 된다. 당신이 스스로 호흡하고자 애쓰면서 자녀에게 마스크를 착용하게 하는 것은 효과적이지 않을 것이다. 이 규칙은 삶에도 적용된다. 일단 자신이 안전하고 견고하면, 당신은 다른 사람을 훨씬 더 효율적으로 도울 수 있다.

당신이 자신을 우선으로 하는 작업을 시작하면, 당신은 저항에 부딪힐 것이다. 놀랍게도 그 저항은 가까운 사람들로부터 시작될 것이다. 이런 식으로 생각해 보라. 당신을 잘 아는 모든 사람은 당신에게 기대하는 행동이 있다. 예를 들면, 그들은 당신에게 어떠한 도움을 줄 수 있는지 물어보면 당신이 기꺼이 돕겠다고 할 것을 알고 있다. 처음으로 당신이 아니라고 말하면 그들은 놀라워할 것이다. 그들은 발끈할 수 있으며, 어떠한 방식으로든 당신에게 그것을 하도록 요구할 것이다. 아무쪼록 이것은 변화를 위한 정상적인 과정이라는 것을 염두에 두기를 바란다. 아무리 그것이 건강하고 긍정적인 변화라 해도 변화는 변화시키는 사람 자신에게 또는 자기의 사랑하는 사람들에게 쉽게 오지 않는다. 어떤 상황에서는 당신 가까이 있는 사람들에게 당신이 더 나은 자기돌봄에 대해 작업하고 있으며, 당신이 지금부터는 무엇인가를 달라질 것이라고 설명하는 것이 도움이 된다. 그것은 하나의 조절일 수 있다. 그러나 누구든 당신을 진정으로 위하는 사람은 궁극적으로 당신에게 적응할 것이며, 아마 그 일로 당신을 존경하기까지 할 것이다.

자신을 우선으로 하는 방법을 배우기 위해, 내가 만들어 놓은 약간의 가이드라인을 목록으로 가지는 것이 도움이 될 것이다. 이 기술을 터득하면서 당신은 다른 것보다 더 쉬운 가이드라인 일부를 발견할 수 있다. 그것을 읽으면서, 어느 것이 가장 도움이 되는지 확실히 생각하라. 나는 당신이 각각 분리시켜 작업하는 데 도움을 주기 위해 **변화 기록지**를 포함시켰다.

① '아니'라고 말하는 것을 배우라

의심할 여지없이 당신과 삶을 함께하는 사람들은 당신을 어느 정도 안다. 그들은 당신이 그들을 위해서 거기에 있을 것이라는 것을 알고 있다. 그것이 바로 정서적으로 방치된 사람들이 하는 일이다. 당신이 가진 타인을 향한 풍부한 동정심은 친구, 가족, 자녀, 상사로부터의 요청에 '예.'라고 의무적으로 말해야 한다고 느끼게 만든다. 당연히 '예.'라고 말하는 것에는 잘못이 없다. 그것은 삶의 긍정적 관계와 발전에 꼭 필요한 것이다. 문제는 당신이 '아니요.'라고 말할 수 있는 진짜 좋은 구실이 없으면 무조건 '예.'라고 말해야 한다고 느끼는 것이다. 결과적으로, 당신은 실제로 시간이나 에너지가 없음에도 자신을 너무 심하게 희생하면서까지 '예.'라고 말해 버린다. 자신을 궁지에서 벗어나게 하는 것은 매우 중요하다. 그래서 당신이 다른 사람들의 욕구를 고려하면서도 자신에게 가장 좋은 결정을 할 수 있도록 말이다.

자기주장의 첫 번째 규칙은, 누구든 당신에게 아무것이나 질문할 권리가 있듯이, 당신은 이유를 말하지 않고 '아니요.'라고 말할 수 있는 평등한 권리가 있다는 것이다. 모든 사람이 이런 식으로 필요할 때 자유롭게 도움을 요청하고, 거절할 때 자유롭게 아니라고 말한다면 세상은 더 좋은 곳이 될 것이다. 경계선은 더 분명해질 것이며, 불필요한 죄책감에 휩싸이는 일이 훨씬 줄어들 것이다. 만약 당신이 아니라고 말하면서 죄책감을 느낀다면 또는 아니라고 말하는 것이 불편하여 '예.'라고 말하는 자신을 발견한다면, 바라건대 자기주장에 대한 좋은 책을 읽으라(가능한 것들이 많다. 이 책 뒤편의 부록을 보라). 그리고 그것을 극복하는 시도를 시작하라. 당신이 죄책감과 불편함에서 벗어나며 필요할 때 아니라고 말하는 것은 자기돌봄에 지극히 중요한 기초를 쌓는 것이다.

자기주장에 대해서 책을 읽는 것은 당신 자신의 철학을 변화시킬 수 있도록 당신이 개념을 이해하고 포용하는 것을 도울 것이다. 그러나 당신의 철학을 변화시킨 후 당신은 행동을 변화시키면서 그에 대한 후속 조치를 해야 한다. 당신이 당신에게 지나치게 까다로운 요구에 대해 '아니요.'를 말하는 것을 매일 추적하기 위해 다음의 **"'아니.'라고 말하는 변화 기록지"** 를 사용하라.

당신이 낯선 뭔가를 계속하다 보면 그러한 삶에 익숙해진다. 점차 시간이 흐르면서 그것은 하나의 정상적인 과정이 되고, 당신의 편에서는 그다지 노력 없이 그 자체에서 일어나는 자연스러운 것처럼 보인다. 매일 실제로 아니라고 말하는 것이 적절하고 다양한 상황을 제공하기 때문에 이 **변화 기록지**의 요점은 꼭 양을 증가시키는 것은 아니다. 이것은 당신의 행동에서 변화 양상을 추적하는 것을 더 돕기 위한 것이다. 그것은 또한 매일 당신에게 작업하는 것을 떠올리도록 도와준다. 당신이 아니라고 말하는 것을 작업하는 데, 특히 그것을 그날 저녁에 기록해야 한다는 것을 염두에 두고 있으면 그것을 잊어버리지 않을 것이다.

② 도움을 요청하라

도움을 요청하는 것은 정서적으로 방치되었던 사람에게 아주 깊이 스며든 역의존성을 흔들어 놓는다. 3장에서 역의존성에 대한 사례로 등장했던 데이비드를 기억하는가? 데이비드는 부모님의 메시지 "감정을 갖지 말라, 감정을 보이지 말라, 그 누구의 도움도

'아니'라고 말하는 변화지

* 하루에 '아니'라고 말하는 횟수를 기록하시오.

	1월	2월	3월	4월	5월	6월	7월	8월	9월	10월	11월	12월
1												
2												
3												
4												
5												
6												
7												
8												
9												
10												
11												
12												
13												
14												
15												
16												
17												
18												
19												
20												
21												
22												
23												
24												
25												
26												
27												
28												
29												
30												
31												

필요하지 않다, 절대로."를 내면화하였으며, 성인이 되어서도 그에 따르는 삶을 살고 있었다. 당신이 온 삶을 다른 사람에게 의존하고 있다는 것을 알아차리지 못하면서 지냈을 때 그것은 하나의 선택일 뿐만 아니라 하나의 필요이며, 그것은 다른 어떤 식으로 보기 매우 힘들다.

정서적으로 방치되었던 사람이 도움을 요청하면서 어려워하는 부분이 또 하나 있다. 당신이 아니라고 말하는 것이 어렵다면 당신은 도움을 요청하는 것 역시 어려울 것이다. 자기주장은 양쪽 모두에 효과적이다. 정서적으로 방치된 사람은 흔히 삶을 옴짝달싹할 수 없는 진퇴양난의 함정에 빠져 산다. 어떤 사람이 당신에게 부탁이나 도움을 요청하거나 더 나아가 사회적 초대를 받았을 때 당신은 '예.'라고 말해야 한다고 느끼기 때문에 자연스럽게 다른 사람들도 자신과 같은 방식으로 느낄 것이라 가정한다. 당신은 다른 사람들이 그러한 어려움에 놓이는 것을 원치 않기 때문에 그들에게 부탁이나 도움을 요청하는 것을 불편하게 느낀다. 당신이 그 누구에게도 아니라고 말할 수 없다고 생각한다면 당신은 실패할 것이다. 이러한 생각은 당신이 다른 사람들을 도울 수 있게 만들지만 정작 당신이 도움이 필요할 때 다른 사람들에게 도움을 요청할 수가 없게 만든다. 당신은 이것이 얼마나 당신에게 손해를 주는 체계인지 알겠는가?

자신을 이 어려운 굴레에서 해방시키려면, 당신이 해야 하는 모든 것은 당신이 '아니요.'라고 말할 때 다른 사람들이 죄책감을 느끼거나 불편해하지 않음을 받아들이는 것이다. 다른 사람들은 자기주장의 규칙에 대한 본질적인 이해를 가지고 있다. 아주 많은 사람은 도움을 요청하는 것에 대해 **약간**의 불안이 있으며, 아니라고 말하는 것에 대해 **약간**의 불안이 있을 뿐이다. 당신이 되도록 빨리 그 사실을 받아들인다면 당신에게 새로운 세상이 열릴 것이다.

더 자주 도움을 요청하기 위해, 자신을 알아차리고 추적하기 위해 다음의 **'도움을 요청하기' 변화 기록지**를 사용하라.

③ 당신이 좋아하는 것과 싫어하는 것을 발견하라

당신은 어린 시절 성장 과정에서 당신의 선호도가 고려의 대상이 되지 못한 적이 많았을 것이다. 예를 들면, "오늘 뭘 하면 좋을 것 같아?" "피자 먹으러 갈래, 햄버거 먹으러 갈래?" "초록색 셔츠를 살래, 핑크색 셔츠를 살래?" "그것에 대해서 너는 어떻게 생각해?" 이런 식의 질문을 많이 받지 못한 것이다.

정서적으로 방치된 성인은 자신에 대해서 아는 것에 큰 어려움이 있다. 3장에서 비현실적인 자기평가를 했던 조쉬를 기억하는가? 조쉬는 어린 시절에 이와 같은 질문을 너무 적게 받아서 대학생으로서 자기가 무엇에 흥미가 있는지, 무엇을 좋아하는지, 또는 무엇이 대학 전공으로 맞는지에 대한 생각이 전혀 없었다. 당신은 부모가 당신에게 보여 준 흥미의 양과 유형에 따라 자신의 어떤 특정한 영역에 대해서는 잘 알게 되지만 다른 영역에 대해서는 잘 알지 못하게 될 수 있다. 여기에 당신이 좋아하는 것과 싫어하는 것을 아는 데 부족한 부분을 찾도록 도와주는 질문들이 있다.

- 당신이 선호하는 음식의 종류는 무엇인가?
- 당신이 하는 운동 중에서 선호하는 것은 무엇인가?

'도움을 요청하기' 변화 기록지

* 하루에 도움을 요청하는 횟수를 기록하시오.

	1월	2월	3월	4월	5월	6월	7월	8월	9월	10월	11월	12월
1												
2												
3												
4												
5												
6												
7												
8												
9												
10												
11												
12												
13												
14												
15												
16												
17												
18												
19												
20												
21												
22												
23												
24												
25												
26												
27												
28												
29												
30												
31												

- 당신이 관람하는 운동 중에서 선호하는 것은 무엇인가?
- 당신은 운동을 좋아하기는 하는가?
- 당신은 패션 감각이 있는가? 만약에 있다면 무엇이 당신의 스타일인가?
- 당신이 선호하는 토요일을 보내는 방식은 무엇인가?
- 당신은 당신한테 맞는 일이나 커리어를 가지고 있는가?
- 당신이 선호하는 영화 장르는 무엇인가?
- 당신은 어떤 유형의 책 읽기를 좋아하는가?
- 당신이 가지고 있다고 느끼는 재능을 명명할 수 있으며, 그것을 자신 안에 심어 줄 수 있는가?
- 만약 당신이 세상 아무 곳이나 여행을 할 수 있다면 어디로 가고 싶은가?
- 당신은 친구들이 충분히 많은가?
- 당신은 당신이 사귄 친구들을 좋아하는가?
- 어떤 친구들을 가장 좋아하는가?
- 당신이 쉽게 할 수 있는 것은 무엇인가?
- 당신이 가장 선호하지 않는 과제는 무엇인가?
- 당신이 가장 선호하지 않는 활동은 무엇인가?
- 당신이 성취하기까지 가장 많은 시간을 할애하는 일은 무엇인가?

나는 이러한 질문을 계속 추가할 수 있다. 그러나 여기서 멈추자. 당신이 이 질문의 대부분을 쉽게 답할 수 있다면 잘하고 있는 것이다. 그러나 대답하는 과정에서 애를 먹었다면, 당신 삶의 많은 부분이 외부로 초점이 맞춰져 있었을 것이며, 자신에게 조율되지 않았다는 것을 확실하게 보여 주는 표시이다(어린 시절에 그렇게 훈련이 되었기 때문). 자기돌봄의 중요한 부분은 자신이 무엇을 좋아하는지를 아는 것이다. 자신이 무엇을 좋아하는지를 안다는 것은 자신이 무엇을 원하는지를 정의하는 데 도움을 준다. 배우자나 친구가 당신에게 "어디로 저녁을 먹으러 갈까, 이탈리안 혹은 그리스 식당?"이라고 말한다면, 당신은 상대방에게 줄 대답을 가지고 있을 것이다. 당신의 답을 나누면서, 다른 사람이 동의하든 그렇지 않든 당신은 자신을 돌보는 중요한 단계를 거치고 있는 것이다.

좋아하는 것 또는 싫어하는 것을 범주화할 수 있는 것에 대해 다음의 **'좋아하는 것과 싫어하는 것'** 변화 기록지를 사용하여 당신이 생각할 수 있는 모든 것을 적어 보라. 예를 들면, 장소, 색깔, 음식, 활동, 가구 스타일, 사람, 사람의 행동, 자신의 기분 등이 포함될 수 있다. 그 밖에도 당신이 범주화할 수 있는 어떤 것이든 그것을 적으라. 당신이 나날이 앞으로 전진할수록 당신에게 일어나는 일들을 적으라. 좋아하는 것과 싫어하는 것을 추적하고 적으면서 발견하는 것은 대상에 대한 자신의 감정을 알아차리도록 도와줄 뿐만 아니라 그러한 당신이 자신만의 감정을 가질 수 있도록 도와줄 것이다. 당신이 좋아하는 것과 싫어하는 것에는 옳고 그름이 없다. 그것들은 타당하고 중요하다.

'좋아하는 것과 싫어하는 것' 변화 기록지

좋아하는 것	싫어하는 것

④ 자신의 즐거움에 높은 우선권을 두라

당신이 정서적으로 방치되어 성장하고 있을 때, 당신에게는 아마 자신이 흥미를 느끼는 것을 선택할 정도의 자유가 주어지지 않았을 것이다. 자신이 원하는 것보다 다른 사람의 소망이 먼저였을 것이다. 혹은 당신의 가족이 돈을 모으기 위해 애를 쓰고 있었다면 재미있는 일을 할 기회도 그리 없었을 것이다. 당신이 정서적으로 방치하는 유형의 부모님한테서 성장하였다면 당신은 성인이 되어서도 즐거움과 재미를 위한 자신의 경험에 아주 적은 가치를 둘 가능성이 있다. 이를 바꾸기 위해서는 단 한 가지 선택이 있다. 그것은 자신을 우선시하는 것이다.

어떤 방법으로는 이 마지막 지침이 세 지침을 요약한다. **당신 자신의** 즐거움에 높은 우선권을 두기 위해 당신은 그것과 동떨어지는 요구를 받았을 때 아니라고 말해야 한다. 그리고 때때로 도움을 요청해야 한다. 그래야 다른 사람들의 충분한 지지와 연결을 느낄 수 있을 것이며, 밖에 있는 기회들이 가능해진다. 그것을 찾기 위해서 당신은 당신이 좋아하는 것이 무엇인지를 알 필요가 있다.

당신은 의아해할 수 있다. "내가 즐거움을 찾기 위해 나 자신을 우선시하면, 그것이 나를 이기적이게 만드는 것은 아닐까?" 그러나 모든 사람은 즐거움이 필요하고 그것을 가질 가치가 있다는 것을 명심하기 바란다. 당신 역시 누구 못지않게 그 가치가 있는 사람이다. 어떤 때는 다른 사람과 재미를 보려고 한 사람에게 아니라고 말해야 할 것이다. 이것은 이기심에 대한 것이 아니다. 이것은 균형, 즉 주는 것과 받는 것 사이의 균형이다. 자신과 타인 사이의 균형이다. 당신의 재미를 더 우선하는 것을 두려워하지 말라. 정서적으로 방치된 사람들은 대부분의 사람보다 이기적이 될 위험성이 훨씬 더 적다. 자신의 필요, 소망 그리고 욕망을 제쳐 두도록 훈련된 사람으로서 당신은 이기적이 되기까지는 아직 멀기 때문이다.

자신의 즐거움을 마지막에 두는 것은 당신 내면에 아주 깊게 스며든 것이므로, 그것을 바꾸기 위해 의사 결정을 하는 것만으로는 변화를 위해 충분하지 않을 것이다. 그렇더라도 그 결정은 중요한 첫 번째 단계이다. 다음으로 당신은 다음의 행동과 함께 후속 조치를 해 주어야 한다. 즉, 또 다른 **변화 기록지, '즐거움에 우선순위 매기기'를 작성하는 것**이다. 이것은 다양한 선택에 대한 작업을 하기 위해 당신의 욕구를 알아차리고 변화를 추적하게 도와준다. 작업을 지속할수록 점점 더 자신의 즐거움을 우선시하는 데 익숙해질 것이다. 뇌는 스스로 선택하기 시작할 것이며, 그것은 당신의 제2의 천성이 될 것이다. 그러는 동안 어느 시점에서, 당신은 삶이 덜 평범하고 지루하다고 느끼기 시작하는 것을 발견하면서 놀랄 것이다.

자신을 우선시하는 것은 좋은 일이다! 왜냐하면 그래야 당신의 식생활, 운동 그리고 휴식과 이완에 진전을 가져오기 때문이다. 이 모든 것은 당신 자신에 대한 양육의 신체적 부분을 다루는 것이다. 이 모두가 당신이 자신의 몸에 무엇을 투입하는지, 그리고 어떻게 당신의 에너지를 소비하는지에 대한 것이다.

'즐거움에 우선순위 매기기' 변화 기록지

* 하루에 당신의 즐거움을 우선시하는 횟수를 기록하시오.

	1월	2월	3월	4월	5월	6월	7월	8월	9월	10월	11월	12월
1												
2												
3												
4												
5												
6												
7												
8												
9												
10												
11												
12												
13												
14												
15												
16												
17												
18												
19												
20												
21												
22												
23												
24												
25												
26												
27												
28												
29												
30												
31												

(2) 자기양육 단계 B: 섭식

자녀를 방치하는 모든 부모가 다 이 영역에서 자녀를 방치하는 것은 아니다. 그러나 앞서 말한 바와 같이, 부모가 자녀에게 음식을 풍족하게 제공하지만 섭식 영역에서는 여전히 그들을 정서적으로 방치할 수 있다. 자녀가 음식과 건강한 관계를 발전시키도록 돕는 것이 부모의 책임이다. 정서적으로 방치하지 않는 많은 부모가 자녀를 음식과 건강한 관계로 발전시키지 못하는 것은 단순히 부모 자신이 음식과 건강한 관계를 맺고 있지 않기 때문이다. 그들은 자신이 모르는 것을 가르칠 수 없다. 그러나 정서적으로 방치하는 부모는 다른 영역과 같은 이유로 섭식 영역에서도 자녀를 저버린다.

섭식에 대해서 더 말하기 전에 **성인으로서** 당신의 먹는 습관에 대한 다음 질문에 답하기 바란다.

1. 당신이 배우자나 자녀가 있다면, 당신은 자주 앉아서 식사를 같이 하는가?
2. 당신은 양육에 관심을 가지며 균형 잡힌 식사를 하고자 노력하는가?
3. 당신은 많은 불량식품을 집에 저장하고 있는가?
4. 당신은 정크푸드를 허용된 양보다 더 먹는가?
5. 당신은 아직도 핫도그, 치킨 너겟 또는 피자와 같은 '아동 음식'을 선호하는가?
6. 당신이 야채와 과일을 충분히 먹는지 확실히 해 두라. 모든

식사에 그것을 어느 정도 포함하는가?

7. 당신은 좋은 요리사인가?

8. 글자 그대로 집에 식사를 위한 음식이 없는 때가 있는가?

9. 당신은 많은 냉동식품이나 인스턴트식품을 먹는가?

10. 당신은 때때로 먹는 것을 잊어버리는가?

11. 당신은 과식하는 경향이 있는가?

당신이 이 질문 각각에 답을 할 때까지 읽는 것을 잠시 멈추라. 질문에 대한 답이 끝나면 당신의 **어린 시절** 섭식 경험에 대한 다음 질문에 답하기 바란다.

1. 당신이 성장하고 있을 때, 당신의 가족은 같이 앉아서 식사를 자주 하였는가?

2. 당신이 성장하고 있을 때, 당신의 부모는 당신이 균형 있는 식사를 하도록 신경 썼는가?

3. 당신이 성장하고 있을 때, 칩, 과자, 아이스크림 또는 사탕 같은 불량식품이 집에 많이 있었는가?

4. 만약 그랬다면, 당신의 부모는 당신이 얼마나 불량식품을 먹었는지, 그리고 언제 그것을 먹는지 가까이서 감시했는가?

5. 당신은 핫도그, 치킨 너겟 그리고 피자로 키워졌는가?

6. 당신은 대체로 식사 때마다 야채나 과일이 있었는가?

7. 적어도 부모 중 한 분은 좋은 요리사였는가?

8. 말 그대로 식사를 위한 음식이 집에 없었던 적도 있는가?

9. 당신의 가족은 많은 냉동식품이나 인스턴트식품을 먹었는가?

10. 당신은 아이로서 식사를 건너뛴 적이 있었는가?

11. 당신은 아이로서 과식하는 경향이 있었는가?

당신은 앞의 성인 부문의 질문 가운데 일부가 어린 시절 부문의 질문과 일치하는 것을 인식하였을 것이다. 돌아가 당신의 답을 확인해 보라. 우리가 여기서 찾고자 하는 것은 어느 정도까지 어린 시절 섭식 경험과 성인이 된 이후 섭식 습관의 범위가 일치하는지를 보는 것이다. 어린 시절을 당신 삶에서 프로그램된 단계로 생각하라. 성인기에 있는 우리 대부분은 아이 때 세운 프로그램을 따라가는 경향이 있다. 그 한 예로, 3학년이었던 지크의 사례로 돌아가자. 그의 어머니는 선생님에게 쪽지를 받고 우울해진 지크의 기분이 좋아지도록 돕기 위해 그에게 축구공을 던졌고, 아이스크림을 주었다. 모든 부모는 아이의 기분이 더 좋아지도록 하려고 여기저기에서 음식을 사용할 수 있다. 그러나 지크의 어머니가 이 방법을 자주 사용한다면 또는 아예 적절하지 않은 시간에 그랬다면, 그녀는 의도치 않게 그가 자신의 감정을 다스리기 위해 음식을 사용하는 것을 가르치는 것이다. 성인기에 그는 이것을 계속하려는 경향을 가질 수 있다. 이것은 그로 하여금 그릇된 이유로 건강하지 않은 음식을 먹는 습관을 가지게 될 것이다.

대부분의 성인은 자신의 부모에 의해 프로그램된 것에 얼마나 많은 영향을 받는지를 과소평가한다. 성인이 되면 우리는 자유로운 선택과 결정을 한다고 생각하지만, 사실 어린 시절에 부모에 의해서 입력된 프로그램이 믿을 수 없을 만큼 강력해서 성인이 된 후에도 이 프로그램대로 선택하고 결정을 한다. 이러한 프로그램을 무효화하는 것은 쉽지 않지만 확실히 실행할 수 있다. 당신은 아마 섭식에 대한 질문에서 어린 시절 답의 일부가 성인의 것과 일치하지 않는 것을 발견했을 것이다. 그것은 당신이 스스로 극복하거나 또는 다른 삶의 경험으로 인해 변경된 것이다.

정서적으로 방치된 사람으로서, 부모가 당신에게 전혀 가르쳐 주지 않은 섭식의 어떤 일면이 있을 수 있다. 이러한 영역에서 당신은 선택의 여지가 없었으나 부모를 위해 채워 주어야 했고 자신을 위해 프로그램해야 했다. 이를 설명하기 위해 제3장의 '**자신에 대해서는 없으나 타인에게는 지나치게 갖는 연민**' 부분에 나온 노엘의 사례로 돌아가 보자. 노엘은 매일 아침 식사로 중학교에서 고등학교까지 스스로 냉동된 닭고기 샌드위치를 전자레인지에 데워 먹었다. 신선하고 건강한 음식에 대한 그녀의 요구를 들어줄 부모가 없었기 때문에 노엘은 자신을 위해 무엇인가를 부득이 알아내야 했다. 그녀의 어릴 적 해결 방식은 그녀의 프로그램이 되었다. 이 프로그램은 내가 노엘을 만나기까지 지속적으로 진행되고 있었다. 그녀와 남편 그리고 자녀는 거의 냉동 음식과 배달 음식만 먹는 것으로 지탱하고 있었다. 이것은 정서적으로 방치된 자녀의 자기 프로그램 방식이 부모로부터 오는 것 못지않게 끈질기고 강력하다는 것을 예증한다.

어린 시절 및 성인기의 섭식에 대한 질문에 답을 하면서 당신은 음식과 당신의 관계에서 건강하지 않은 영역을 확인할 수 있었는가? 당신은 그러한 습관을 변화시키려고 노력하고 있었는가? 사실 어린 시절 형성된 프로그램은 변화시키기가 결코 쉽지 않다. 우리가 성인기에 들어가면 그것이 단지 습관이기보다는 삶의 방식이 된다. 삶의 방식을 변경하는 것은 어렵지만 그것은 틀림없이 가능하다. 다만, 노력이 필요하다. 나는 당신의 섭식 문제가 어떻게 **정서적 방치**에 뿌리를 두고 있는지를 당신 스스로 인식하면서 자신에 대한 자책을 중지하고, 좌절을 감소시키기를 바란다. 당신의 에너지를 그 어떤 것에도 소비하지 않고, 자신에 대한 연민과 변화를 만드는 데 사용하는 것이 중요하다.

당신의 건강하지 않은 프로그래밍을 무효화하기 위해, 당신은 제6장에서 배운 많은 정서적 기술과 이 장에서 배운 다양한 자기돌봄 기술을 사용할 필요가 있다. 당신은 감정에 대해서 알아차리며, 그것을 수용하고, 타인과 그것을 나누라. 이런 과정은 당신이 정서적 이유로 먹는 것을 피하는 데 도움을 줄 것이다. 필요할 때 아니라고 말하라. 도움을 요청하라. 그리고 도움을 받으라. 당신의 즐거움에 우선순위를 매겨, 더 이상 보상과 쾌감을 위해 지나치게 음식에 의존하지 않도록 하라. 그리고 이 절에서 문제로 확인된 당신의 섭식 특성을 변화시키기 위해 '**섭식**' **변화 기록지**를 사용하라. 그리고 한 번에 너무 많은 습관을 변화시키려고 시도하는 것을 피하도록 조심해야 함을 기억하라.

(3) 자기양육 단계 C: 운동

신체 운동이 건강 향상의 주요한 측면이라는 명확하고 일관된 연구 결과가 있음에도 불구하고, 미국인 대부분은 운동을 하지 않는다. 애틀랜타의 질병통제 및 예방센터(Centers for Disease Control and Prevention, 2009)에 의하면, 오로지 성인의 35%만 여가 시간에

'섭식' 변화 기록지

* 하루에 건강하지 않은 습관들을 무효화하는 횟수를 기록하시오.

	1월	2월	3월	4월	5월	6월	7월	8월	9월	10월	11월	12월
1												
2												
3												
4												
5												
6												
7												
8												
9												
10												
11												
12												
13												
14												
15												
16												
17												
18												
19												
20												
21												
22												
23												
24												
25												
26												
27												
28												
29												
30												
31												

신체적 활동을 한다. 의사와 건강 연구자들의 좋은 조언이 있어도 사람들이 행동하지 않는 이유는 천차만별이다. 일생 동안 건강한 운동 습관을 가지기 위해 다음 세 가지 기본적인 구성 단위를 아는 것이 큰 도움이 될 것이다. 첫째, 운동의 가치와 중요성을 인식하고, 둘째, 자신에게 즐거운 운동의 종류를 발견하고, 셋째, 자기훈련을 잘하는 것이다.

당신이 정서적 방치에 대해서, 그리고 어린 시절의 프로그래밍이 성인기에 미치는 영향력에 대해서 이해했다면, 정서적으로 방치된 사람이 어떻게 이 세 가지 영역의 일부나 전부에서 어려움을 겪게 되는지에 대해서도 알 수 있을 것이다.

당신은 나이에 따라서 운동의 **가치**에 대해서 배울 기회가 있었을 수도 있고 아닐 수도 있다. 당신의 부모도 이를 몰랐을 수도 있다. 이는 연구의 대부분이 최근 20년 동안 실시되었기 때문이다. 일반적으로 30세 이상인 사람은 운동의 건강 편익에 대해서 부모에게 배우기보다는 스스로 알았을 수 있다. 운동의 중요성에 대한 가르침이 없었다는 것은 그 자체가 정서적 방치의 표시는 아니다. 그러나 당신이 그 중요성을 인식하지 못한다면, 당신은 그것을 실현하지 않을 것이다.

당신이 이 영역에서 정서적으로 방치되지 않았다면, 당신은 어린 시절에 스포츠나 신체 활동을 즐기면서 지낼 기회가 훨씬 더 많았을 것이다. 그리고 그것은 성인기까지 영향을 미쳤을 것이다. 예를 들면, 가족이 주말에 스키나 등산을 가거나 당신과 함께 야구, 축구 또는 테니스 같은 스포츠를 했거나 이를 **즐기는 데** 지지를 주었다면, 당신은 신체적 운동에서 오는 즐거움의 진가를 알면서 성장했을 가능성이 더 많다. 어렸을 때 당신이 운동이 즐겁다는 것을 발견했다면, 성인이 되어서 그것을 하기가 훨씬 쉬울 것이다.

자기훈련은 아마 정서적으로 방치된 사람들의 운동 습관 방식에 가장 큰 방해물 중 하나일 것이다. 제3장에서 우리는 윌리엄에 대해서 말했는데, 그의 어머니는 미혼모로 그에게 하기 싫어하는 것들은 하지 않아도 되는 비구조화된 어린 시절을 제공했다. 당신이 너무 가혹하거나 반대로 너무 느슨한 훈련을 받으며 자랄 때, 당신은 건강한 방식으로 자기훈련을 하는 능력을 내면화할 기회를 얻지 못했다. 당신은 하고 싶지 않은 일을 어떻게 자기 스스로에게 하게 하는지를 배우지 못했다. 이 경우에는 운동이다. 당신은 이 장의 다음 절을 읽으면서 자기훈련에 대해서 더 많이 배우게 될 것이다.

당신이 신체적 운동에 대한 이 세 가지 영역에서 어디에 속하는지를 평가하기 위해 **성인으로서** 당신의 삶에 대한 몇 가지 질문에 답해 보자.

1. 당신은 운동이 중요하다고 믿는가?
2. 당신은 자신을 활동적으로 기술할 것인가?
3. 당신은 한 가지나 그 이상의 스포츠를 즐기는가?
4. 당신이 운동을 하고 싶지 않게 느껴져도 운동을 하도록 자신을 독려할 수 있는가?
5. 당신은 에어로빅, 등산, 달리기, 수영, 웨이트 리프팅, 자전거 타기와 같은 신체 활동 중 한 가지 이상에서 그 운동이 즐겁다는 것을 발견했는가?
6. 당신은 현재 운동하는 것보다 더 많이 해야 하는가?

7. 일반적으로 당신은 자기훈련에 노력하는가?

이 일곱 가지 질문 각각에 답을 하기 전까지는 나아가지 말라. 질문 모두에 답하였다면, 당신의 **어린 시절**에 대한 다음 질문에 답하기 바란다.

1. 당신이 성장할 때, 당신 부모는 운동이 중요하다고 믿었다고 생각하는가?
2. 당신은 당신을 활동적인 아이였다고 기술할 수 있는가?
3. 아이로서 당신은 하나 또는 그 이상의 스포츠를 즐겼는가?
4. 아이로서의 당신의 부모는 당신이 원하지 않을 때에도 밖에 나가 놀게 하거나 또는 다른 어떤 활동적인 것을 하게 하였는가?
5. 아이로서 당신은 활동적인 놀이를 즐겼는가?
6. 당신은 아이 때 했던 것보다 더 운동을 했어야 한다고 믿는가?
7. 당신의 부모는 당신이 자라날 때 일반적으로 훈련에 있어 너무 느슨하거나(허용적인) 또는 너무 엄하였는가(권위주의적인)?

앞의 섭식 절에서 이미 거쳤으므로 아동기와 성인 부문에서의 답에서 의미와 연관성을 보는 것은 쉬울 것이다. 당신이 충분히 활동적이었고, 이 영역에서 문제가 없다는 것을 답을 통해 보았다면 축하한다. 당신은 35% 중 한 사람이다. 어쩌면 이것은 당신의 부모가 당신을 위해 해 준 방법 중 하나이거나 당신 스스로 자신의 건강한 습관을 세워 다스렸을 수도 있다. 어느 쪽이든 당신은 좋은 상태에 있다.

'운동' 변화 기록지

* 당신이 운동하는 날짜에 체크를 하시오.

	1월	2월	3월	4월	5월	6월	7월	8월	9월	10월	11월	12월
1												
2												
3												
4												
5												
6												
7												
8												
9												
10												
11												
12												
13												
14												
15												
16												
17												
18												
19												
20												
21												
22												
23												
24												
25												
26												
27												
28												
29												
30												
31												

당신이 작업해야 할 운동의 일부 특징적인 면을 확인할 수 있었다면, **자기돌봄 2부 '자기훈련을 향상시키기'** 를 꼭 읽기 바란다. 또한 당신이 행동을 변화시켜서 이런 식으로도 당신을 양육할 수 있도록 작업하기 위해 **'운동' 변화 기록지**를 사용하라.

⑷ 자기양육 단계 D: 휴식과 이완

우리가 자신을 우선으로 두기, 섭식 그리고 운동에 대해서 이야기했기 때문에 지금은 이완을 위한 능력에 주의를 집중하는 것이 매우 중요하다. 나는 정서적으로 방치된 대부분의 사람이 두 가지 범주 중 하나에 속한다는 것을 발견했다. 그들은 휴식(rest)과 이완(relaxation)을 너무 적게 하거나 너무 많이 하거나 둘 중 하나이다. 일부는 한쪽에서 다른 쪽으로 약간의 균형을 가지고 뒤로 갔다 앞으로 갔다 한다. **정서적 방치**가 이러한 유형의 불균형을 어떻게 일으키는지 잠깐 살펴보자.

자녀에게 조율하는 부모는 자녀가 언제 배가 고픈지를 말할 수 있다. 그리고 능력을 최대한 발휘하여 자녀가 식사를 할 수 있도록 한다. 이러한 부모는 또한 자녀가 피곤한 것도 알 수 있다. 그리고 그들의 능력을 최대한 발휘하여 **자녀가 쉬는 것을 원하든 원하지 않든** 자녀가 어느 정도의 휴식을 취할 수 있도록 한다. 더 나아가서는 자녀를 잘 관찰하며 그들에게 무슨 일이 있는지 알아차리는 부모는 자신이 편할 때 자녀를 쉬게 하지 않는다. 그들은 자녀가 일정하고 꾸준하게 자신을 돌볼 수 있게 가르치는 규칙적인 스케줄에 따라 쉬게 만들거나 자녀가 휴식이 필요한 것이 분명할 때 자녀를 쉬게 한다. 이것은 자녀가 자신이 피곤하다는 신호를 읽는 방법과 휴식이 필요할 때 어떻게 자신을 쉬게 만들 수 있는지를 가르친다. 행동하는 데 이어 자녀는 이 부모의 관찰과 정서적 조율의 과정을 통해 자신에게 이러한 기술을 내면화하는 기회를 얻는다. 성인으로 성장한 그에게는 이러한 과정이 자신의 몸에 조율되어 있을 것이다. 그는 자신의 피곤함의 신호를 알 것이다. 그것은 변덕스러워짐, 말이 없어짐, 우둔해짐, 흐릿해짐 또는 다른 어떤 것일 수 있으며, 그는 스스로 그것을 관찰하고, 머릿속에 "괜찮아. 너는 약간의 휴식과 이완(R&R; Rest & Relaxation)이 필요해."라는 말을 퍼뜩 떠올릴 것이다. 그리고 **자신이 쉬는 것을 원하든 원하지 않든** 부모가 그의 어린 시절에 한 것과 마찬가지로 자신이 휴식을 취할 수 있도록 최선의 조치를 취할 것이다. 이 시나리오의 일부는 그가 원하지 않는 일을 해야 할 수도 있다는 것이다. 이것은 별개의 관련된 기술이다.

모든 아이는 때때로 게으를 수 있다. 그러므로 조율된 부모는 아이가 극단적으로 게으르게 될 때를 알아차려 **아이가 원하든 원하지 않든** 활동에 참가하도록 도와야 한다. 여섯 살짜리 아이가 몇 시간 동안 TV 보는 것을 허용하지 말아야 하고, 십 대가 하루 종일 침대에 누워 아이팟(iPod)을 듣는 것도 허용하지 말아야 하는 이유는 그 어느 것도 자녀를 위해 좋지 않기 때문이다. 그것을 너무 많이 허용하는 부모는 아마 자신의 유익을 위해서 그렇게 할 것이다. 눈에 보이지 않으면 곧 잊는다. 자녀가 거슬리거나 문제를 일으키지 않으면, 부모는 자유로울 수 있다. 당연히 이에 대해선 어떤 부모도 완벽하지 않다. 모든 문제의 핵심은 부모가 그것을 **충분히 잘**

하는가이다. 그 부모가 **충분히 잘** 하지 못하면, 자녀는 한 성인으로서 자신이 **원하든 원하지 않든** 스스로를 깨우는 데 어려움을 느낄 것이다.

예를 들어, 자기애적이고 반사회적인 부모 유형을 다루어 보자. 제2장에서 언급한 바와 같이 이 부모들은 자녀의 욕구 위에 자신의 욕구를 올려놓는 경향이 있다. 이러한 상황에서 부모는 자녀로 하여금 특정한 시간에 쉬도록 한다. 그들이 피곤하고 휴식이 필요하기 때문이다. 또는 반대로 어떤 부모는 자녀에게 휴식이 필요할 때 쉬는 시간을 주지 않는다. 부모 자신에게 편한 시간이 아니기 때문이다. 권위주의적인 부모는 자녀의 피곤함을 부모를 존중하지 않거나 혹은 사랑이 부족한 것으로 잘못 해석하고 그로 인해 상처를 받거나 기분이 상할 수 있다. **이혼하거나 사별한, 중독된, 우울한, 일에 중독된, 아픈 가족을 돌보는 그리고 선의의 뜻을 가진 부모 모두는** 자녀를 염두에 둘 수 없을 만큼 완전히 녹초가 되거나 지쳐 있을 수 있다. 허용적인 부모는 단순히 갈등을 피하기 때문에 자녀의 욕구에 있어서 앞의 수준만큼 관여하지 않는다. **성취 지향적인 부모는** 자녀가 보여 주는 신체적 욕구를 무시하고 자녀가 공부하도록 하거나 바이올린을 연습하도록 하며 부모 자신의 욕구를 강요한다.

이 모든 사례에서, 자녀는 자신이 원하는 것을 얻지 못한다. 그들은 자신의 신체적 단서를 배우지 못하고 있다. 자신이 피곤할 때 쉬는 것은 중요하다거나 너무 많은 휴식은 나쁘다는 메시지를 받지 못한다. 그리고 자기훈련의 핵심인 자신의 충동을 다스리는 법을 배우지 못한다.

정서적으로 방치된 한 사람으로서 선의의 뜻으로나 다른 이유로 언제 당신의 부모가 당신을 저버렸는지 탐색해 보고, 당신을 위해서 그것을 교정하는 것은 중요하다. 당신은 쉬는 데 있어 응석을 다 받아 주는 사람인가? 당신은 충분한 휴식을 취하지 않는가? 당신은 양극단 사이에서 여러모로 검토하는가? 만약 그렇다면 당신의 휴식을 위한 욕구에 대응하고 조절하기 위해 **'휴식과 이완' 변화기록지**를 사용하라. 또한 자기조절을 할 수 있는 능력의 한 중요한 부분인 **자기훈련**에 관한 다음 절을 읽으라.

2) 자기돌봄 2부: 자기훈련을 향상시키기

당신은 이 책 전체를 통하여 '자기훈련'이란 용어가 여기저기서 나오는 것을 알아차렸을 것이다. 그것은 정서적으로 방치된 사람 사이에서는 매우 공통적인 주제이기 때문이다. 나는 우울이나 주의력결핍장애(ADD) 같이 자기훈련 투쟁을 일으킬 수 있는 원인이 다수 존재하지만 이 가운데에서도 **정서적 방치**가 큰 비중을 차지한다는 것을 알아냈다. 정서적으로 방치되었던 많은 사람은 자신을 멋대로 일을 미루는 사람으로 묘사하고 일부는 자신을 게으름뱅이라고 부르기도 한다. 그들의 공통점은 과다 또는 과소 섭취, 지나친 소비, 과음 등의 문제로 어려움을 겪고 있다는 것이다. 앞에서 언급한 바와 같이 정서적으로 방치된 많은 사람은 자신을 운동하도록 하거나 작은 과제를 또는 자극적이거나 보상적이 아닌 그 어떤 것을 하도록 유도하는 데 어려움이 있다.

'휴식과 이완' 변화 기록지

* 당신이 휴식과 이완을 취하는 날짜에 체크를 하시오.

	1월	2월	3월	4월	5월	6월	7월	8월	9월	10월	11월	12월
1												
2												
3												
4												
5												
6												
7												
8												
9												
10												
11												
12												
13												
14												
15												
16												
17												
18												
19												
20												
21												
22												
23												
24												
25												
26												
27												
28												
29												
30												
31												

이 어려움은 하나의 커다란 관련 없는 항목들의 목록과 같을 수 있다. 그러나 사실, 그 모든 문제의 핵심은 같은 것이다. 바로 **당신이 하고 싶지 않은 것을 하도록 만드는 것과 당신이 하지 말아야 하는 것을 스스로 중지시키는 것이다.** 이것이 정서적으로 방치된 사람들의 고전적 딜레마 중 하나이다.

제3장에서 **자기훈련**으로 투쟁하는 윌리엄에 대해서, 그리고 이 장에서의 **섭식, 운동** 그리고 **휴식과 이완** 절을 읽은 후, 정서적으로 방치된 사람들이 왜 그런 딜레마를 겪는지에 대해 감을 잡았을 것이다. 인간은 자신을 조절하고 통제하는 능력을 가지고 태어나지 않았다. 이는 모두 핵심 기술로서, 운이 좋다면 어린 시절에 배울 수 있다. 여기에 그들이 어떻게 배웠는지를 소개한다.

당신이 친구들과 한참 놀고 있는데 어머니가 저녁 식사 시간 또는 잠자는 시간이라고 당신을 부르는 것은, 어머니가 당신에게 이 중요한 기술을 가르치고 있는 것이다. 어머니는 당신이 해야 하는 어떤 것들을 가르치고 있는 것이다. 비록 당신이 그것을 하고 싶은 마음이 없더라도 말이다. 아버지가 당신에게 잔디를 깎는 일주일 과제를 내주고 애정어리지만 단호한 방식으로 당신이 그것을 하도록 확실히 하면서 후속 조치를 하는 것은, 아버지가 당신이 하고 싶지 않은 일을 하도록 만드는 방법과 그것에 대한 보상을 가르치고 있는 것이다. 부모가 당신에게 하루에 두 번 이를 닦는 것에 대해 확실히 할 때, 아직은 휴식 시간이 아니라고 말할 때, 당신이 숙제에 해이해져 있기 때문에 매일 방과 후 '숙제하는 시간'을 따로 떼어 둘 때, 당신이 무심코 귀가 시간을 깨뜨리는 결과로 그들은 당신을 사랑하지만 귀가 시간을 더 일찍 변경할 때, 모든 부모의 이러한 행동과 반응은 어린아이인 당신에게 내면화되었다. 당신은 스스로 어떤 일을 하도록 만들고, 하고 있는 일을 멈추는 능력을 내면화한 것뿐만 아니라 나중에 성인이 되어 자신이 사용할 부모의 목소리를 내면화한다.

내면화된 부모의 목소리는 극도로 중요하다. 그러나 **정서적 방치**는 흔히 그것을 일그러지게 만든다. 제3장의 **자기훈련**에 관한 절에서 소개한 윌리엄의 사례를 생각해 보자. 남편과 이혼하고 혼자서 윌리엄을 키웠던 그의 어머니는 바쁘게 살아야 했지만 그를 몹시 사랑했다. 그녀는 상대적으로 그에게 어린 시절 내내 집과 학교에서 책임과 의무를 강요하지 않고 자유롭게 지내도록 놔두었다. 윌리엄은 머리가 좋고, 호감이 가고, 매력적인 소년이기까지 했다. 모든 사람이 그에게 친절했다. 선생님들은 그의 편의를 봐주었다. 그가 영리하고 능력이 있다는 것을 선생님들은 볼 수 있었기 때문이다. 윌리엄은 나중에 어린 시절이 재미있고 자유로웠지만, 성인이 되어서는 생산적이고 자신감을 갖는 것에 대해 분투해야 했기에 당황스럽다고 보고할 것이다. 그의 아내는 그가 먹거나, 수면을 취하거나, 일하는 시간을 조절하지 못하는 것이 이상했다. 그녀는 그가 새벽까지 일하는 것이라든가, 몇 시간만 자는 것, 식사를 거르는 것 그리고 그다음 날 저녁 7시에 침대로 가는 것 같은 불규칙한 생활 패턴 때문에 어리둥절했다. 그러나 윌리엄의 생산성이 악화되는 것은 그의 불규칙한 생활 패턴 때문만은 아니었다. 그가 일을 할 때 그의 머릿속에서 가혹한 목소리가 말하는 "그가 생산해 낸 것은 충분히 좋지 않으며, 빨리 하지 못했으며, 그의 상사가 실망할 것"이라는 메시지가 그를 위태롭게 만들었다. 윌리엄은 그가 가진 것은 조금밖에 남지 않아서 아무것도 생산할 수 없다는, 머릿속에서 들리는 이 엄하고 비판적인 목소리와 싸우느라 너무도 오랜 시간과 에너지를 소비한다.

당신은 어디서 윌리엄이 이 가혹한 목소리를 가지게 되었는지에 대해 의아해할 수 있다. 어쨌든 그의 어머니는 그에게 가혹하지 않았다. 어머니는 그를 판단하지 않았으며 그에게 부정적인 피드백을 주거나 그에게 너무 많은 것을 기대하지 않았다. 문제는 부모의 목소리 **부재** 때문에 윌리엄이 스스로 목소리를 만들어 내야 했던 것이다. 그는 생산적이 되도록 자신을 구조화하는 기술이 부족할 뿐만 아니라, 자신에게 무엇을 기대해야 하는지 또는 자신의 생산의 질을 어떻게 판단해야 하는지에 대해 아무 생각이 없었다. 그가 자신을 위해 지어 낸 목소리는 균형적이고, 적당하고, 사랑스러운 성인의 목소리가 아니었다. 그의 내면의 목소리는 가혹한 판단과 완전한 관용 사이를 갈팡질팡 했다. 이것이 그의 아내가 그의 불규칙한 수면 시간, 식습관 그리고 일하는 스케줄에 대해 당황해했던 이유이다.

윌리엄 내면의 자기조절적인 목소리는 불규칙했으며, 가혹하면서도 관용적이었다. 정서적으로 방치된 일부 사람의 자기창조적인 목소리는 더 예측이 쉬우며, 두 가지 속성 중 하나를 띠고 있다. 한편, 정서적으로 방치된 어떤 사람들은 실제로 자신을 위하여 자기 조절을 알아내려고 그러한 것을 다룬다. 그리고 자신을 위하여 성숙하고, 측정할 수 있으며, 돌보면서 확고한 목소리를 창조한다. 만약 당신이 이 마지막 범주에 속한다면, 당신은 잘 마무리된 일에 대해 당신에게 모든 공로를 돌릴 것이다. 만약 당신이 이전 범주 중 하나에 속한다면 절망하지 말라. 당신은 자신의 자기훈련 목소리를 바꿀 수 있다. 성인으로서 당신은 이 영역에서 자신의 뇌를 기본적으로 재설계해 자신을 재양육할 수 있다. 당신은 내가 '**세 가지 프로그램**'('The Three Things Program)'이라고 부르는 간단하지만 효율적인 재설계 프로그램을 사용하여 그 일을 할 수 있다.

이 기술 형성 연습에서, 당신은 당신 스스로 원치 않는 것을 하도록 만들고, 반대 방식으로 원하지만 중지하도록 만들기 위한 핵심적인 하드웨어와 당신의 뇌를 연결할 것이다. 이것은 다음과 같이 할 것이다. **매일 반드시 당신은 당신이 하고 싶지 않은 것 세 가지를 해야 하며 또는 당신이 원하여 하고 있지만 하지 말아야 하는 것 세 가지를 멈추는 것을 해야 한다.** 매일 당신은 당신 스스로 다음 '**자기훈련**' 변화 기록지에 세 가지 일을 기록하라.

당신이 이에 대한 감을 가지도록 돕기 위해, 나의 환자들이 했던 그리고 나와 나누었던 세 가지 일을 예로 제시한다. '당신이 하고 싶지 않지만 해야 하는 일'의 예는 얼굴 닦기, 계산서 지불, 운동, 바닥 닦기, 신발 끈 매기, 전화하기, 접시 닦기, 과제 시작하기이다. '당신이 원해서 하는 일이지만 스스로 멈춰야 하는 것'에는 악마의 초콜릿 케이크 한 조각을 먹지 않기, 온라인에서 예쁜 목걸이를 사지 않기, 친구들과 나갔을 때 한 번만 더 마시자고 하지 않기, 수업을 건너뛰지 않기 등이 있다. 이것의 목적은 즐거움으로부터 자신을 박탈하려는 것이 아님을 기억해야 한다. 만약 당신에게 초콜릿 케이크가 문제가 아니라면, 그것은 무효화시켜야 할 충동이 되지 않을 것이다. 어떤 식으로든지 당신에게 부정적인 충동을 선택하는 것을 시도하라.

'자기훈련' 변화 기록지

* 매일 세 가지 일을 기록하시오.

일	아침	
	점심	
	저녁	
월	아침	
	점심	
	저녁	
화	아침	
	점심	
	저녁	
수	아침	
	점심	
	저녁	
목	아침	
	점심	
	저녁	
금	아침	
	점심	
	저녁	
토	아침	
	점심	
	저녁	

일이 얼마나 큰지 작은지는 상관이 없다. 일을 행하고 있는지, 행하고 있지 않은지는 실제로 이 연습에서 중요하지 않다. 이것은 당신의 기본 설정을 무효화하는 작용이다. 이것은 당신이 현재 신경의 연결들로 지지되지 않은 무엇인가를 스스로가 머릿속에서 억지로 끌어내면서 새로운 신경의 경로를 구축하는 **조지 코스탄자 실험**과 약간 유사하다. 이 프로그램을 규칙적으로 하도록 시도하라. 만약 당신이 기록을 깜빡 잊고 하지 않는다면, 너무 자기비판적이 되지 말라. 그러나 너무 관용적이지도 않으면서 처음으로 되돌아가 다시 시작하라. 그것을 지속한다면 당신은 자기조절을 하는 것, 당신의 충동성을 다스리는 것, 보상이 없으나 필요한 과제들을 완성하는 것이 점점 쉬워지는 것을 인식할 것이다. 그것은 구축하고 성장하며 결국에는 당신이 누구인지에 대한 활동적이고 고정적인 성격이 될 것이다.

3) 자기돌봄 3부: 자기달래기

당신이 IAAA(Identify, Accept, Attribute, Act; 확인하고, 수용하고, 귀인하고, 행동하라) 규칙에서 얼마나 잘하는지와 상관없이 당신이 의심할 여지없이 감정적으로 불편할 때 감정을 다스리기 위해서 시간을 낼 것이다. 당신이 지금까지 살면서 알게 된 바와 같이, 삶은 우리에게 모든 종류의 경험을 하게 한다. 그러한 경험의 반응으로 우리는 모든 종류의 감정, 즉 어떤 것은 멋지고, 어떤 것은 중립적이고, 어떤 것은 불쾌한 감정을 가지고 있다. 보장컨대 IAAA는 그러한 순간에 도움을 줄 것이다. 그러나 감정이 끈질기거나 다스리는 것이 어려울 때 당신은 무엇을 하는가? 여기서 바로 자기달램이 투입되어야 한다.

정서적으로 방치된 사람은 자기달램의 개념을 생각하지 않았을 가능성이 충분하다. 자기달램은 방치되지 않았던 자녀가 부모로부터 배우는 또 다른 삶의 기술이다. 악몽을 꾼 후 경기를 일으키는 아들의 등을 쓰다듬어 주는 아버지가 아들이 다시 잠들도록 도와줄 때, 한 어머니가 우는 아이를 안고 아이의 이마를 부드럽게 매만져 줄 때, 한 아버지가 그날 학교에서 일어난 불공평한 일에 대한 딸의 긴 이야기를 조심히 들어줄 때, 한 어머니가 아들이 성질을 부릴 때 차분하고 조용히 공감하며 옆에 앉아 있을 때, 정서적으로 현존하는 이러한 부모는 이 핵심적인 삶의 기술을 자녀에게

동화를 읽어 달라고? 애야 가벼운 진정제가 오히려 더 낫지 않을까?

가르친다. 감정이 수용되고, 관대하게 다루고 적절하게 달랜 자녀는 부모의 능력을 내면화한다. 자녀는 작은 스펀지처럼 자기달램 기술을 흡수한다. 이것은 그들의 일생 동안 반드시 배워야 할 기술이다.

당신은 아마 부모로부터 모든 달램이 완전히 결여된 채 성장하지는 않았을 것이다. 다시 한번 말하지만 중요한 것은 당신이 그러한 것을 **충분히** 받았는가 하는 것이다. 정서적으로 방치된 많은 사람은 성인으로서 이 영역에서 즉흥적으로 처리한다.

두 사람이 절대로 똑같지 않은 것처럼 두 사람이 정확하게 똑같은 방식으로 달래지지 않는다. 모든 사람의 욕구는 다르다. 심리학자로서 나는 일하는 내내 사람들에게 무수히 다른 자기달램 기법을 확인할 수 있게 도와주었다.

무엇이 당신에게 잘 적용되는지를 생각해 내기에 가장 적절하지 않은 시간은 당신이 그것을 가장 필요로 할 때이다. 가능하고 좋은 전략들을 그것이 필요할 때 시도하도록 준비하기 위해서는 많은 노력이 필요하다. 이것은 한 상황에서는 잘 이행되지만 다른 상황에서는 잘 이행되지 않을 수 있고, 그 반대도 마찬가지이다. 그러므로 단 하나의 전략보다는 그것의 목록을 가지는 것이 좋다. 그렇게 해서 당신이 필요할 순간에 하나를 시도하고 만약 그것이 잘 되지 않으면 또 다른 것을 시도하라.

효율적으로 마음을 달래는 것들을 확인하기 위해서는 어린 시절로 되돌아가 생각하는 것이 도움이 될 수 있다. 어린아이로 돌아가 편안함을 주었던 방법으로 떠오르는 것이 있는가? 또한 성인기에 가장 정서적으로 도전적이었던 시기로 돌아가 생각해 보라. 과거에 그것을 인식하지 못한 채 도움이 되는 자기달래기 전략을 사용한 적이 있는가? 하나의 경고는 당신의 전략을 조심스럽게 사용하라는 것이다. 그것이 당신한테 건강한지를 확실히 하라. 알코올이나 쇼핑, 섭식은 어느 정도 도움이 될 수 있다. 그러나 과다하게 사용한다면 당신의 문제를 더 크게 만들 수 있다. 혹은 그로 인해 끝내 당신이 다루어야 할 또 다른 문제가 생길 수 있다.

다음은 다른 사람들이 효율적으로 사용하고 확인한 건강한 자기달래기 전략의 몇 가지 예이다. 이들 전략을 사용하고, 그것을 당신에게 무엇이 잘 이행되는지를 확인하도록 돕는 시작점으로 사용하라. 그리고 당신 고유의 목록을 작성하라.

- 거품 목욕을 하라.
- 길고 뜨거운 샤워를 하라.
- 음악을 경청하라. 한 특정한 음악일 수 있다.
- 당신의 차를 닦으라.
- 운동하라. 달려라. 근력운동을 하라. 자전거를 타라.
- 기타나 다른 악기를 연주하라.
- 음식을 만들거나 빵을 구우라(여기에서는 과정을 말하고 있다. 자기달램을 위하여 음식을 과다 섭취하지 않도록 조심해야 한다).
- 애완동물과 시간을 보내라.
- 어린아이와 놀아라.
- 산책을 하라.
- 어린 시절에 위안이 되었던 냄새를 발견하라.
- 친구에게 전화하라.

- 바닥에 누워 보고 구름이나 별들을 쳐다보라.
- 청소하라.
- 영화를 보러 가라.
- 조용히 앉아서 창문 밖을 쳐다보라.
- 교회에 앉아서 명상을 하라.
- **자기대화**: 자기대화는 모든 자기달래기 전략에 있어서 가장 유익하고 용도가 넓을 것이다. 그것은 당신의 불편한 감정 상태를 말로 표현하는 것을 포함한다. 당신은 그것을 혼자서, 자신의 마음 안에서 조용히 할 수 있으며, 그것을 공공장소나 회의실에서 또는 기차 안에서도 할 수 있다. 생각해 내라. 당신이 전체적인 시야로 볼 수 있도록 돕는 자신의 소박하고 정직한 진실을. 다음은 당신이 할 수 있는 것의 몇 가지 예이다.
  - "그것은 다만 하나의 감정일 뿐이야. 그리고 감정은 영원히 계속되지 않아."
  - "너는 너 자신이 좋은 사람인 줄 알아."
  - "너는 너 자신이 선의의 뜻이 있다는 것을 알아."
  - "너는 최선을 다했어. 그리고 그것은 잘되지 않았어."
  - "그냥 기다려."
  - "이것은 지나갈 거야."
  - "이것으로부터 내가 무엇을 배울지 생각해 내야 해. 그리고 나면 그것을 내 뒤에 두자."

가능성은 무한하며, 상황에 의해서, 그리고 당신이 느끼는 것에 의해서 정의되어야 한다. 이 자기달래기 전략은 대부분의 사람에게 적용된다. 그것은 결정적으로 당신의 레퍼토리에 추가할 가치가 있다.

당신의 목록을 만들기 위해 다음의 **'자기달래기'** 변화 기록지를 사용하라. 당신의 목록이 융통성이 있도록 하라. 당신을 위해서 작용되지 않는 것은 지워 버리고 필요하면 새로운 것을 추가하라. 자기달램을 당신과 성장하고 변화하는 목적이 있는 유의미한 노고가 되도록 만들라. 삶의 전 과정에서 당신은 자신을 달래는 능력을 가질 필요가 있다. 당신의 그 능력이 더 좋아질수록 당신은 자신을 더 통제하고 종합적으로 더 편안한 것을 느끼는 더 침착한 사람이란 것을 발견할 것이다.

4) 자기돌봄 4부: 자신에게 연민을 갖기

자기연민을 쌓도록 돕는 **변화 기록지**가 없다는 것을 알면 당신은 실망하거나 안심이 될 수 있다. 그것은 이 자기돌봄의 측면이 사실은 하나의 기술이기보다는 하나의 감정이고 철학이기 때문이다. 밖에서부터 당신의 행동을 변화시키면서 자기연민을 쌓는다는 것은 훨씬 더 어렵다. 그것은 내부에서 외부로 가장 잘 발달된다. 나는 다음의 이유로 자기연민을 맨 마지막에 두었다. 자기연민은 자기돌봄의 고차원적 측면이다. 자기돌봄의 모든 구성 요소를 피라미드 형태로 놓는다면, 자기연민은 맨 위에 있을 것이다. 앞에서 작업한 모든 자기돌봄 기술 위에 배열된다. 그것은 충분히 자기를 돌볼 때만 가능한 자기사랑과 친절의 수준을 요구한다.

'자기 달래기' 변화 기록지

1.

2.

3.

4.

5.

6.

7.

8.

9.

10.

왜 자기연민이 중요한가? 자신에 대한 연민이 없으면 가차 없는 내면의 목소리로 자신의 정직한 실수와 잘못에 벌을 줄 가능성이 많다. 마치 제3장에서의 노엘과 윌리엄이 그랬던 것처럼 말이다. 당신은 제3장에서 소개한 라우라처럼 정상적인 감정과 주제를 갖고도 자신을 탓하고 자신에게 화를 낼 수도 있다. 혹은 제4장의 로빈처럼 무가치하고 공허하게 느끼면서 자살을 고려하는 것에까지 이를 수도 있다. 판단하고, 탓하고, 싫어하고, 모욕하고, 스스로를 죽이려 하는 것들은 모두 자기돌봄에 반대되는 것이다. 당신은 아무도 이런 식으로 대하지 않을 거면서 왜 당신 자신은 그렇게 대하는가? 이러한 것은 모두 자기파괴적인 것이며, 당신의 에너지를 다 써 버리게 하며 당신을 깊은 수렁으로 데려간다.

연민이 공감과 함께, 인간 감정의 가장 높은 형태 중 하나라는 것을 기억하라. 그것은 치유하는, 달래는, 통일하는 것이다. 이것은 사람들을 함께하도록 이끌며 그들을 긍정적이고 설득력 있게 붙든다. 당신이 타인에게 가지는 연민은 당신이 사람들과 주변 세계에 가지고 있는 긍정적 영향의 한 부분이다. 이제는 자신이 그것의 일부분을 받을 시기이다. 다음은 당신의 자기연민을 증가시키기 위해 당신의 질문에 도움을 주는 다섯 가지 안내 원칙이다.

(1) 자기연민 원칙 1: 황금률을 반전하기

'자신에게 하는 것처럼 남에게도 똑같이 하라.'는 황금률이다. 정서적으로 방치된 사람에게 황금률은 이와 반대의 의미이다. 당신이 다른 사람들에게 하듯, 당신을 위해서 하라. 다른 말로 하자면, 당신의 비판적인 목소리가 당신이 마음을 쓰는 어떤 사람에게 말하지 않을 것을 자신에게는 아무 말이나 하도록 놔두지 말라. 당신이 마음을 쓰는 어떤 사람을 어떤 면에서는 처벌하지 않는 것처럼 자신을 처벌하지 말라. 당신이 어떤 일을 했다고 해서 친구를 처벌하지 않는다면, 자신도 같은 행위로 처벌하지 말라. 만약 친구가 평행 주차를 하다가 차도의 연석을 덮쳤다면, 당신은 그녀에게 "어찌 그리 조심성이 없니. 너는 골칫거리야!"라고 말할 것인가? 아니다. 당신은 그러지 않을 것이다. 그러니까 당신도 자신에게 그런 식으로 말하지 말라. 만약 당신이 가혹한 비판적 목소리를 침묵하게 만들지 못한다면, 나는 맥케이와 패닝이 함께 쓴 책『자아존중감(Self-Esteem)』을 적극 추천한다.

(2) 자기연민 원칙 2: 자기에게 향한 분노의 손상을 알아차리기

자신에 대한 분노는 연민의 반대이다. 자신에게 얼마나 자주 그리고 얼마나 강하게 화를 내는지 인식하라. 이것은 중요하다. 왜냐하면 자기를 향한 분노가 도움이 되지 않는 시점이 있기 때문이다. 그것은 자신을 한 사람으로서 싫어하게 만들며 자기파괴적이다. 만약 당신이 실수를 한다면, 당신이 할 수 있는 단 하나는 그것으로부터 배우는 것이다. 다른 모든 것은 에너지 소모일 뿐 언제든 자신에게 화가 나는 것을 느낄 때, 그것을 당신이 타인에게 가지는 연민을 당신 자신에게로 돌리기 위한 하나의 단서로 생각하라.

(3) 자기연민 원칙 3: 당신 고유의 지혜와 연민의 혜택을 당신 스스로에게 제공하기

정서적으로 방치된 사람으로서, 당신은 아마 훌륭한 경청자일 것이다. 4장의 로빈처럼 친구들은 당신에게 많은 이야기를 할 텐데 그것은 당신이 그들에게 유익한 조언을 해 주기 때문이다. 당신은 **타인에게** 무비판적이며, 그들을 돌보며, 동정적이다. 이러한 일이 당신에게 신선할 것이다. 지금 당신이 해야 할 일은 당신이 타인을 도와주기 위해 사용하듯이 자신을 돕기 위해 당신 고유의 무비판적인 지혜의 목소리를 사용하는 것이다. 그것은 **자신에게 당신의 지혜를 말할 수** 있고 **당신 고유의 목소리를 듣고 받아들일 수** 있게 되는 것을 의미한다. 왜 다른 사람들은 당신의 도움과 돌봄으로 이익을 얻는 데 당신은 그럴 수 없는가?

(4) 자기연민 원칙 4: 사랑스럽지만 단호한 내면의 목소리를 발달시키기

정서적으로 방치된 사람으로서, 당신은 부모로부터 사랑스럽지만 단호한 목소리를 내면화하는 방법을 배우지 못했다. 다른 어린 아이들이 부모로부터 "좋아. 다음번에는 더 잘하기 위해서 무엇을 하면 좋을지 생각해 보자."라는 말을 듣는 동안 당신은 스스로 움직였다. 당신은 도움을 주는 부모의 개입이 전무한 상황에서 자신에게 "이 바보야."라고 하면서 지나치게 가혹하게 말하거나 또는 곤경에서 벗어나야 한다는 생각에서, "나는 이에 대해서 생각하지 않을 거야."라고 말할 것이다. 전자는 당신으로 하여금 자신을 향하여 분노를 갖게 하고 에너지를 고갈시킨다. 후자는 똑같은 실수를 반복하게 한다. 어느 쪽이든 당신은 손상을 입는다.

도움이 되고 긍정적이며, 사랑스럽지만 단호한 목소리는 마치 하나의 대화 같다. 그것은 **무비판적인** 방식으로 자신을 생각하게 하고, 무엇이 잘못되었는지, 그것이 미래에 또 다시 일어나지 않도록 어떻게 예방할지에 대해 자신에게 질문하는 것이다. 당신이 퇴근길에 차에 가스를 넣는 것을 잊어버려서 고속도로에서 멈추었다면, 당신의 목소리가 당신에게 다음과 같은 말을 할 수 있다.

- "어떻게 이런 일이 일어날 수 있지? 너는 오늘 점심시간에 심부름을 다녀와서 가스를 채우려 했잖아!"
- "이것 참, 어디 보자. 그런데 오늘 점심시간 후 왜 나는 가스를 채우지 않았지?"
- "오, 맞아. 나는 늦었어. 나는 간신히 1시 회의에 돌아왔어. 차량 관리국(Department of Motor Vehicles)에서 줄이 엄청 길었잖아."
- "그건 내가 통제할 수 없는 거였어. 어떻게 나는 이런 일이 다시 일어나지 않는다고 확신할 수 있지?"
- "다시는 점심시간에 가스를 채우겠다고 계획하지 말아야지. 그렇게 할 수 있다고 확신하기에는 한 시간은 충분하지 않을 수 있어."
- "지금부터는 가스 충전은 출근길이나 퇴근길에 하도록 해야겠다. 그래서 또다시 잊어버리지 않도록 설정해야겠어."

이 사랑스럽지만 단호한 목소리가 당신에게 아주 쉽지 않다는 것을, 그러나 거칠고 자기파괴적이지도 않다는 사실에 주목하라. 목소리는 네 단계를 거친다. 그것은 다음과 같다.

① 판단이나 탓하는 것 없이 실수에 대한 책임을 진다.
② 실수의 어떤 부분이 당신의 허물인지, 그리고 어떤 부분이 다른 사람들이나 환경 때문인지를 통해 생각하도록 돕는다.
③ 미래에 이 잘못이 또 일어나지 않도록 예방하기 위해 무엇을 다르게 해야 하는지 규정한다.
④ 당신이 실수로부터 무엇인가 중요한 것을 배웠다는 것을 인식하도록 돕고 그 실수는 **잊는다**.

이들 단계는 모두 생산적이고 유익하다. 그것은 끝을 위한 수단이다. 그것은 당신의 자아존중감이나 자기 확신에 손상을 주지 않으면서 삶을 더 좋게 만드는 데 도움을 줄 것이다. 삶의 모든 것은 배우고, 성장하고, 더 좋아지는 것에 대한 것이다. 이 세 단계는 당신을 위하여 모든 것을 할 것이다. 사랑스럽지만 단호한 부모의 목소리를 작업하고 창조하는 것을 지속하라.

(5) 자기연민 원칙 5: 당신 자신을 인간이 되도록 허락하기

감정을 가지며, 실수를 하는 것은 인간으로서 당연한 것이다. 양쪽 모두 인류의 거래될 수 없는 조건이다. 지구에 사는 누구도 감정을 가지고 있지 않거나 실수를 하지 않는 인간은 없다는 것을 알기 바란다. 당신이 이와 다르게 이야기하는 사람들을 만난다면 그들의 이야기를 듣지 말라. 그들은 터무니없는 것으로 가득하다(친절하게 말해서).

이상의 기술에 대한 작업을 하는 것이 조금은 벅차다는 것에는 의심할 여지가 없다. 어린 시절을 정서적 건강과 자기돌봄의 가장 중요한 일부 요소 없이 살았기 때문에 선택의 여지가 없이 당신은 성인기에 자신을 재양육해야 한다.

당신에게 약속하건대 당신이 이 작업을 한다면 자신을 쌓아올리는 벽돌 하나하나, 기술 하나하나, 한 걸음 한 걸음이 당신에게 굉장한 보상을 줄 것이다. 당신이 자기사랑의 피라미드를 쌓아올리면서 꼭대기에 다다를 때까지 자신 안에 그리고 당신이 자신을 위하여 친절하고 차분해질 수 있다는 것을 발견할 때까지 그것을 타고 올라가야 한다. 그리고 당신의 강력한 연민을 당신에게 돌릴 때, 당신은 새로운 당신과 살고 있을 것이다. 당신은 바로 사랑스럽고, 실수할 수 있고, 불완전하고, 강점과 약함, 승리와 실패, 민감함과 탄력성을 가진 사람이다. 하나의 채워지고 연결된 당신이다.

8 악순환을 끝내며: 당신이 여태껏 갖지 못한 것을 자녀에게 제공하기

나는 나의 부모가 나에게 했던 실수를
나의 자녀에게는 똑같이 반복하지 않을 것이라 맹세한다.

당신이 만약 정서적으로 방치된 사람이면서 부모이거나 또는 언젠가 부모가 되기를 원한다면, 당신이 이 장을 조심스럽게 읽는 것이 매우 중요하다. 우리가 여기서 다룰 첫 번째 것은 부모로서 가지는 죄책감이다. 두 번째로는 정서적 방치와 관련되기 때문에 당신이 도전해야 하거나 부모로서 당신의 미래에 나타날 수 있는 영역을 확인할 것이다. 마지막으로, 우리는 당신이 확실하게 정서적으로 조율된 부모가 되어 자신과 타인에 대해서 정서적으로 알아차리고 조율된 자녀를 키우기 위해 당신이 무엇을 해야 하는지에 대해서 말할 것이다.

그러나 그러기 전에, 좋은 소식과 함께 시작하자. 힘을 내자. 우리가 부모로서 어떤 실수를 저질렀든 간에 그것은 고칠 수 있다. 아이들은 믿을 수 없을 만큼 탄력적이다. 전에 말했던 것처럼 아이들은 마치 작은 스펀지와 같다. 그들은 우리가 그들에게 주는 것은 무엇이든지 다 흡수한다. 그리고 그 반대의 경우도 진실이다. 그들은 우리가 그들에게 주지 않는 것은 흡수하지 않는다. 그러므로 우리가 그들에게 주는 것을 빨리 바꿀수록 적응 시간이 지난 후 그들도 바뀔 것이다. 그 밖에 자신 내면에 어떤 변화가 일어나면 그것은 자녀에게도 흘러 들어간다. 자신을 긍정적으로 더 많이 바꿀수록 자녀는 더 많이 긍정적으로 자연스럽게 바뀔 것이다. 비록 십대들이 흔히 자신의 변화를 부모인 당신에게 감추려 하기 때문에 일견 그렇지 않게 보이지만 이것은 엄연한 진실이다. 속임수에 넘어가지 말라. 당신의 아이도 변화하고 있다.

1) 부모로서의 당신의 죄책감

여기에 첫 번째 질문이 있다. 이 책을 읽으면서 당신은 자신의 자녀양육에 대해서 의문을 가지거나 죄책감을 느꼈는가? 그것은 정서적으로 방치된 사람에게 매우 전형적인 자책과 무정한 자기판단을 유발하는 것인가? 만약에 그렇다면 계속 읽기 전에 다음에 제시된 원칙을 흡수하기 바란다. 당신이 이 장을 계속 읽음으로써 당신에게 일어날 수 있는 어떠한 죄책감을 중점적으로 다루기 위해서 이 다섯 가지 원칙으로 다시 돌아가서 그것을 필요한 만큼 다시 읽도록 하라. 이것은 당신이 자신을 정서적으로 조율하여 언제 죄책감을 느끼는지 깨닫게 해 줄 것이다. 그리고 당신은 충분한 시간을 들여 자신을 정서적으로 돌보고 돌아와서 그것을 다시 읽을 것이다.

- 많은 부모가 때로는 자신의 자녀양육에 대해 어느 정도의 죄책감이 있다. 그것은 흔히 당신이 그 일을 잘하고 있는지에 대한 염려로부터 일어난다. 그러나 죄책감은 좋은 양육에 **필요하지 않다**. 그리고 그것은 실제로 건강한 양육을 방해할 수 있다.
- 당신이 죄책감을 갖는 경향이 있는 부모라면, 그것은 어쩌면 좋은 자녀양육 결정을 하기 위한 당신의 능력을 방해할 수 있다. 당신이 죄책감을 갖고 있다면 아니라고 말하기 어렵다. 자녀와 한계를 설정하는 것은 더 어렵다. 당신이 자녀와 관련된 모든 행동에 스스로 사후 비판을 만들어 낼 수 있다. 자녀는

부모의 자기의심을 알아챈다. 그리고 그것으로 어떻게 이익을 얻을 수 있는지를 알고 있다. 그러므로 죄책감은 당신이 가진 부모로서의 권위를 약화시킨다.

• 죄책감은 당신이 자녀에게 신경을 쓴다는 표시가 될 수 있지만, 아마도 그것이 없다면 당신은 더 좋은 부모가 될 수 있을 것이다. 죄책감을 느끼는 대신, 목표는 어떤 부모도 완벽하지는 않다는 것을 이해하면서 자신을 신뢰할 수 있는 부모로 유지하는 것이다. 모든 부모는 실수를 한다. 적어도 몇 가지 큰 것을 포함하면서.

• 자기 자신을 훈련하기 위해 사용하는 규칙을 자녀를 위한 양육에도 똑같이 사용하라. 만약 당신이 자신의 양육 실수에 대해 자신에게 가혹하다면 당신은 에너지를 약화시키고 있으며 자신을 연약하고 비효율적으로 몰고 있는 것이다. 자신을 책임감 있게 유지하는 것은 자신을 걷어차는 것과 같지 않다.

• 모든 사람과 마찬가지로 당신은 자신이 알고 경험한 대로 자녀양육을 했던 것이다. 당신은 자신이 가지지 못한 정서적 힘을 자녀에게 제공할 수가 없었다. 당신이 이 책(그리고 8장)을 읽고 있는 사실은 당신이 그것에 신경을 쓴다는 것과 당신이 변화하기에 충분히 강하고 준비되었다는 것을 의미한다. 당신은 이미 자신의 부모보다 큰 편익을 가지고 있다.

2) 지금까지 당신이 만든 변화

당신은 아마도 이 책을 읽어 오면서 이미 자신 안에 어느 정도의 변화를 만들기 시작했을 것이다. 만약 당신이 그랬다면 자녀는 그러한 변화에 어떤 반응을 보였을 것이다. 당신은 '아니요.'를 더 자주 말하고 있는가? 당신은 더 자주 당신 자신을 우선으로 두는가? 당신은 자신의 즐거움을 더 높은 우선순위에 두는가? 이는 모두 당신한테 건강한 변화인 동시에 당신의 자녀에게도 긍정적인 영향을 줄 것이다. 불행하게도 자녀는 아직도 그것을 거의 깨닫지 못할 수도 있다. 자녀에게서 그 영향이 드러나는 것은 그가 원하는 것을 얻지 못했을 때뿐이다. 그러나 그것은 자녀가 원했던 것을 얻지 못한 것이 나쁘다는 의미가 아니다. 그는 당신이 자신과 자신의 욕구를 가치 있게 여기는 것을 보는 것만으로도 큰 혜택을 얻을 것이다. 이것은 자녀 역시 자신과 자신의 고유 욕구를 가치 있게 여기면서 성장하게 만들 것이기 때문이다.

자녀는 당신이 만든 변화에 적응하는 데 도움이 필요할 것이다. 그리고 당신은 당신으로부터 자녀에게 하향되었을 정서적 방치의 결과들을 무찌를 필요가 있다. 당신이 만든 변화에 자녀가 반응하는 것을 보게 된다면, 자녀의 반응에 반응하지 말라. 대신에 자녀의 행동을 살펴보고 스스로에게 질문하라. "바로 지금 그/그녀가 무엇을 느끼고 있는가?" 그리고 친절하게 그것을 그/그녀에게 피드백을 해 주어라. "네가 나한테 '이 말을 하는 것이 익숙하지 않다는 것을 나는 알고 있어. 애야. 미안해. 나는 내가 보통 때와는 다른 결정을 할 때 네가 어려워할 것이라 이해해." 이것은 당신이 아니라고 말하는 것에 대하여 자녀가 화를 내는 것을 멈추지는 않을 것이다. 그러나 당신은 그것으로 인해 당신이 자녀의 감정을 얼마나 간단하게 확증할 수 있는지에 대해 깜짝 놀랄 것이다. 이에 대해서는 나중에 좀 더 이야기하자.

3) 자신의 특정한 양육 도전을 확인하라

당신의 정서적 방치가 어떻게 자녀에게 영향을 주고 있는지를 아는 가장 좋은 방법은 다시 돌아가 그것이 당신에게 어떻게 영향을 주었는지를 보는 것이다. 당신의 정서적 건강에 어떤 구멍이나 틈이 있든 당신이 그것을 채우지 않는다면 당신의 자녀는 같은 구멍과 틈을 가질 가능성이 많다. 다시 한번 정서적으로 방치되었던 사람에게 흔히 남겨진 성인 특성의 목록을 보자. 이 목록을 읽으면서, 제3장을 읽으면서 확인했던 것처럼 각 항목 옆에 체크 표시를 하라.

(1) 공허감
(2) 역의존성
(3) 비현실적인 자기평가
(4) 자신에 대해서는 없으나, 타인에게는 지나친 연민을 느낌
(5) 죄책감과 수치심; 나에게 무엇이 잘못된 거지?
(6) 자신으로 향한 분노, 자책
(7) 치명적 허물(내 진짜 모습을 알게 되면 사람들은 나를 좋아하지

않을 것이다)

(8) 자신과 타인을 양육하는 데서의 어려움

(9) 빈약한 자기훈련

(10) 감정표현불능증: 감정에 대한 빈약한 알아차림과 이해

당신이 특정한 특성에 대해서 확신이 없다면, 제3장을 다시 읽기를 바란다. 그것을 지나치게 생각하지 말라. 당신의 죄책감에 대해서 들으라. 이것은 당신이 무엇을 **생각하는지**에 대한 것이 아니고 당신이 무엇을 **느끼는지**에 대한 것이다. **이 특정한 주제가 당신한테 적용되는 것으로 느껴지는지** 자신에게 질문하라. 당신은 이에 대한 자신의 감정을 믿어야 하며, 이는 일반적으로 당신의 감정을 더 믿도록 배우는 좋은 실습이 되는 보너스를 줄 것이다.

지금 당신은 당신의 정서적 방치의 성인 특성들을 확인한 상태이므로, 그것이 각각 어떻게 자녀양육 맥락에서 행동으로 나타나는지에 대해 말해 보자.

(1) 공허감 대 고성능 품질로 채움

공허한 감정은 어린아이였을 때 정서적으로 채워지지 않았던 것에서 비롯된다. 부모와의 연결에서 아이로서 정서적 연결의 질 그리고/또는 양에 있어서의 풍부함에 무엇인가 빠진 것이다. 가족의 정서적 연결의 질을 연료의 품질로 생각해 보자. 아이가 일반적인 옥탄이나 그 이상의 고옥탄 연료를 충분히 공급받고 성장한다면 아마도 성인이 되어서 공허감을 갖지 않을 것이다.

만약 당신이 어린아이 때 낮은 품질의 연료를 공급받았다면, 그리고 당신이 성인으로서 공허감을 경험한다면, 당신은 자신의 자녀에게 **충분히** 좋은 옥탄 연료를 제공하지 못할 가능성이 많다. 이것이 당신에게 실제로 일어나고 있는 것 같다면, **그것이 당신의 잘못이 아니라는 것**을 인식하는 것이 매우 중요하다. 당신은 자녀에게 자신이 가지고 있지 않은 것을 줄 수 없다. 또한 중요한 것은 이 딜레마에 대한 해결책이 당신에게 있음을 아는 것이다. 그것은 간단한 공식이 아니다. 그것은 체크리스트가 아니다. 그리고 그것은 당신의 행동을 바꾸는 것과 아무 상관이 없다. 사실 **자녀에게 자신이 갖지 않은 것을 주는 단 하나의 방법은 갖지 못한 것과 함께 당신 자신을 제공하는 것**이다. 그러면 당신의 자녀는 혜택을 받을 것이다.

여기에 그것이 어떻게 작용하는지가 있다. 제6장에 소개한 당신의 감정을 평가하는 것을 위해 설계된 모든 연습을 작업하면, 당신은 더 연결되고 표현적이며 인간을 풍부하게 알아차리게 될 것이다. 당신이 제7장을 읽고 변화의 과정을 거치게 되면서, 당신 탱크의 옥탄 수준을 증가시킬 것이다. 자신의 연료가 더 풍부해질수록 자녀에게 채워 주는 연료도 더 풍부해질 것이다. 당신이 더 자신을 돌볼수록 자신을 사랑하고 이해하고, 자신의 정서적 자기를 더 가치 있게 여길수록 당신은 자녀를 더 돌보고 사랑하고 이해하고 자녀와 그들의 감정을 더 가치 있게 여길 것이다. 점차 당신은 공허감을 덜 가질 것이며, 점차 자녀 역시 공허감에 빠져드는 경향성이 줄어들 것이다. 그들의 탱크는 풍부하고 오랫동안 타는, 자신과 다른 사람을 위한 그의 삶을 끝까지 가도록 유지시킬 고품질의 사랑으로 채워질 것이다.

(2) 역의존성 대 상호적 독립적

만약 당신이 이러한 성인의 특성을 가지고 있다면, 이는 어느 지점에서 당신이 부모로부터 다른 사람에게 의존하거나 다른 사람을 필요로 하는 것은 용납할 수 없다는 메시지를 받았다는 의미이다. 당신 부모의 주의 결핍, 인내 부족, 또는 당신의 정서적 욕구를 채우는 데서의 실패는 당신에게 '당신은 주의를 요구하거나 도움을 요청하지 않는 것이 좋을 것이며, 당신 자신을 스스로 돌보는 것이 더 나을 것이다.'와 같은 당신이 **맹렬히 독립적**이 되는 것이 좋을 것이라는 하나의 명확한 메시지를 보낸다.

지금은 이 질문을 숙고하기 위해 잠깐 시간을 가지라. 당신은 자녀를 키우면서 그들에게 이 메시지를 줄 수 있는 어떠한 방법에 대해서 생각하는가? 당신이 대단히 독립적인 것을 가치 있게 여기면서 성장하였다면, 당신 또한 자녀에게 같은 식으로 가르쳤다는 것이 이치에 맞을 것이다. 혹은 어쩌면 당신은 그것에 대해서 전혀 생각하지 않았을 것이며, 모든 부모가 자연스럽게 하는 경향이 있듯이 당신도 당신이 아는 것만 할 것이다. 어느 쪽이든 당신의 자녀가 동료들과 상호적으로 독립적이 되는 것의 커다란 이익을 놓치도록 설정하는 것이다.

"에라 모르겠다! 상호적 독립이라는 게 뭐야?"라고 당신은 말할 수 있다. 상호적 독립은 성인 간 관계에서의 이상적인 균형이다. 그것은 결혼 또는 우정이 될 수 있다(나는 부모-자녀 관계를 제외하고 있다. 왜냐하면 부모-자녀 관계에는 엄청난 양의 의존성이 자연적으로 형성되어 있기 때문이다). 상호적 독립은 관계에서 양쪽이 건강한 수준의 독립과 자기탄력성이 가능하나 각자 어떠한 일과 시간에서 다른 사람에게 의지하는 것이다. 각자 자신을 돌보기 위해 자신의 잠재력에 최대화되어 있다. 그러나 다른 사람이 제공하는 것을 추가함으로써 훨씬 더 많이 확대될 수 있다.

당신이 자녀에게 다른 사람들한테 의존하지 말아야 한다는 메시지를 준다면, 당신은 자녀의 삶에서 다른 사람들이 가지는 가치 있는 힘을 떼어 버리고 있는 것이다. 이러한 힘은 어떤 방식이 될 수 있는데, 그것은 다른 사람이 우리를 풍요롭게 하거나 활기를 띠게 하거나 우리의 짐을 덜어 주는 것이다. 폭넓은 가능성에서 몇 가지 단순한 예는 위로하는 말과 부드러운 터치, 가구를 옮기는 데 도움을 주는 것, 맛있게 요리된 음식을 나누는 것 같은 것일 수 있다. 상호적 독립은 우리로 하여금 주고받고, 사랑하고 사랑받고, 돌보고 돌봄을 받을 수 있도록 우리의 삶에 균형을 허락할 것이다. 그리고 당신과 당신의 자녀는 그것을 가질 자격이 있다.

부모로서 당신은 당신에게 저절로 오지 않는 이런 유형의 균형을 가지고 어떻게 자녀를 키울 것인가? 현실은 이것이 쉽지 않다. 좋은 소식은 당신이 자신의 역의존성에서 만드는 변화가 자녀에게 하향할 것이라는 것이다. 당신이 다른 사람들한테 의지하는 것을 덜 걱정한다면, 자녀도 다른 사람들한테 의지하는 것을 덜 걱정할 것이다. 그러나 여기에 그것의 가장 중요한 측면이 있다. 당신이 더욱더 자녀 곁에 있어 주면 **그들이 당신을 필요로 할 때** 더 상호적으로 의존적이 될 것이다. 그들이 너무 의존적이 되는 것을 두려워하지 말라. 그 자녀가 의존적이 되게 하는 단 한 가지 방법은 그들이 도움을 필요로 하지 **않을 때** 너무나도 많은 방식으로 지나치게 자주 도와주는 것이다.

자녀가 당신을 필요로 하며 그것이 지나치지 않을 때, 당신이 거기에 그들을 위해 있으려면 자녀와 조율되어 있어야 한다. 3학년인 지크의 반사회적인 엄마를 기억해 보라. 그 엄마는 그를 방에 보내며 '나는 학교에서 다시는 문제를 일으키지 않겠다.'라는 문장을 필기체로 50번 쓰게 했다. 그녀는 자녀의 능력과 조율되지 않은 극단적인 예의 부모였다. 자녀가 무엇을 할 수 있고 할 수 없는지에 대해 이렇게 편향된 관점을 가진 어머니는 발달적으로 자녀를 돕기 위해 적절한 판단을 하지 못하고 발을 내딛는 사람이 될 수 있다.

그러므로 언제 자녀에게 도움을 제공해야 하는지를 바르게 분별하는 능력을 가지려면, 제1장의 **건강한 대 정서적으로 방치적인 양육**에서 주어진 예로, 3학년인 지크의 사례를 참고하는 것이 도움이 될 것이다. 당신은 자녀에게 **정서적으로 연결되어 있음을 느껴야** 한다. 그래야 언제가 개입하여 그를 달래고 도움을 주어야 할 적당한 때인지를 알 수 있다. 자녀가 참으로 무엇을 할 수 있는지, 무엇을 할 수 없는지에 대해 잘 알도록 당신은 자녀에게 **주의를 기울여야** 한다. 그리하여 당신은 그/그녀가 진정 도움이 필요한 때를 알게 될 것이다. 그리고 당신은 **유능하게 반응해야** 한다. 즉, 자녀에게 의미 있고 적절한 도움을 제공해야 한다.

이 모든 단계에서 어떤 부모도 완전하지 않다. 당신이 할 수 있는 것은 최선을 다하는 것이다. 그렇게 한다면 자녀는 당신을 사랑하고, 다른 방식으로 당신에게 고마워할 것이다. 그들은 당신이 그들을 이해하고, 그들이 필요할 때 지지와 도움을 준다는 것을 느낄 것이기 때문이다. 그들은 더 높은 곳에 다다르기를 원할 것이며, 풍부한 관계를 가지고 자신의 잠재력을 더 잘 채울 것이다. 그들은 독립적이 될 것이고 다른 사람에게 도움을 받을 수도 있을 것이다. 그들은 평생 자신이 세상에서 혼자라는 감정을 덜 느낄 것이다.

(3) 비현실적인 자기평가 대 강하고, 명확한 자아감

정서적으로 방치되었던 사람은 흔히 **진짜 자신이 누구인지 모르는 특성을 지닌다.** 어떻게 자녀가 부모의 눈에 비친 자신을 보면서 자신에 대해 배우는지에 대해서 말한 것을 기억하는가? 만약 부모가 당신을 그리 많이 보지 않았다면 그 반사는 잡기 힘들다. 당신이 성인인데도 자신에 대한 견해가 명확하지 않거나 현실을 기반으로 하고 있지 않았다면, 아마 그것은 부모가 당신에게 **충분히** 주의를 기울이고 있지 않았다는 것을 의미한다. 부모는 자녀와 일주일 내내 24시간 같이 있으면서도(그것이 건강하지 않을 수 있다) 자녀를 보지 못하고 있을 수 있다. 이 경우에 **주의를 기울인다는** 것은 조심해서 주스를 따르는 것 같은 의미가 아니다. 그리고 그것은 예쁜 여자용 머리핀의 예술적인 배치를 말하는 것이 아니다. 그것은 자연스럽게 자녀가 좋아하는 것과 싫어하는 것 그리고 자녀의 강점과 약점을 알아채는 것, 그것을 기억하는 것 그리고 그것을 자녀에게 도움이 되게 다시 되돌려 주는 것을 의미한다. 이렇게 하는 것이 바로 자녀로 하여금 자신이 누구인지에 대한 현실적 감각을 내면화할 수 있게 하는 것이다.

앞서 제시되었던 **변화 기록지** 중 하나가 **좋아하는 것과 싫어하는**

것에 대한 것이었다. 그 변화 기록지는 당신이 선천적으로 즐기거나 즐기지 않는 것을 더 의식할 수 있도록 돕기 위해 설계되었다. 좋아하는 것과 싫어하는 것은 능력, 외모, 성격 특성, 지능, 사회적 기술과 선호, 습관 그리고 당신이 누구인지를 만드는 끝없는 요소들로서 자기평가에 반영된다. 당신이 좋아하는 것과 싫어하는 것을 배우기 위한 과정은 당신이 누구인지의 복잡성에 대해서 더 알아 갈 때도 사용할 수 있다. 그 과정은 당신의 자녀양육에도 적용된다.

자녀를 양육하면서, 매일 당신이 주의를 기울이는 것과 매일 그들에게 도움이 되는 피드백을 제공하는 것은 중요하다. 이것은 지나치게 비판적이거나 부정적이 되라는 것을 의미하지 않는다. 그렇게 하는 것은 그들의 자아존중감에 손상을 주기 때문이다. 그러나 아들이 야구보다 축구에 훨씬 더 뛰어나다면, "너는 축구 기계구나!"라고 말할 수 있다. 야구에 대해서는 그것이 진실이 아니라면 당신은 그에게 그렇게 말하지 않아야 한다. 그러나 "너는 야구는 잘하지 못하네!"라고 말하면 안 된다. 이것은 너무 부정적이고 자녀의 자존감에 손상을 가져오기 때문이다.

자녀가 공부에 소질을 나타냈던 에피소드가 있었는지 떠올려 보라. 또는 자녀가 무엇인가를 열심히 하려고 하는 모습을 보였을 때가 있었는지 떠올려 보라. 예를 들면, "저는 수학에 쏟을 시간이 더 필요해요."라든지 "바이올린을 더 연습하고 싶어요."와 같은 말이다. 만약 자녀가 바이올린에 대단한 소질을 가지고 있지는 않더라도 그것을 연주하는 것을 매우 좋아한다면, 당신은 음악을 위한 그의 애정과 무엇인가를 학습하기 위해 열심히 하려는 그의 의지에 감탄할 것이다. 자녀의 감정에 상처를 줄 수 있거나 너무 가혹한 피드백을 주는 것을 피하라. 또한 현실적이지 못한 피드백을 피하라. 그러나 정직하고, 사랑스럽고, 돌보는 그리고 명확한 피드백을 주어라.

어떤 때 당신은 자녀에 대해 관찰하지만 아무 말도 하지 않은 채 다만 거기에 머물러 있어 주어야 할 때도 있을 것이다. 자녀는 당신이 주는 관심을 흡수할 것이며, 또한 비추어진 자신의 모습을 볼 것이다. 그는 18년 이상 그를 키운, 부모의 거울을 보고 또 볼 것이다. 그는 자신의 이 조각을, 또한 자신의 그 조각을 볼 것이다. 그는 그 조각들이 성장하고 변하고 발달하는 것을 볼 것이다. 조각들은 완전히 채워진 한 사람의 모습을 반사하듯이 합쳐질 것이다. 그리고 그 사람은 자신이 무엇을 원하고 무엇을 할 수 있는지를 알게 될 것이다. 그는 당신이 갖지 못했던 그윽하고, 명확하고 그리고 자신이 누구인지에 대한 강한 이미지를 가지면서 엄청난 이점과 함께 그의 성인의 삶을 시작할 것이다. 그것은 오로지 당신만이 줄 수 있는 하나의 선물이다.

(4) 자신에 대해서는 없는 연민 대 연민

부모로서 당신은 자녀가 그들 자신을 가혹하게 대하거나 그들 자신의 실수에 자신을 벌 주면서 성장하는 것을 원치 않는다. 자녀가 실수로부터 배우고, 자신을 사랑하고 성장하기를 원한다. 그러한 소망을 이루기 위해서 해야 할 일은 당신의 자녀가 다른 사람들과 자신에게 연민을 갖도록 가르치는 일이다. 이를 위해 당신은 제

7장에서 우리가 말한 네 가지 **자기연민 원칙**을 적용할 수 있다. 당신이 자녀에게 동정심이 있다면, 그들은 그것을 다른 사람들과 자신을 위해서 가질 것이다.

첫 번째 **자기연민 원칙**은, **황금률 반전**(reverse golden rule)이었음을 기억하라. 여기에서 그 원칙이 어떻게 부모가 되는 것에 적용되는지 보여 준다.

"당신 부모가 당신에게 해 줬으면 했던 것을 자녀에게 하라."

정서적으로 방치되어 성장한 부모는 자녀양육을 위한 기본 설정을 따를 수 없다. 그녀의 기본 설정은 그녀의 주 양육자들에 의해서 결정되었으므로 그러한 설정은 자신의 **정서적 방치**를 자녀에게 전수하는 결과를 낳을 가능성이 있다. 부모로서 자녀를 위하여 자신의 설정을 버리고 더 건강한 것으로 바꾸기 위해 열심히 작업해야만 한다. 그래서 자녀가 나쁜 결정을 내리고, 일을 망치고, 어떤 일을 생각이 없거나 틀리게 하더라도, 당신은 인내심을 가지고 성급하게 반응하지 않는 것이 중요하다. 당신의 기본 설정에 따른다면 충동적이고 정서적인 반응이 이루어질 것이다. 대신, 잠깐 멈추고 생각하라. 내가 만약 내 자녀였다면, 지금 나는 부모로부터 무엇을 필요로 할 것인가? 그래서 내가 그로부터 무엇을 배우고 넘어갈 것인가?

두 번째, 당신은 자녀가 자신을 힘들게 하고 있는 것을 볼 경우, **자기연민 원칙**을 자녀양육에 적용할 수 있다. 자녀가 자신의 실수로 인해 자신을 처벌하거나, 자신에게 지나치게 화를 낸다면 즉시

발걸음을 떼고 도움을 주기 시작해야 한다. 자신에게 향한 그 분노가 지나치고 잘못된 것임을 지적하라. 심지어 그 순간에는 그것이 그를 돕는 것 같아 보일지라도, 그것이 그의 속마음에 씨를 심고 자랄 것이다. 그러므로 당신의 자기달램을 자녀를 위로하기 위해 사용하라. 그래서 그가 그것들을 내면화할 수 있도록 하라.

세 번째 **자기연민 원칙**은, 자녀에게 당신의 지혜와 연민의 혜택을 주는 것이다. 자녀가 자신을 용서하는 것을 배우기 위해, 자녀는 당신으로부터 용서를 경험해야 한다. 자녀는 당신이 자신에게 전달하는 가혹함의 수준을 내면화할 것이다. 이것은 앞의 두 원칙을 요약한다. 왜냐하면 그것은 당신이 자녀의 실수에 대해 적절하게 자녀가 책임을 지게 하고, 자신을 너무 가혹하게 대할 때는 개입하고, 자녀의 실수와 그 상황을 이해하도록 돕고, 끝으로는 자녀를 용서하면서 반응하는 것이 포함되기 때문이다. 당신이 이 모든 것을 자녀를 위해 이행할 때, 자녀는 그것들을 스스로 하도록 배울 것이다.

자녀가 네 번째 **자기연민 원칙**인 사랑스럽지만 단호한 내면의 목소리를 발달시키도록 돕는 것은 자녀가 자신에게 연민을 가지도록 돕는 데 필수적이다. 제7장에서 차의 가스가 다 떨어진 후 건강한 내면의 목소리를 사용하는 예를 제시했던 것을 기억하는가? 그것은 또한 자녀를 위해 사용하기 좋은 템플릿이다. 부모의 역할에서 무엇이 일어났고 왜 일어났는지 그리고 그/그녀가 잘못 간 곳을 스스로 찾아내도록 자녀를 도우라. 그래서 실수를 하는 것은 그것으로부터 배우는 일이라는 것을 스스로 알게 해 주어 자녀를 안심시키라. 자녀가 이해, 소유, 배움과 용서의 과정을 걸어가도록 하라. 이 과정은 극도로 가치가 있다. 이 과정을 통하여 자녀가 자신

과 타인에게 사랑과 연민을 가진 성공적이고 강한 성인이 되는 데
꼭 필요한 지지와 책임을 제공할 수 있게 한다.

(5) 죄책감과 수치심 대 건강한 자기수용

죄책감과 수치심이 정서적으로 방치된 사람에게 무엇을 일으키
는지 기억하는가? 그것은 자녀의 감정에 대한 부모의 수용과 확증
의 부재로서, 자녀로 하여금 감정을 가지는 것이 자신에게 무엇인
가 잘못됐다고 궁극적으로 느끼게 하는 원인이다. 모든 사람은 감
정이 있으므로 자녀는 그것을 다른 사람들한테, 심지어는 자신에
게까지 감추려 하면서 궁극적으로 자신의 이러한 부분을 부끄러워
하게 된다. 그럼 부모로서 당신은 이것이 자녀에게 일어나지 않도
록 무엇을 할 수 있는가? 당연히 그의 감정을 수용하고 확증하는
것이다.

당신 스스로 정서적으로 방치되었던 한 부모로서, 이것은 생각보
다 더 어려울 수 있다. 그것은 일반적으로 당신이 감정에 더 익숙해
지기를 요구한다. 심지어 당신은 자녀의 감정이 과도하고 맞지 않
다고 생각할지라도 자녀가 느끼는 것에 더 인내할 필요가 있다.

여기에 자녀의 감정을 이해하고 수용하는 법을 위한 몇 가지 제
안이 있다. 이를 설명하기 위해 자녀의 감정을 마치 그에게서 흐르
는 물이라고 생각해 보자.

- 만약에 당신이 흐르는 물 앞에 방벽을 놓는다면, 물은 어디로
  든 갈 것이다. 그것은 주변으로 또는 방벽 너머로 갈 것이다.

결국 어디로도 갈 데가 없으면, 그것은 방향을 돌려 원천으로 머리를 되돌릴 것이다(당신의 자녀가 그의 감정의 방향을 자기에게로 돌릴 것이라는 의미임). 무엇이든 간에, 물은 어디론가로 흐른다. **당신은 자녀의 감정의 흐름을 멈출 수 없다.** 그러니 바라건대 시도하지 말라.

• 흐르는 물을 다스리기 위해서 당신이 그 근원으로 가는 동안 그것이 흐르도록 놔두어야 한다. 그래서 자녀가 무엇인가를 느낄 때, 감정이 본래 원인으로 돌아가도록 하는 동안에 그의 감정을 흐르도록 놔두어야 한다. 이것은 자녀에게 약간의 질문을 하는 것을 포함할 수 있는데, 이는 당신으로 하여금 이러한 감정을 일으키게 하였거나 강화했을 상황으로 돌아가 이해하고 생각할 수 있도록 당신을 돕고자 하는 것이다.

• 자녀의 감정이 그 자신의 안에서 홍수가 되도록 놔두지 않도록 조심하라. 비록 자녀의 감정을 중지시키려고 시도하는 것이 권할 만하지 않음에도, 자녀가 그것을 다스리도록 돕기 위해 개입해야 하는 시기가 있다. 다스리기 위해 중지하기와 돕기는 똑같은 것이 아니다. 그것은 "성인 남자는 울지 않는다."와 "여기서 무슨 일이 일어나고 있는지, 그것에 대해 무엇을 할 수 있는지 함께 생각해 내자." 사이의 차이이다.

• 자녀의 감정이 인간 해부학적으로 뿌리내린 그의 기초적인 부분이라는 것을 명심하라. 그는 당신으로부터 감정을 갖지 말라는 메시지를 받아서는 안 된다. 그러나 그는 감정을 다루는 것이 가능하고 필요하다는 것을 당신으로부터 배워야 한다.

• 자녀가 이러한 핵심 기술을 배우도록 하기 위해 제6장에서 제

시된 '감정 관리 기술들'을 사용하라.
- 당신 자신을 위하여 감정 관리 기술을 사용하라. 자녀는 또한 본보기로 그것을 배울 것이다.

당신이 앞서 제시한 감정 관리의 원칙 모두를 따르기 위해 최선을 다하면, 당신은 자녀에게 죄책감과 수치심에 반대되는 것을 가르치게 될 것이다. 당신은 그에게 삶의 모든 영역에서 그가 사용하는 핵심 기술을 제공하게 될 것이다. 그는 자신의 감정이 자신의 정체성의 정상적이고 건강한 부분이라는 것을, 그리고 비록 그 감정에 좌우되지 않지만, 그것이 말하고 있는 것에 경청해야 한다는 메시지를 당신으로부터 얻을 것이다. 결과적으로, 그는 자신의 부분을 수용하고, 심지어 가치 있게 여기며, 이 필수적이고, 연결되고, 풍부하게 하는 것들을 수용하면서 성장할 것이다.

(6) 자책 대 용서하기

용서는 **자기연민**의 마지막 단계이다. 자녀가 빈약한 선택이나 실수를 하면, 당신은 실수의 어떤 부분이 그/그녀 자신의 것이고, 어떤 부분이 다른 사람의 것이며, 어떤 부분이 주변 환경의 것인지를 이해하도록 그/그녀를 돕기 위해 자기연민 원칙을 사용할 것이다. 그러면 당신은 그/그녀로 하여금 실수를 어떻게 바로잡을지 생각해 내도록 하고, 그것이 또다시 일어나지 않도록 예방하는 것을 도울 것이다. 그래서 당신은 그/그녀가 자신을 용서하고 그것을 잊어버리도록 도울 것이다.

당신은 이 모든 시간과 에너지를 자녀양육에 투자할 것이다. 왜냐하면 당신은 당신의 부모가 당신을 돌보지 않음으로 인해 당신에게 어떤 일이 일어났는지 개인적으로 경험했기 때문이다. 우리는 자신의 경험에서 우리가 평생 만들 많은 실수에서 벗어나지 않으면 그것에 막혀 옴짝달싹 못한다는 것을 알고 있다. 우리가 자신을 용서하지 않으면, 우리의 실수는 불필요하게 우리의 커다란 한 부분이 된다. 그것은 우리의 자아감을 장악하며, 심지어 현재의 우리 자신까지 삼켜 버린다. 어쩌면 당신이 그랬던 것처럼 당신은 자녀가 그/그녀의 실수로 정의되는 것을 원치 않을 것이다. 그/그녀에게 마지막 단계를 가르치라. 그것은 어떻게 **그 실수를 잊어버릴 수 있는지에 대한 것이다.** 그럼 그/그녀의 실수들은 현실에 부응할 것이며, 그/그녀는 그/그녀의 본래 자아존중감과 자기사랑을 유지하면서 적절한 위험을 건강하게 감수할 수 있도록 자유롭게 될 것이다.

⑺ 치명적 허물 대 호감이 가고 사랑스러움

당신은 당신이 가지고 있는 치명적 허물이 어떤 종류이든 그것은 손상된 감정이라는 것을 기억할 것이다. "만약 당신이 나를 잘 알게 되면 당신은 나를 좋아하지 않을 것이다." 이것은 정서적으로 방치된 사람에게서 만연한데, 부모로부터의 긍정적인 애정과 인식의 **부재**로 인해 생겨난 것이다. 내가 정서적으로 방치된 성인에게 성장하면서 사랑을 받았다고 **느꼈는지** 질문하였을 때 얼마나 많은 사람이 "나는 항상 **알고 있었어요.** 부모가 나를 사랑했다는 것을 요."라고 대답할 것인지 당신에게 말하지 않겠다. 아는 것은 감정이 아니다. 그리고 감정은 여기에서 열쇠이다.

자녀가 당신이 자기를 좋아하고 사랑한다는 것을 아는 것뿐만 아니라 확실히 **느끼게** 해야 한다. 따뜻하고 돌보는 포옹, 웃음 그리고 진정으로 자녀의 성격을 수용하고 즐기는 모든 것은 자녀에게 그 **감정을** 전달하는 데 도움이 될 것이다. 그러나 정서적으로 방치된 많은 사람은 이러한 표현을 충분히 받지 못하고 성장했다. 만약 자녀에게 사랑한다는 감정을 전달하는 행동이 당신에게 자연스럽지 않다면, 당신은 그것을 자녀의 앞날을 위하여 익혀야 한다.

한 걸음 더 나아가기 위해 자녀가 **치명적 허물**을 가지는 것을 예방하기 위한 핵심적인 발걸음은 자신의 허물을 다루는 것이다. **치명적 허물**은 거의 부모로부터 자녀에게 전해지는 것 중 하나이다. 그것은 마치 부모의 정체성의 한 부분인 것처럼 자녀의 정체성의 한 부분이 되면서 드러나지 않고 인식되지 않게 부모로부터 자녀에게 스며든다. 그것은 복잡하고 밑바닥에 깔려 있는 감정이기 때문에 사람들은 자신들이 그것을 가지고 있다는 것을 알게 되는 것이 드물며, 그것을 확실히 말로 표현하지 못한다. 대신, 그것은 항상 존재하는 감정으로 그들의 많은 결정을 이끌며 그들 위에 검은 구름처럼 걸려 있다(제3장에서 캐리의 사례를 기억하라). 그러나 결론은 당신이 자신에게 치명적 허물이 있다고 느끼지 않으면 이에 대해서 걱정하지 않아도 될 것이다.

나는 당신이 이 절을 읽으면서 자신에 대한 감정이 얼마만큼 자녀에게로 스며드는지가 명확해졌기를 기대한다. 당신이 자신에게 사랑을 **느낀다면**, 당신은 자녀에 대한 애정을 **느끼는** 능력이 훨씬 더 많다. 당신이 강한 자기가치감이 있다면, 그것은 또한 자기가치감을 가질 자녀에게로 스며들 것이다. 핵심은 당신이 당신 내면에 빠진 것이 무엇인가를 다룰 때 그러한 부재가 당신의 자녀에게 전수되지 않을 것이라는 것이다.

(8) 양육하는 데서의 어려움 대 주는 것과 돌보는 것

당신이 정서적으로 방치되어 자라고 있을 때, 당신은 아마도 부모로부터 받은 양육에 있어 격차를 경험했을 것이다. 어쩌면 당신은 신체적인 영역 같은, 어떤 영역에서는 아주 잘 돌봐졌지만 다른 영역에서는 그렇지 않았을 수 있다. 양육은 하나의 따뜻한 돌봄의 유형이다. 그것은 돌봄과 짝지어 제공하는 것이다. 딸에게 지나친 관심을 준 탓에 오히려 원망을 들었던(?) 데이브를 기억하는가? 이미 말한 바와 같이, 데이브는 물에서 너무 오랫동안 떨어져 있었던 스펀지 같았다. 그의 정서적 자기는 메마르고 잘 부서지는 것으로 변했다. 따라서 그는 무엇이건 받는 것과 주는 것에 커다란 어려움을 가지고 있었다.

부모로서 지금 당신이 해야 할 일은, 아무리 낙관적으로 생각하더라도 부모로부터 얼룩진 양육을 받은 한 자녀가 절대 말라 버리지 않게 확실히 하는 것이다. 자녀가 돌봄을 받는다고 확실히 느끼게 하기 위해 당신이 할 수 있는 모든 특별한 일은 그가 그것을 다른 사람에게 주려고 하고 또 그렇게 하도록 그를 지지해 주는 것이다. 당신은 자녀가 결혼과 자신의 자녀와의 관계에서 최대한 성공하기를 원할 것이다. 당신이 그의 삶 내내 충분하고 따뜻한 돌봄을 제공하면, 그도 그것을 자신이 사랑하는 사람들에게 충분히 줄 수 있을 만큼 방대하게 가질 수 있을 것이다.

다음은 당신이 자녀에게 정서적 양육을 제공하는 것을 도울 몇 가지 아이디어이다.

- 자녀가 슬퍼 보이는 것을 알아차렸을 때 그에게 자발적으로 포옹해 주라.
- 만약 당신이 그녀가 속상해한다고 생각한다면 그녀에게 괜찮은지 물어보라.
- 당신이 그가 그것을 필요로 한다고 생각할 때 그와 추가적인 시간을 보내라.
- 당신의 자녀가 전환의 시기를 통과하고 있다면, 또는 학교가 시작하거나 끝날 때, 이사할 때, 친구 관계가 바뀌는 등의 어떤 어려운 단계를 지나고 있다면 그에 대해서 자녀와 이야기하고, 자녀가 어떤 단계를 거치고 있는지를 당신이 알아차렸음을 보여 주기 위해 무엇인가 특별한 것을 해 주라.
- 그가 일반적으로 무엇을 느끼고 있는지 알고 있어야 한다. 그가 자신의 감정을 인식할 수 있도록 그리고 그것들을 말로 할 수 있도록 도와주라. 그런 감정을 수용하고 확증시키라. 그는 이 모든 것을 양육으로 경험할 것이다.

(9) 빈약한 자기훈련 대 통제

우리가 전에 말한 것처럼 당신의 자기훈련과의 투쟁은 거의 당신의 부모로부터 받은 훈련에 대한 무엇인가를 반영할 가능성이 많다. 자유롭게 내버려 둔 아이들은 재빨리 자신을 제멋대로 하는 것을 배울 것이다. 그들은 또한 어떻게 자신들을 힘들게 할 수 있는지를 배우며, 자신을 게으름뱅이, 지연시키는 사람 또는 쇼핑 중독자라고 부르는 것을 배울 것이다. 그들이 배우지 **못할** 것은 자신이 원하지 않는 것을 하도록 만드는 방법과 자신이 해서는 안 될 것으로부터 멈추는 방법이다. 당신의 자녀는 당신이 **구조**, 명확한 **규칙** 그리고 적절하고 예측되는 **결과** 같은, 당신 자신을 위해 제공하는 것에 문제가 있는 것을 그녀에게 주지 않는 한 그중 어느 하나도 배우지 못할 것이다.

① 구조

당신이 자녀에게 구조를 제공할 때, 당신은 그에게 어떻게 자신을 구조화하는지를 가르치는 것이다. 예를 들면, 학교 수업이 있을 때에는 밤에 침대로 가는 시간이 9시이다. 그것은 합리적인 규칙이다. 당신은 자녀와 함께 규칙을 설정하고 실행하면서, 그녀에게 자신의 머리로 규칙을 설정하고 그것을 따르는 방법을 가르친다. 또 다른 예로, 방과 후에 놀러 나가기 전 한 시간 동안 학교 숙제를 하는 것이 될 수 있다. 이 명령에 의해 자녀는 곧바로 나가서 놀고 싶은 자신의 충동을 무효화하도록 배운다. 그녀가 나이가 더 들어 자신의 시간에 대한 통제를 해야 할 때, 그녀는 어린 시절 배운 이러한 능력이 자신의 충동을 압도하도록 만들 것이다. 그녀가 자신을 구조화할 수 있다면, 그녀의 일들을 미루게 될 가능성은 훨씬 더 적어질 것이다.

② 규칙

한번 당신이 당신의 자녀를 위하여 확고하면서도 적당히 융통성이 있는 구조를 세웠다면 그 구조가 자녀에게 명백하도록 만드는 것이 중요하다. 자기훈련은 자기 자신에게 명백한 규칙을 설정하고 그것을 자기 자신이 따르게 하는 능력이다. 건강한 훈련은 당신이 부모의 역할로서 가져야 할 것이다. 규칙은 명백하고, 연령에 적합하고, 따르기 쉬워야 한다. 냉장고에 규칙을 적은 쪽지를 붙이고 가족회의에서 발표하라. 그것을 이유 없이 또는 자녀에게 알리지 않고 바꾸지 말라. 당신의 자녀는 자신에게 무엇을 기대하는지 명백히 알아야 한다.

③ 결과

당신의 자녀는 규칙을 위반하면 어떤 일이 일어나는지를 알아야 한다. "네가 화요일에 쓰레기를 밖에 내다 놓지 않으면, 골치 아픈 일이 있을 거야."라는 말은 효과가 없다. "네가 화요일에 쓰레기를 밖에 내다 놓지 않으면, 네가 그 일을 마칠 때까지 아이패드를 뺏을 거야."라는 말도 효과가 없는데, 그 결과가 명백하지 않기 때문이다. "네가 화요일에 쓰레기를 밖에 내다 놓지 않으면, 나는 아이패드를 자선단체에 줄 거야."라는 말 또한 효과가 없는데 그 결과가 부적절하게 가혹하기 때문이다. 그것은 잘못의 정도에 합당하지 않다. 당신의 결과는 명백하고 적절해야 하며, 그에 더하여 신뢰할 수 있게 전달되어야 한다. 결과의 전달은 당신이 주의를 기울이고 있는지 아니면 그것을 줄 에너지가 있는지에 달려 있지 않다. 당신의 자녀는 당신이 진지하다는 것을 알아야 하며, 또한 당신으로부터 무엇을 기대할 수 있는지를 알 필요가 있다. 그렇지 않다면 자녀에게 어떻게 규칙을 어기는 것과 자기훈련에 문제를 가지는 것 말고는 아무것도 가르쳐 줄 수 없을 것이다.

⑽ 감정표현불능증 대 정서적 알아차림

이 책을 읽는 동안 당신은 정서적 인식이 자녀에게 줄 수 있는 훌륭한 선물 중 하나라는 것을 깨달을 수 있다. 당신은 자녀가 자신이 무엇을, 왜 느끼는지를 알기를 원한다. 그리고 그것을 말로 표현할 수 있기를 바란다. 당신은 또한 그녀가 다른 사람들이 무엇을 느끼는지를 생각해 내는 기술과 어느 정도 다른 사람들의 감정과 행동에 대한 이유를 추론하는 능력을 갖기를 원한다. 이것은 Daniel Goldman이 명명한 **정서적 지능**의 중요한 측면이다. Goldman이 실시한 과학 연구에서는 높은 정서적 지능이 높은 지적 지능보다 성공의 더 큰 예측 변수라는 것을 보여 주었다. 정서적 지능이 있는 사람은 세상을 항해하는 데 커다란 이익을 가지고 있다. 이것은 결혼, 사회적 상황 그리고 양육뿐만 아니라 일터를 포함한다.

이러한 기술이 얼마나 중요한지를 알면서 당신은 어떻게 자녀가 그것을 가지고 있는지 확신하는가? 무엇보다도 먼저, 이 장에서 우리가 말한 모든 것은 당신 자녀의 정서적 인식에 공헌할 것이다. 그 밖에 당신이 할 수 있는 것이 더 있다.

당신의 자녀는 학교에서 감정에 대해 조금 배울 것이다. 그에게 이러한 부분을 주로 교육하는 것은 당신에게 달려 있다. 여기 당신의 자녀에게 감정에 대해 가르치기 위해, 그래서 그가 높은 수준의 정서적 인식을 가지게 하기 위해 따라야 할 다섯 단계가 있다.

① 자녀가 무엇을 느끼는지 주의를 기울이고 주목하라.
② 자녀가 무엇을 느끼고 있는지를 느끼기 위해 노력하라.
③ 그/그녀를 위해서 감정을 말로 표현하며, 그/그녀의 감정을 표현하기 위하여 그/그녀 자신의 용어를 어떻게 사용하는지 가르친다. **부록**에 제시된 **감정 단어 목록**을 사용하면 도움이 될 것이다.
④ 그/그녀가 자신의 감정에 대한 이유를 이해하도록 돕기 위해 당신의 수직적 질문 기술을 사용하라.
⑤ 감정을 삶의 중요한 부분으로 만들라. 당신이 매일 하는 말에서 정서적 언어를 유지하라. 이것만으로도 자녀에게 감정의 가치와 중요성을 전달할 수 있으며, 삶의 **감정** 부분을 이해하려는 그/그녀의 흥미를 촉진할 것이다.

당신은 이 절을 읽으면서, 죄책감을 느끼기 시작했는가? 자신이 모든 것을 제대로 하지 못한다고 판단하였는가? 그렇다 해도 그것은 이상한 일이 아니다. 많은 다른 부모도 당신과 마찬가지이다. 어떤 부모도 결함이 있다. 모든 부모는 이러한 영역에서 무너진다. 모든 부모는 투쟁하고, 때로는 실패한다. 정서적으로 방치된 부모로서, 당신에게는 추가적인 도전이 있다. 당신은 자신에게 연민이 있어야 한다. 당신의 실수로부터 배우고 당신이 앞으로 나아가면서 노력하는 것을 지속하라.

만약 정서적 방치가 당신에게 영향을 주는 영역을 당신이 확인할 수 있는 능력을 가졌다면 그리고 이 책에서 그에 대해서 무엇을 하여야 하는가를 읽는다면, 당신의 자녀를 위하여 이러한 주제들을 수정할 수 있는 엄청난 가능성이 있다. 아이들은 놀라울 만큼 탄력적이다. 그래서 그들은 잘 튀어서 되돌아온다. 십 대는 부모의 변화에 반응하는 데 더 느리다. 그러나 그들도 반응은 한다. 당신은 당신이 가진 기본 설정에 항복해서는 안 된다. 당신은 자신의 이익을 위한 싸움과 마찬가지로 자녀를 위해 싸워야 한다.

부모양육(parenting)은 인간에게 부여된 훌륭한 특권 중 하나이다. 양육은 우리가 어떤 일을 당하든 우리의 자녀에게 향상된 손길을 주는 생물학적·사회적 명령이다. 우리의 일은 카드를 개편하는 것으로, 우리 부모가 했던 것보다 더 많은 시간과 돌봄을 가지고 우리가 갖지 못했던 유익한 것들을 우리 자녀에게 제공하는 것이다. 나는 당신에게 약속한다. 당신 자신이 받은 것보다 더 좋은 손길로 당신의 자녀를 다루는 것은 **당신의** 마음의 탱크에 더 질 좋은 프리미엄 연료를 채우는 것이다. 이 세상에 이보다 좋은 것은 없다. 그것은 가장 만족스럽고, 긍정적이고, 사랑스럽고, 풍부하고, 당신이 언젠가 성취할 영웅적인 것들이다. 당신은 매 단계마다 그것을 느낄 것이다. 당신의 자녀는 자신의 가능한 최상의 버전이 될 것이며, 당신 또한 그럴 것이다.

9   치료자를 위하여

정서적 방치의 개념은 내가 15년 이상 심리치료를 하면서 천천히 나에게 보이기 시작했다. 그 기간에 나는 우리 업계의 일상적 도구인 공감, 성찰, 인지치료, 직면, 가족 또는 커플 치료, 약물 등으로부터 충분한 혜택을 얻지 못한 다수의 환자를 치료하였다. 이들은 바로 내가 완전히 이해되지 않는다고 느꼈던 내담자들이다. 이들의 증상과 고통 그리고 이들이 전체적인 사람으로 느껴지도록 도움이 되는 무엇인가, 핵심적인 것이 임상적 그림에서 빠진 것 같이 보였다. 그것은 마치 장님이 코끼리를 만지듯, 내가 살펴볼 코끼리 전체가 있는 것을 알지 못하면서 코끼리 일부를 만지는 것 같았다.

결국에는 이 내담자들의 저변에 깔려 있는 주제에 대해 인식하도록 일부 헌신적인 내담자가 치료를 위해 용맹하게 전념함으로써 나를 도와주었다. 이 내담자들은 역의존성이 있음에도, 충분히 긴 시간을 치료에 남아 있으면서 내가 그들의 표면 아래서 무슨 일이 일어나고 있는지를 알아볼 수 있도록 그것을 명명하고 지적하게 도와주었다.

이 빠진 요소가 내 머리에서 하나의 전체 모델로 천천히 발달하면서, 나는 내 자신이 그것을 **정서적 방치**로 명명하는 것을 발견하였다. 나는 어떤 정기 간행물 기사나 책, 또는 **정서적 방치**를 주제로 한 어떤 훈련도 참석한 적이 있다는 것을 기억해 낼 수 없었다. 그래도 이 용어는 나에게 친숙하고 하나의 특별한 의미가 있었다.

나는 혹시 어떤 과학이 이 모델에 기초한 것을 관찰하여 지지한 것이 존재하는지 궁금해졌다. 나는 정기 간행물 기사들, 책 또는 정서적 방치를 다룰 수 있는 학술적인 문헌들을 정독하기 위해 많은 시간을 APA 연구 도서관에서 보냈다. 내가 첫 번째로 발견한 것은 **감정**과 **방치**라는 단어가 학술적이면서 임상적 집필에서 자주 같이 사용되었다는 것이다. 그리고 이것은 친숙감을 설명하는 데 도움을 주었다. 그러나 실제 '**정서적 방치**'라는 용어보다, 두 가지 전문어는 전형적으로 정서적 학대와 방치라는 형태로 존재한다. 이것을 더 조심스럽게 들여다보면, 이 문헌에서는 정서가 다루어졌을 때 정서적 학대로 하나의 **과실** 행위의 형태인 것이 명백하다. 반면, 여기서 다루어진 방치는 신체적인 방치로 물리적이고 관찰할 수 있는 종류이다. 나는 문헌이 찾아내기에 어려운 것을 지적하려고 했던 것이 아니라는 걸 깨달았다. 다만, 똑같이 손상적이라 할 수 있는 하나의 **정서적 방치**로 **누락된** 행위를 다룬 것이다.

그래서 바로 이때 이 책을 쓰기로 결정했다. 이 책을 쓰는 나의 의도와 소망은 앞에서 언급한 마치 부모의 잘못으로 인해 자주 간과된 의붓자식 같은 **누락**의 과정에 주시하는 것이다. 나는 이 누락의 잘못을 저지르는 많은 부모가 다른 방식으로는 우수한 부모이고 가장 좋은 의도를 가지고 있지만 자신의 내담자를 이해하려는 정신건강 전문가의 임상적 그림을 애매하게 만든다는 것을 관찰하였다. 그리하여 나는 한걸음 더 나아가 이 모델을 나누는 데 동기화되었다.

지난 10년 간, 나는 **정서적 방치**를 알아내는 데 숙련되었다. 나는 **정서적 방치**가 치료되어야 하지만 환자 자체가 자신의 다른 것, 즉 더 눈에 띄는 증상에 초점이 맞추어져 있기 때문에 그것이 쉬운 일이 아니라는 것을 깨달았다. 그들 대다수는 정서적으로 방치되었다는 개념에 대해 저항적이다. 더 나아가서 치료를 복잡하게 하는 것은 앞에서 자주 언급한 **정서적 방치**의 한 부분이며, 이것이 자주 내담자를 예상보다 서둘러 치료를 끝내도록 몰아가는 역의존성이다.

나는 정서적으로 방치된 내담자가 드디어 자신의 '코끼리'를 인식할 때 치료는 더 쉽게 그의 정서적 깊이에 접근할 수 있다는 것을 발견하였다. 그 점에서부터 치료는 앞으로 나아가며 더 빨리 발전해 간다. 나중에 이 장에서 나는 **정서적 방치**와 동반하는 경향이 있는 수치심, 죄책감 그리고 자책을 다루는 것과 역의존성을 어떻게 무효화하는지를 포함하는 기저의 주제를 어떻게 확인하고 어떻게 치료하는지를 제공할 것이다. 그러나 우선 이 모델에 관련되는 과학적 문헌들을 살펴보자.

1) 연구

이 장에서 일찍 주목한 바 있듯이 나는 **정서적 방치**의 현상을 기술하고 직접적으로 조사한 연구나 집필을 찾을 수가 없었다. 그러나 **정서적 방치**는 문헌의 두 가지 큰 영역에 가까이 관련되었다. 나는 그것의 핵심이 **애착관계 이론**과 **정서적 지능**이 만나는 교차점에 있다고 본다. 애착관계 이론은 부모의 누락 행동들이 어떻게 **정서적 방치**의 증상으로 나아가게 하는지에 대한 가장 좋은 예를 제공한다. 정서적 지능의 영역에서는 **정서적 방치**의 증상들 중에서 가장 중추적인 정서적 인식과 지식에 대한 결핍을 다룰 것이다.

(1) 애착관계 이론

인간의 마음에 대한 과학적 이해는 John Bowlby가 1951년 『모성보호 및 정신건강(Maternal Care and Mental Health)』을 저술한 이후로 집필한 때부터 먼 길을 왔다. Bowlby의 책은 어머니를 향한 유아의 애착이 유아가 성인이 되었을 때 가질 성격에 아주 의미 있게 영향을 준다는 개념을 소개했다. 그의 이론은 당시 비판을 받았고, 전문가들은 너무도 적은 자료에 기반을 둔 이론에 의문을 제기하였다. 다른 과학자들도 Bowlby의 아이디어에 저항적이었는데, 유아의 발달은 순전히 내면의 환상적인 삶에 기초를 두고 있었고, 외부 관계나 보살핌과 아무 상관이 없다는 우주적으로 굳혀진 기존의 신념에 도전하였기 때문이었다. 다행히도 몇몇 과학자가 그날부터 Bowlby의 이론을 연구하였다. 그들 중 일부는 긴 기간 많은 시간 동안 어머니들과 유아들 사이의 가장 미묘한 상호작용을 관찰하고 기록하였다. 종단적인 방법을 사용하여, 그들은 몇 년 후 같은 아이들에게 반영된 정확한 부모자녀의 미묘함을 찾을 수 있었다.

애착의 과정에 대한 수백 개의 연구는 지난 60년간 자녀와 어머니의 정서적 연결의 중요성을 보여 주었다. 1970년대는 정신과 의사 Daniel Stern이 '조율'이라고 부르는 과정을 확인하는 비디오테이프를 사용하여 애착에 관한 우리의 이해를 미세하게 조정하는 데 도움을 주었다. 그의 조율에 대한 정의는 어머니가 아기에게 정서적 표현을 가지고 반응하는 행동이나 일치된 행동 또는 아기의 정서적 상태가 정확하게 비춰진 것을 포함하는 것이었다. Stern에 의하면 어머니의 정서적 조율은 출산 시점부터 시작하여 자녀에게 자신이 이해받고 욕구가 충족될 것이라고 전달한다. 이것은 자녀가 위험을 감수하고 세상을 탐색하기 위해 전진할 수 있도록 견고한 기초를 제공한다.

Mary Ainsworth(1971), Isabella와 Belsky(1991) 같은 더 나중의 연구자들은 감정에 대한 부모들의 태도와 그들의 자녀가 훗날 자신들의 감정을 다스리고, 수용하고, 표현하는 능력 간에 직접적인 연결성이 있다는 것을 보여 주었다. 오늘날의 정신건강 전문가 중에서는 이 잘 문서화된 진리에 의문을 제기하는 사람이 거의 없을 정도로 많은 연구가 있다.

애착 연구를 조사하면서, 많은 연구가 부적절한 분노, 일치하지 않는 정서적 가정, 또는 부정확한 정서적 읽기(모두 부모의 **행동**) 같은 부모의 **조율되지 못한** 정서적 반응을 조사하고 있는 것을 알 수 있다. 그러나 이 책이 보여 주고자 하는 빠진 조각들의 유형들인 알아채지 못하는 것, 대답하지 않는 것, 또는 자녀에 대해서 알지 못하는 것 같은 부모의 정서적 반응의 **결핍**을 지적하는 연구는 찾기 힘들다. 어떤 것의 부재는 관찰하거나 측정하거나 문서화하기 힘들기 때문이다. 과학자들은 과실 행동들이 **정서적 방치**에서 매우 의미 있는 누락 행동들보다 연구하기 더 쉽다는 것을 분명하게 발견했다.

현장에서 전문가들 사이에 애착에 대한 견고한 과학적 기초와 일반화된 지식이 주어진 바, 어떻게 이 작은 가치 있는 개념이 집단에 의해 넓게 이해되고 사용되었는지 놀랍다. 정신건강 전문가들에게 개인의 성격 주제는 그 또는 그녀의 어린 시절에 뿌리를 두고 있다는 것은 대부분 알려져 있다. 내담자에게 성격이 어린 시절에 뿌리를 두고 있음을 이해시키는 데 있어 큰 저항을 만나면서 좌절감을 느끼지 않는 심리학자들, 정신과 의사들 또는 사회복지사들을 발견하는 것이 어려울 것이다.

나는 진료 과정에서 대다수의 내담자가 그들의 주 양육자가 이렇게 자신에게 큰 영향을 주었다는 사실에 대해 매우 불편해하는 것을 발견했다. 어쩌면 부모의 믿을 수 없을 정도의 힘을 인정하는 것은 생득적으로 우리 모두를 위협한다. 우리가 우리에게 미치는 부모의 진정한 영향력을 이해한다면, 우리는 자신이 고독하고, 힘이 없고, 심지어 피해를 입었다고 느낄 수 있다. 우리가 자녀에게 미치는 진정한 영향을 이해한다면, 우리는 두려워질 수 있다. 그러므로 한 사람으로서, 우리는 자신의 문제에 대해 더 많이 자신을 탓한다. 그리고 자녀에게 갖는 자신의 영향력을 신중히 다룬다.

이 책을 위한 나의 목표 중 하나는 인구의 더 커다란 부분을 위하여 애착 이론을 개인적으로 이해하고 소화하게 만드는 것이다. 나는 많은 사람이 자신의 어린 시절이 아직도 의미심장하게 성인기에 자신에게 영향을 준다는 사실에 자연적으로 저항하여 치료에 방해를 받는다고 믿는다. 나는 정서적으로 방치된 사람들이 이 책에서 소개된 많은 멋지고 호감이 가는 사람들의 사례에서 자신을 인식할 것이며, 부모가 자기 자녀의 성격에 영향을 미친다는 것을 이해하기에 그들도 더 강해지고 자신이 약한 사람이 아니라는 것을 깨닫게 될 것이라고 희망한다.

(2) 정서적 지능

Daniel Goleman은 1995년 그의 책 『**정서적 지능(Emotional Intelligence)**』에서 **정서적 지능**을 다섯 개의 기술로 형성되었다고 정의하였다. 그 기술은 자신의 감정을 아는 것, 감정을 관리하는 것, 자기 자신을 동기화하는 것, 타인의 감정을 인식하는 것 그리고 관계를 다루는 것이다. 한 개인이 이러한 기술에 미치지 못하면 정서적 지능이 낮은 것으로 기술할 수 있다. 당신이 보는 바와 같이 낮은 **정서적 지능**은 이 책에서 정의한 감정표현불능증과 유사하다.

정서적 지능 개념과 **정서적 방치** 개념 간 차이를 고려하는 것은 흥미롭다. **정서적 지능**에 대한 저서들(특히 Goleman의 책)은 어떻게 낮은 **정서적 지능**이 발달하는지에 주의를 집중한다. 앞서 기술된 어머니-유아 상호작용은 애착관계 이론을 통하여 **정서적 지능**의 발달에서 직접적 요인으로 탐색된다. 또한 Goleman 박사는 내가 이 책에서 정서적 방치를 가지고 한 것처럼 부모의 공감과 정서적 조율을 **정서적 지능**에 공헌하는 요인으로 확인했다. 그러므로 결과(**낮은 정서적 지능**과 **정서적 방치** 증상)와 원인에 겹치는 부분이 많다. 둘 다 부모의 공감 및 조율 부족에 의해 만들어지고, 둘의 결과는 감정표현불능증을 포함한다.

정서적 방치의 개념과 함께, 나는 아이일 때 정서적으로 방치되었던 사람의 내면적 경험을 보여 주는 것과 나중에 성인의 삶에 심리적 영향력으로 나타나는 것에 관심이 있다. 나는 정서적 애착에 대한 부모의 실패를 지적하고 있으며, 임상적 심리학의 견해로부터 발달적 인과관계를 관찰하는 것이다. Goleman이 부모의 정서적 실패의 결과를 **정서적 지식**의 관점으로 여기는 반면, 나는 공허, 빈약한 자기인식, 자기돌봄, 자기로 향한 분노, 자책과 같은 **심리학적 증상**의 결과에 주목하고 있다.

사람들은 일터에서의 훈련이나 상사의 평가를 통하여 그들이 **정서적 지능**이 낮다는 것을 발견할 수 있다. 그리고 그들은 같은 곳에서 **정서적 지능** 기술을 배우고 발달시키는 기회를 가질 수 있다. 그러나 나는 세상에는 자신에게 무엇이 부족한지, 또 왜 그것이 없는지를 모르는 사람이 수없이 많이 존재한다는 것을 믿는다. 아이러니하게도 그들은 자신이 **정서적 인식을 갖고 있지 않다는 것을 알아내기 위해 정서적 인식을 가질 필요가 있을 것**이다. 이들은 이 책에서 내가 목표로 삼고 있는 사람들이다.

정서적 지능에 대한 저서에서, Daniel Goleman과 다른 사람들은 삶의 성공에 정서적 기술이 얼마나 큰 영향을 끼치는지 알아보기 위해 강한 사례를 만들어 낸다. 나의 목표는 다르다. 나는 그러한 기술 없이 자신의 삶을 알지 못하면서 사는 사람들이 그들이 설정한 문제를 인식하도록, 자신을 탓하는 것을 중지하도록, 자신과 자녀를 치유하도록 하기 위해 그들을 돕는 것에 기대를 건다.

2) 정서적 방치의 확인

이전에 언급한 바와 같이 **정서적 방치**를 감지하기는 어려울 수 있다. 특별히 그것이 자주 우울, 불안, 정신적 외상, 결혼 문제, 양육 문제, 애도, 또는 명백히 보이지 않는 것뿐만 아니라 내담자의 초점 같은 어떤 다른 조건 아래 파묻혀 있기 때문이다.

정서적 방치가 문제가 되는 환자들을 확인하는 데 있어 당신을 돕기 위해 이 책의 서두에서 **정서적 방치 질문지**가 제시되었다. 바라건대, 그것을 자유롭게 복사해 사용하라. 그것을 당신의 실습에 사용하라. 나는 이 책을 내놓으면서 질문지에 대한 심리측정 타당도와 신뢰도를 조사하기 위해서 어떤 작업도 실행하지 않았다는 것을 인정한다. 그럼에도 불구하고 나는 그것을 이 책에 넣기로 결정했는데, 실습 과정에서 정서적 방치를 확인하는 데 그것이 유익하다는 것을 발견했기 때문이다. 그것이 가진 심리측정의 한계를 이해하고 사용하라. 나는 6점 또는 그 이상의 점수를 가진 내담자는 추가 탐색을 보장하면서 **정서적 방치**의 어떤 기준을 위한 좋은 후보자가 된다는 것을 알아냈다.

제3장 '**방치되었던 아이, 어른이 되다**'에서는 **정서적 방치**의 10개의 단서와 신호가 논의되었다. 그중 일부는 적게 보고될 것 같았으

며, 심지어 내담자 자신에게 인식되지 않을 수 있었다. 그것은 치료자에 의해서 훨씬 더 진하게 드러날 것 같다. 여기에 당신이 환자들과 함께하는 당신의 작업을 관찰하기 위해 검증된 것 몇 가지가 있다.

⑴ 감정을 가진 것에 대한 죄책감, 불편감 또는 자기로 향한 분노의 표현

정서적으로 방치된 많은 내담자가 치료 회기 동안 그들이 내 앞에서 우는 것에 대해 사과를 했다. 그들은 사과와 함께 감정에 대한 진술에 앞서 "나는 이것을 말하기가 끔찍해요. 그러나 진짜로 가족 모임에 가고 싶지 않았어요." "나는 이것이 잘못됐다는 것을 압니다. 그렇지만 나는 밖으로 나갈 것 같은 느낌을 가졌습니다." "나는 알아요. 이것이 내가 나쁜 사람인 것을 의미한다는 것을. 그러나 그녀가 그것을 할 때 나는 정말 화가 나요."라고 말했다.

⑵ 치료자의 해석에 대한 맹렬한 부모 방어

정서적으로 방치된 사람들은 필사적으로 부모를 탓하는 것만큼은 하지 않으려고 한다. 그들은 부모가 무엇을 **하지 않았는지** 기억하지 못하므로 부모를 어느 정도 이상적으로 보는 경향이 있다. 그리고 자신의 투쟁에 대해서 자연스럽게 자신을 탓하는 것으로 움직인다. 치료 과정에서 부모가 그를 저버렸을 수 있는 방식을 확인하기 시작하면, 정서적으로 방치된 내담자들은 재빨리 자신들의 부모가 "할 수 있는 최선을 다했다." 또는 "탓할 대상이 아니다."라고 설명한다. 이것은 어떤 것일지라도 그가 자신에게 무엇인가 잘못됐다고 느끼는 것에 대해서 탓할 사람은 **자신**이라는 깊게 자리 잡은 신념을 보존하는 그들의 방식이다.

(3) 자신의 어린 시절 기억의 중요성에 대한 의심

나의 경험으로는 정서적으로 방치된 많은 환자는 어린 시절에 대해서 특정한 것을 회상하는 데 어려움이 있다. 종종 그들은 자신의 어린 시절이 하나의 희미한 기억으로 느껴져 정확한 사건들로 구별하는 것이 어렵다. 더구나 정서적으로 방치된 사람들은 흔히 그들이 가지고 있는 어린 시절의 기억에 대한 자신의 감정적인 읽기를 믿지 않는다. 어머니의 성질, 아버지의 일중독 등을 보고할 때 그들은 흔히 현실을, 그들의 기억에 대한 타당성을 의심하기 위해 멈춘다. "아마도 내가 그것을 지나치게 강조하는 것 같아요. 그것은 실제로 그렇게까지 나쁘지 않았어요."라고 한 여성은 눈물을 떨어뜨리면서 나에게 말했다. "듣는 데 지루하지 않나요?"라고. 그녀가 열 살 때 개가 죽은 것에 대한 부모의 반응이 결핍되었다는 것을 나에게 이야기하면서 질문했다. 또 다른 남자는 "나는 모르겠어요, 왜 이것을 당신에게 이야기하고 있는지. 이것은 아마 중요한 게 아닐 겁니다."라고 말했다. 이것은 새아버지가 어머니와 이혼한 후 그의 삶에서 사라진 것에 대해 전달하는 동안에 말한 것이다.

⑷ 감정이 어떻게 작동하는지에 대한 이해 부족

앞에서 논의한 바 있듯이 정서적으로 방치된 사람은 낮은 **정서 적 지능** 지수를 가지기 쉽다. 그러나 정서적으로 방치된 사람들은 자신의 정서적 이해가 빈약하다는 것을 인식하기가 매우 어렵다. 그들은 자신의 정서적 이해가 빈약하다는 것을 잘 인식하지 못하는 가족에서 성장했고, 이런 식으로 살아 왔다. 그러므로 치료자는 **정서적 방치** 경험을 가진 환자를 위하여 감정표현불능증을 확인하는 것과 그들을 위하여 그것을 명명하는 것이 중요하다. 여기에 몇몇 신호가 있다.

- 당신의 사무실에서 어떤 감정을 경험할 때 반복되는 신체적 불편감(몸을 꼬거나 꼼지락거리는 것으로 증명할 수 있다.)
- 감정적으로 강렬한 이야기를 감정적 내용을 완전히 배제한 채 말한다.
- 치료자가 감정적 방향으로 토론을 이끌어 갈 때 내용을 재빨리 바꾸거나 유머로 다시 분류한다.
- 감정을 이끄는 질문에 답을 하는 데 있어 반복된 무능력을 보인다. 이것은 지성적 또는 회피적 답을 하는 것으로 구성할 수 있다.

예: 지성적 반응
질문: "그녀가 당신에게 떠나라고 했을 때 당신은 무엇을 느꼈나요?"
답: "나는 그녀가 얼간이가 되고 있다고 생각했어요."

예: 회피적 반응

질문: "그녀가 당신에게 떠나라고 했을 때 당신은 무엇을 느꼈나요?"

답: "나는 그녀가 그것을 말할 때까지 그녀가 그렇게까지 화가 났는
지 알아차리지 못했어요.

(5) 역의존성

내 경험으로는 정서적으로 방치된 사람은 다른 어떤 내담자보다
도 내 도움이 필요한 것을 언짢게 느낀다. 그들의 역의존성은 치료
관계에서 스스로 주장을 펴게 만든다. 그리고 나는 그것이 불행이
기도 하고 다행이기도 하다는 것을 발견했다. 불행한 부분은 정서
적으로 방치된 사람의 치료를 유지하기가 어려울 수 있다는 것이
다. 다행인 부분은 내가 그들과 내 관계를 그들에게 직접적으로 도
전하고 그들의 수치심과 역의존성을 작업을 통하여 돕는 것에 사
용할 수 있다는 것이다.

정서적으로 방치된 내담자는 치료를 위한 자신의 욕구를 약하
고, 애처롭고, 수치스럽고, 어리석거나 하찮은 것으로 볼 수 있다.
"지금쯤 나는 이것을 극복했어야 하지 않나요?" 나는 서른일곱 살
의 많은 사람이 아직도 아니라고 말하는 법을 배우기 위해 애쓰지
않을 것이라는 것을 장담할 수 있어요." "나는 당신이 **필요**하다는
걸 느끼는 것을 좋아하지 않아요. 나는 내가 그것을 스스로 할 수
있다는 것을 확신하기 위해 한동안 치료를 중단하고 싶어요." 내
경험으로, 때로는 내가, 심지어 그들까지 치료가 그들을 돕고 있다
는 것을 볼 수 있는데도 그들을 계속 오게 하도록 하는 것이 어려

울 수 있다. 다음 절에서는 치료에서 역의존성을 어떻게 사용하는
지에 대한 제안을 할 것이다.

(6) 기억

다른 진단이나 조건들과 마찬가지로 내담자의 기억으로부터 정
서적 방치를 확인하는 것은 어렵다. 당신이 내담자에게 어린 시절
에 대해서 질문할 때, 그들은 당연히 그 시기로부터 **사건들**을 관련
시키려는 경향을 보이기 때문이다. 일어난 일에 대한 그들의 이야
기로부터 일어나지 않는 일들을 모으는 것은 힘들 수 있다. 그러
나 여기에 그들의 기억 속에 있는 것을 듣기 위한 몇 가지 제안이
있다.

- 자녀가 가진 감정, 욕구 또는 성격에 대해 철저하게 오해하는
  부모의 기억. 사회복지로 학사 학위를 받게 되는 한 젊은 여성
  이 나에게 자신의 부모가 중·고등학교 시절 내내 대학교를
  가지 말고 아버지의 벽돌 나르기 서비스 사업을 맡으라고 압
  력을 가했다고 말했다. 나는 이 부모가 자신의 딸이 누구인지
  에 대해 전혀 생각이 없는 것에 의아했다.
- 부모가 자녀의 감정을 부정하고, 무시하고 또는 지나치게 단
  순화하는 것을 수반하는 기억. 아버지가 갑자기 돌아가신 후
  한 방치적인 어머니가 아들에게 "큰누나는 아버지를 그리워
  해."라고 아들의 감정에 대해서는 그 어느 것도 돌보지 않고
  말했다.

- 부모가 선호하는 문구들을 가지고 자녀의 정서적 표현을 억누르는 기억. "어리광 피우지마." "그런 건 극복해야지." "그만 울어." 등이다. (대다수의 생각 있는 부모도 이러한 문구들을 가끔 사용할 수 있다는 것에 주목하라. 이것은 극단적으로 부적절하게 단 한 번만 사용하거나 혹은 **정서적 방치**의 일반적 철학을 나타내는 것으로 자주 사용한다.)

- 환자에게 어린아이 때 어떤 신체적이지 않은 영역에 상당한 박탈감을 주는 기억. 예를 들면, "나는 기타에 매료되었어요. 그러나 엄마는 내가 바이올린 연주자가 되기를 고집했어요." 또는 "나는 중학교 때 **정말로** 친구들하고 같이 있기를 원했어요. 그러나 나의 부모님은 매우 엄했어요."

- 중요하지 않은 것처럼 보이지만 많은 감정이 부착된 기억. 제1장에서 캐슬린은 해변에서 아빠와의 모래놀이에 대한 기억을 되살렸다. 표면적으로 그것은 사소한 것처럼 보인다. 그러나 부모로부터의 결핍된 정서적 조율로 인해 그 일은 그녀의 기억에 남아 있다. 이러한 유형의 강렬하지만 의미 없는 것같이 보이는 기억을 관찰하라. 환자들은 자주 그것을 특별하게 기억하는데, 그들이 **정서적 방치**의 보이지 않는 아픔으로 차 있기 때문이다.

점점 더 자주, 나는 내담자들이 이미 스스로 진단을 하고 치료에 들어오는 것을 발견한다. 어떤 사람들은 스스로 자신이 우울하거나 불안한 것을 볼 수 있다. 그러나 자신을 위하여 **정서적 방치**를 확인하는 것은 흔치 않다. 내 소망은 치료자가 내담자에게서 **정서**

적 방치의 가능성에 각성되는 것과 앞에서의 제안이 그것을 확인하는 데 도움이 되는 것이다.

3) 치료

(1) 현재의 문제를 먼저 치료하라

대부분의 사례에서 치료자는 환자들이 보기 전에 먼저 **정서적 방치**를 볼 것이다. 많은 내담자는 심지어 치료자에게 지적된 이후에도 자신의 **정서적 방치**를 보는 것이 힘들기 때문에 치료 초기에는 그것에 초점을 맞추려는 것이 어려울 수 있다. 나는 **정서적 방치**의 개념이 다른 고통스러운 성찰처럼 강한 치료적 동맹이 발달다음에 가장 잘 수용되는 것을 발견했다. 현재의 문제를 치료하는동안, 치료자는 그것이 나타날 때 **정서적 방치**의 예들을 지적하는기회를 가질 것이다. 서서히 사례가 형성될 것이다. 그래서 **정서적 방치**의 완벽한 개념이 드디어 내담자에게 소개되면, 그것은 그 자신을 이해하는 하나의 의미 있고 유익한 모델이 될 것이다.

(2) 역의존성을 무효화하라

역의존성 때문에 정서적으로 방치된 내담자들은 현재의 문제로부터 약간의 안심을 느끼자마자 치료를 떠나는 경향이 있다. 나는역의존성을 치료하는 가장 좋은 방법은 치료에서 혜택을 받는 한,

과정의 모든 단계마다 그들의 역의존성을 지속적으로 지적하고 도전하면서 정서적으로 방치된 환자들이 계속 치료 과정에 머물도록 열심히 작업하는 것이라고 믿는다.

치료자들은 때로는 정서적으로 방치된 내담자들이 준비되기도 전에 단순히 치료를 종결하려는 것을 저지하는 데 상당한 에너지가 소모된다는 것을 발견한다. 그러나 정서적으로 방치된 사람에게 치료를 계속하는 것은 그들에게 치료 **작업을 하는** 것이 중요할 뿐만 아니라, 그것 자체가 치료가 **된다**. 핵심은 **정서적으로 방치된** 환자가 치료자에 대한 건강한 의존을 경험하면서 어린아이 때 부모에게서 **느낄** 수 없었던 것들을 느끼는 기회를 얻는다는 것이다.

매번 환자가 치료에서 앞의 역의존성에 관한 절에 제시된 목록에서와 같은 역의존성 진술을 할 때 그것을 잡고 직접적으로 다루는 것이 매우 중요하다. 환자는 이런 진술을 다양한 방식으로, 치료의 다른 지점에서 많이 할 수 있다. 매번 그녀가 말할 때, 그녀는 치료자에게 그녀의 핵심 주제의 하나(역의존성)를 다른 관점에서 다룰 기회를 제공하고 있는 것이다. 다음은 이 핵심 주제에 접근하는 데 도움을 준 질문들이다.

- 당신은 다른 사람의 도움이 필요한 것이 나쁘다고 생각하는가?
- 당신의 어린 시절 어디에서 그런 생각을 가지게 되었는가?
- 나를 필요로 하고, 나를 신뢰하고, 나에게 의존하는 것이 당신에게 무엇을 느끼게 만드는가?
- 당신의 어린 시절에 당신이 의지하는 데 편안하게 느꼈던 어떤 사람이라도 있었는가?

- 당신은 다른 사람들은 모두 그들의 모든 이슈를 이미 작업했다고 생각하는가?
- 당신은 친구가 치료에 가는 것에 대해 판단하는가?
- 당신은 치료에 기한이 있다고 믿는가?
- 당신은 역의존성이 무엇인지 아는가? (그렇다면 그/그녀를 위해 그것을 명명하고 정의하라.)
- 당신은 내가 당신을 실망시킬까 봐 두려운가? 당신을 버리거나 어떠한 방식으로 당신에게 상처를 줄까 봐?
- 당신이 도움을 필요로 하는 것에 대해 내가 당신을 판단하고 있을 수 있다고 걱정하는가?
- 왜 당신은 자신을 불가능한 기준에 붙들어 매고 있는가?
- 당신은 자신을 인간이 되도록 허락하지 않고 있다는 것을 인식했는가?

이 질문들은 일부 예이다. 역의존성을 도전하는 무수히 많은 방법이 있다. 당연히 마지막에는 내담자가 결정을 내릴 것이다. 요점은 치료자가 역의존성을 정면으로 다루기 위해 모든 기회를 가져야 한다는 것이다. 나는 환자가 치료에 남는 것에 대한 어려움을 하나의 불편함이 아닌 기회로 생각하는 것이 가장 도움이 됨을 발견했다.

(3) 정서를 위해 관용(tolerance)을 구축하라

인지행동적, 정신역동적, 정신분석적, 의학적, 약물 남용, 가족,

결혼, 입원환자, 외래환자 또는 주간 치료 정신건강 전문가 모두는 그들의 실제에서 정서를 많이 다룬다. 대부분의 사람이 정서적 건강에 어려움이 있어 치료에 오는 반면, 정서적으로 방치된 환자는 특별히 정서적 지식과 관용의 특정한 영역에 도전하려고 온다고 할 수 있다. 정서적 언어는 매우 낯설고 정서 경험은 매우 불편하므로 이 치료의 측면은 가장 도전적이 될 수 있다.

나는 감정을 더 편안하게 하기 위해 정서적으로 방치된 환자를 다루어야 할 때 점진적 노출 모델을 제안한다. 치료 유형을 말할 것 같으면, 이에 대해 내파 치료(implosive therapy)에 반하여 체계적 둔감화(systematic desentization)를 고려한다. 나는 진료실에서 정서적으로 방치된 다수의 환자와 함께 **확인하고 명명하는 연습**(제6장의 세 번째 절)을 사용해 왔다. 이 연습을 치료 회기 동안에 이끄는 것은 두 가지 면에서 유익하다. 정서와 함께하는 것과 그것을 보고할 수 있는 내담자의 능력을 평가하고, 정서를 위해 인내력을 쌓는 것이다. 정서적으로 방치된 내담자는 나랑 같이 앉고, 눈을 감고, 내면으로 초점을 맞추고, 자신에게 무엇을 느껴지는지 질문하도록 요청했을 때 곧바로 눈을 크게 뜨고 말했다. "나는 전혀 감각이 없어요." 그것은 그와 나 둘에게 치료에서 잠깐 생각이 번뜩한 순간이었다. 그 순간에 우리는 우리의 시작점을 알았고, 치료 내내 감각을 잃지 않는다는 초기 목표와 함께 이 연습을 지속적으로 사용하였다.

치료 회기에서 당신이 내담자의 정서반응을 보거나 들을 때 정서를 지적하는 것이 치료자에게는 매우 중요하다. 많은 치료자가 이것을 정기적으로 하는데, 이는 정서적으로 방치된 내담자에게 특히 중요하다. 치료에서 정서적 언어를 말하라. 내담자에게 어떤 누군가가 느끼는 감정이 무엇이라고 생각하는지 질문해 보라. 그에게 자신은 무엇을 느끼고 있었는지 물어보라. 그에게 바로 지금 무엇을 느끼고 **있는지**, 바로 지금 여기에서 물어보라. (이전의 세 가지 질문은 정서적으로 방치된 환자를 위해 가장 덜 어려운 것부터 가장 어려운 순서대로 제시했다).

나는 이 내담자들에게 어린 시절에 어떤 사건들이 일어났을 때 무엇을 느꼈는지를 물어보는 것이 매우 도움이 된다는 것을 발견하였다. 예를 들면, 제1장에서 모래놀이 기억이 있던 캐슬린을 상기해 보라. 그녀는 치료 과정에서 어린 시절 악의 없는 어머니의 말로 인해 그녀가 느낀 감정적 반응을 기술하기 위해 질문을 받았다. 성인이 되어서 그녀의 어머니에 대해 가진 그녀의 분노의 이유를 확인할 수 있었다. 제3장에서 소개한 시몬도 마찬가지이다. 그는 감정에 기초한 질문들로 짜증을 내기도 했지만 결국에는 문제가 되는 질문에 의해서 치유되었다. 내담자가 자신의 감정을 알아차리지 못할 때 당신은 그들에게 그것을 되돌려 반영시키라. "당신은 말하고 있습니다. 그것은 대단한 것이 아니지만 그럼에도 당신은 그에 대해서 진짜 슬퍼 보입니다." 또는 "당신은 이것이 당신을 괴롭히지 않는다고 말합니다. 그러나 나는 당신의 목소리에서 분노를 느낄 수 있습니다." 추가적으로 치료자에게 매우 중요한 것은 그가 내담자와 함께 있는 동안 자신을 느끼는 것을 허락하고 진짜로 자신의 정서적 반응을 보이는 것이다(당연히 치료자의 경계를 유지하면서).

(4) 반영을 제공하라

치료의 이 측면은 이전에 논의되었던 **정서적 방치의** 여러 측면을 하나로 묶는다. 이 모든 측면에는 자기지식이 증가한다. 이것은 정체성과 같은 문제나 과정이 아니다. 나는 정서적으로 방치된 환자들이 전형적으로 잘 발달된 정체성을 가지고 있다는 것을 발견했다. 문제는 그들이 그것과 충분히 친숙하지 않다는 것이다.

정서적으로 방치된 성인은 전형적으로 주 양육자들로부터 그들이 누구인지와 관련된 정확한 피드백을 받지 못한 채 성장했다. 그 결과 그/그녀는 왜곡된 자기지식을 가지거나 너무 적은 자기지식밖에 갖지 못하게 된다. 치료에서 성인들로서 그들은 자신이 원하는 것이 무엇인지, 그들이 무엇을 할 수 있는지와 할 수 없는지, 그리고 그들이 실제로 누구인지를 정의하는 데 어려움을 겪을 수 있다.

이런 점에서 정서적으로 방치된 내담자와 직접적으로 부모의 반영에 대해서 이야기하는 것이 유익할 수 있다. 내담자는 무엇이 되돌려 반사되지 않았는지를 보는 것이 어렵기 때문에 부모의 거울 반사 개념은 그/그녀에게 명확하고, 그/그녀에게 무엇이 일어나지 **않았는지**에 대한 시각을 제공할 수 있다. 한번 내담자가 자신이 얻지 못한 것이 무엇인지 이해하기 시작하면, 치료자는 그/그녀가 자신의 그림을 완성할 수 있도록 그/그녀에게 거울이 되어 도움을 줄 수 있다.

이것은 조심스럽게 모든 것, 예를 들면 그/그녀의 선호, 학습 유형, 인지 유형, 미학, 강점, 약점, 관계 유형 등에 대하여 관찰하는 것이다. 그래서 가능하면 그것을 언제든지 그/그녀가 가져갈 수 있는 방식으로 다시 그/그녀에게 공급하라. 그/그녀는 치료자의 눈에 비친 자신을 볼 수 있으며, 또는 치료자의 언어적 관찰을 통해 자신에 대해서 배울 수 있다. 어떤 방법으로든지, 그/그녀는 점차 자신과 더 친숙해진다.

이와 함께 내담자가 **전체에, 큰 그림 안에** 자신이 강점을 가지고 있다는 것을 확실히 알도록 하는 것이 중요하다. 그/그녀는 치료자로부터 자신이 약점과 허물이 있고, 어떤 것이나 사람들을 싫어해도 괜찮다는 메시지를 받아야 한다. 그/그녀에게는 여전히 다른 강점과 다른 것 그리고 그/그녀가 좋아하는 사람들이 있다. 이것은 균형 잡힌 자기견해감과 자아존중감으로, 도전과 실망, 심지어 실패를 통하여 그/그녀를 지탱할 것이다.

⑸ 균형 있는 건강한 부모의 목소리를 제공하라

정서적으로 방치된 성인의 내면세계에서 빠진 가장 중요한 것 중의 하나는 우리 모두에게 필요한, 균형 있고 통합된 내면의 목소리이다. 이 목소리는 우리에게 어려운 시간에 말을 걸어오며, 우리의 실수를 이해하고 배우는 데 도움을 준다. 또 어떤 면에서는 우리만의 사적인 방음판 역할을 한다. 정서적으로 방치된 내담자는 이 정서적 닻이 없어 쉽게 흔들리며 삶의 도전에 취약해진다. 이들은 자신의 삶을 통제할 수 없다고 느끼며, 파도가 이끄는 데로 떠밀려 가며, 단순히 그들이 어디서 끝나든지 최선을 다하려 노력한다고 표현하였다. 제3장에서 커리어를 선택하는 것과 헌신하는 것에 커다란 어려움이 있었으며, 어떤 비판을 받자마자 가르치는 것을 중단한 조쉬를 기억하는가? 또는 제3장에서 자신의 가혹한 내면의 목소리로 마비가 되었던 노엘을 기억하는가? 조쉬와 노엘은 둘 다 그들을 반영해 주는 부모를 갖지 못하였으며, 부모가 그들에게 말하는 경우는 그들이 실수했을 때였다. 또 그들 부모는 그들이 내면화할 수 있게 하나의 균형 있고 현실에 기초한 목소리를 주지 못했다. 성인으로서 조쉬와 노엘은 삶의 도전에 탄력적으로 머무는 것에 어려움이 있었다.

그러므로 정서적으로 방치된 사람들의 치료에서 중요한 부분은 그들에게 균형 있는 목소리를 제공하는 것이다. 치료자는 내담자가 부정적 경험에 대해 탐색하도록 하면서 혹시 그것이 하나의 비판인지, 실패이거나 실수인지를 보도록 내담자를 이끌어 주어야 한다. 그리고 통합되고 열정적인 자세를 유지하면서 사건이 일어난 이유와 그것에 대해서 무엇을 해야 하는지를 생각하도록 그를 도와야 한다. 매번 이러한 과정이 일어날 때, 내담자는 자신을 위하여 균형 있고, 생각이 깊고, 열정적인 태도로 이러한 유형의 상황을 어떻게 생각하는지 배울 기회를 가질 것이다. 이것은 그가 똑같은 실수를 하거나 미래의 도전에 직면하였을 때 포기할 가능성을 줄여 줄 것이다.

⑹ 내담자에게 유예를 주기 위한 재촉에 저항하라

왜 나는 치료자가 이런 재촉을 하고 있을 수 있다고 말하는가? 답은 치료자와 아무 상관이 없다. 그것은 모든 것이 정서적으로 방치된 내담자들과 상관이 있다. 우리가 전에 이야기했던 것처럼 정서적으로 방치된 내담자들은 극단의 자기처벌과 자신을 얽매이게 하는 것에서 완전히 떨어져 나가는 것 사이를 갈팡질팡하는 경향이 있다. 치료자로서 우리의 목표는 내담자를 균형 있게 돌보는 방식으로 책임감을 갖게 하는, 진실을 열정적으로 말하는 목소리가 될 수 있도록 잡아 주는 세 번째의 대안적인 목소리를 제공하면서 내면의 두 목소리를 중립화하는 것이다.

정서적으로 방치된 내담자는 그런 갈팡질팡하는 과정으로 증명되며, 무자비한 내면의 목소리를 가질 뿐만 아니라 자기 유예에도 기술이 있다. 그/그녀는 자신이 책임을 지지 않게 치료자를 끌어당기는 무의식적인 경향을 가질 것이다. 그/그녀의 머리에는 두 가지 선택이 있다. 그것은 면죄되거나 비난받는 것이다. 그/그녀가 어떤 잘못한 것에 대한 면죄를 받는 것을 반복적으로 선택할 거라는 사실은 이해할 만하다. 게다가 정서적으로 방치된 내담자는 아마도 대부분 호감이 가기 때문에 치료자는 그/그녀에게 책임을 지우는 것에 어려움을 발견할 수 있다. 그러나 만약 치료자가 그/그녀가 최선을 다하지 않는 것을 알아채면 "나는 당신이 최선을 다할 수 있다는 것을 믿습니다."라고 말해야 할 것이다. 내담자가 빈약한 선택을 하는 것을 볼 때, 치료자는 그/그녀에게 진실을 말해야 하고, 그/그녀가 그것을 잘 생각하도록 도와야 한다. 치료자는 내담자가 자신에게 너무 관대할 때 그/그녀에게 그것을 돌보는 방식으로 이야기해야 한다. 그/그녀 자신의 내면적 목소리의 양극단 측면을 중립화하는 방식으로, 그리고 동정적이면서도 확고하고 도전적인 세 번째 목소리를 창조하도록 말이다.

(7) 자기처벌에 도전하라

정서적으로 방치된 내담자와 진행하는 대부분의 치료에서는 이 자연적인 측면이 특별히 중요하다. 치료자는 모든 단어마다, 모든 연루(implication)마다, 모든 얼굴 표정 그리고 말로든 생각으로든 환자가 자신을 때리고 있음을 암시할 때 경계해야 한다. 이것이 현재 치료자에게 일어나면, 치료자에게는 그것이 환자로 하여금 자기패배적인 목소리와 그것이 주는 손상을 알도록 만드는 하나의 기회가 된다. 내담자의 알아차림이 형성된 후 치료자가 자기연민에서 찾아진 단어들, 균형 그리고 감정을 모델로 보여 주면 더 효과적일 것이다. 목표는 내담자가 이 목소리를 내면화하여 시간이 지나면서 자신의 것이 되게 하는 것이다.

4) 치료자를 위한 요약

- 미묘한 신호들을 관찰하라.
- 당신이 정서적 방치를 의심한다면 진단적 도구를 사용하라.
- 정서적 방치의 신호들을 현재의 조건을 다루는 동안 조심성 있게 지적하라.
- 자신에 대한 지식을 쌓게 하는 거울이 되라.
- 균형, 연민, 도전의 목소리가 되라.
- 제멋대로 하지 마라. 그러나 자책과 자기로 향한 분노에 지속적으로 도전하라.

- 역의존성에 이의를 제기하라.
- 환영하고, 말하고, 정서에 대해 관용을 쌓으라.
- 내담자가 부모와 갖지 못했던 관찰하고, 돌보고, 현실에 기초한 관계를 제공하라.
- 내담자가 자기연민과 자기돌봄을 쌓도록 도우라.

5) 결론

나는 나의 **정서적 방치** 개념이 다른 임상가들의 경험과 함께 울려 퍼지기를, 그리고 그것이 연구자들의 호기심에 불을 붙이기를 희망한다. 이 모델에는 시험해 볼 수 있는 다음과 같은 다양한 가정이 깔려 있다.

- 확인된 **정서적 방치**의 증상이 얼마나 자주 함께 일어나는가?
- 그 빈도는 기저의 증상을 통하여 정서적 방치의 증상이 서로 관련된다는 것을 보여 줄 만큼 충분히 높은 수준에 있는가?
- **정서적 방치 질문지**의 결과와 내담자에게 있는 **정서적 방치**에 대한 치료자의 독립적 지각 사이에는 어떤 상관이 있는가?
- **정서적 방치 질문지**는 평정자 간 신뢰도와 타당도가 있는가?
- **정서적 방치 질문지**의 신뢰도와 타당도는 일부 질문을 추가, 삭제하는 것에 의해서 향상될 수 있는가?
- **정서적 방치**의 개념이 치료자에 의해서 적절하게 사용되면 치료가 더 좋게 발전되는가?

이것들은 과학적 조사를 보증한다고 믿는 몇 가지 질문일 뿐이다. 나는 그것을 추구하는 데 흥미가 많다. 그리고 다른 사람들도 유사하게 동기화되기를 기대한다.

나의 가장 큰 소망은 이 책이 **정서적 방치**의 개념을 넘어서 그것을 어둠에서 꺼내어 빛으로 가져오는 것이다. 가장 중요한 것은 이 책으로 많은 도움을 받을 만한 자격이 있는 사람들인데도 어린 시절에 얻지 못했다는 사실을 아직 모르는 많은 사람에게 명료함, 자기인식, 위안 그리고 강함을 가져다주는 것이다.

정서적 방치와 회복에 대한 더 많은 것을 위하여:

www.drjonicewebb.com

자기주장에 대한 책

Alberti, Robert E. Your Perfect Right: Assertiveness and Equality in Your Life and Relationships (9th Edition). 캘ifornia: Impact Publishing, 2008.

관계 향상을 위한 책

Real, Terrance. The New Rules of Marriage: What You Need to Know to Make Love Work. Ballantine Books, 2008.

감정 단어 목록

<u>SAD (슬픈)</u>

Tearful (눈물을 자아내는)

Sorrowful (비탄에 잠긴)

Pained (마음 아픈, 고통스러워하는)

Grief (슬픔, 비탄)

Anguish (비통, 괴로움, 고뇌)

Desperate (절망적인)

Low (침울한, 기운이 없는)

Pessimistic (비관적인, 염세적인)

Unhappy (불행한)

Grieved (슬퍼하는, 비통해하는)

Mournful (슬픔에 잠긴)

Grave (수심을 띤, 침통한)

Dismayed (실망한, 낙담한)

Bummed (낙담한, 상심한)

Despondent (낙담한, 실의에 빠진)

Heavy-hearted (마음이 무거운, 침울한)

Scorned (멸시를 받는)

Grey (창백한)

Miserable (불쌍한, 비참한, 가련한)

Blue (우울한)

Longing (간절히 바라는, 동경하는)

Disappointed (실망한, 낙담한)

Grim (엄한, 모진)

Gloomy (울적한, 침울한)

Lost (길을 잃은, 타락한)

Moody (기분이 안 좋은)

Burdened (부담을 느끼는)

Discouraged (낙담한, 낙심한)

Let down (실망시키다, 기대를 저버
리다)

DEPRESSED (우울한)

Lousy (엉망인, 형편없는)

Dysphoric (불쾌한)

Dreary (울적한)

Dark (암울한, 음울한)

Black (어두운, 암담한, 음울한)

Morose (시무룩한, 침울한)

Dour (뚱한, 음침한)

Besieged (괴롭혀진)

Morbid (병적인, 음침한)

Suicidal (자살하고 싶은 충동에 사로잡
히는)

Accursed (저주받은, 불행한)

Abysmal (최악의, 최저의)

Ashamed (부끄러워하는)

Diminished (약해진, 감소한)

Self-destructive (자멸적인, 자멸형의)

Self-abasing (스스로를 비하하는)

Guilty (죄를 느끼고 있는)

Dissatisfied (불만스러워하는)

Loathsome (혐오스러운)

Worn out (기진맥진한, 고단한)

Repugnant (비위에 거슬리는, 불쾌한)

Despicable (야비한, 비열한)

Abominable (지긋지긋한, 혐오스러운)

Terrible (끔찍한, 소름끼치는, 심한)

Despairing (절망적인, 가망 없는)

Sulky (뚱한, 골난, 부루퉁한)

Bad (기분이 나쁜; 마음이 언짢은, 유감
스러운)

Sense of loss (상실감)

DAMAGED (손상된)

Aberrant (도리를 벗어난, 일탈적인)

Maimed (신체장애의, 불구의)

Detestable (혐오스러운, 몹시 싫은)

Ruined (황폐한)

Defiled (더럽혀진, 때 묻은)

Scarred (흉터가 있는, 상처가 있는)

Impure (순수하지 못한, 불순물이 섞인,
불결한)

Spoiled (썩은, 망쳐진, 버릇없는)

Infected (감염된, 오염된)

Scathed (손상된)

Beleaguered (사면초가에 몰린, 궁지에
몰린)

Impaired (망가진, 고장난)

Disgusting (구역질나는, 정말 싫은)

Crippled (절름발이의, 불구의)

Abhorred (혐오를 받는)

Destroyed (파괴된)

Abnormal (보통과 다른, 정상이 아닌)

Contaminated (오염된)

Contemptible (멸시할 만한, 경멸할 만한)

UNCOMFORTABLE (불편한)

Awkward (어색한, 곤란한)

Discomfit (혼란스럽게[당황하게] 만들다)

Antsy (안달하는, 안절부절못하는)

Disturbed (정신[정서]장애의, 동요된)

Sickened (구역질 나는)

Off-balance (균형이 무너진)

Sour (뚱한, 시큰둥한, 상한)

Fidgety (안절부절못하는, 안달하는)

Peculiar (색다른, 별난)

Icky (끈적끈적한, 기분 나쁜)

Ill-tempered (성마른, 까다로운)

Odd (기묘한, 이상한)

Inappropriate (부적절한, 부적합한)

Out of it (소외감을 느끼는)

Conspicuous (눈에 잘 띄는, 두드러지는)

Off-center (중심을 벗어난, 균형을 잃은)

Rotten (부패한, 타락한)

Discontented (불만스러운, 불평스러운)

ANGRY (화난)

Misanthropic (사람을 싫어하는, 염세적인)

Miffed (발끈하는)

Irritated (짜증이 난)

Contemptuous (경멸하는, 업신여기는)

Fiery (격하기 쉬운, 성질이 불같은)

Spiteful (원한을 품은, 악의가 있는)

Perturbed (혼란된, 동요한)

Abrasive (마찰을 일으키는, 거슬리게 하는)

Stewing (마음 졸이는)

Seething (마음속으로 분노 등이 부글거리는, 속을 끓이는)

Livid (몹시 화가 난, 격노한)

Confrontive (대결적인)

Pissed off (화가 나서, 분개해서)

Bristling (발끈하는)

Dangerous (위험한, 위태로운)

Galled (원통해하는, 억울하게 하는)

Bugged (골치 아프게 만드는, 괴롭힘을 당하는)

Disgruntled (불만스러워 하는, 언짢은)

Contentious (다투기 좋아하는, 논쟁적인)

Abusive (모욕적인, 행동이 폭력적인, 학대하는)

Enraged (격분한)

Surly (성질이 못된, 무례한, 퉁명스러운)

Bloodthirsty (잔인한, 흉악한)

Hostile (적의 있는, 적개심에 불타는)

Insulting (모욕적인, 무례한)

Disgusted (화나는, 분개한)

Exasperated (몹시 화가 난, 격분한)

Repulsed(거절당한)

Steamed (화난, 몹시 흥분한)

Dismayed (낭패한, 깜짝 놀란)

Frustrated (좌절된)

Revolted (반란을 일으킨)

Troubled (문제가 많은, 난처한)

Cranky (성미가 까다로운, 짓궂은)

Horrified (공포에 빠진)

Furious (성난, 격노한)

Outraged (격분된)

Ticked off (화가 나는)

Riled (화나는, 짜증나는)

Nauseated (욕이 나올 정도로 구역질이
　　나는)

Vicious (잔인한, 포악한, 악랄한)

Wary (경계하는, 조심하는)

Sore (슬픈, 비탄에 잠긴)

Annoyed (짜증이 난, 약이 오른)

Upset (혼란한, 당황한)

Hateful (미운, 싫은, 증오에 찬)

Unpleasant (불쾌한, 기분 나쁜)

Offensive (기분 상하게 하는, 무례한)

Bitter (쓰라린, 신랄한)

Aggressive (공격적인, 호전적인)

Aggravated (악화시키다)

Appalled (간담이 서늘한, 끔찍해하는)

Resentful (분개한, 성마른)

Inflamed (흥분한, 격앙된)

Provoked (화난, 약 오른)

Incensed (몹시 화난, 격분한)

Infuriated (극도로 화난)

Cross (까다로운, 성마른)

Worked up (흥분한, 신경을 곤두세운)

Boiling (끓는, 뒤끓는 듯한)

Fuming (노여움으로 욱하는, 격분하는)

BORED (지루한)

Mundane (재미없는, 일상적인)

Listless (열의 없는, 무기력한)

Understimulated (둔감한)

Dreary (음울한, 따분한)

Tedious (지루한, 싫증나는)

Unchallenged (도전을 받지 않는)

Bland (재미없는, 지루한)

HURTFUL (상처가 되는, 마음을 상하게 하는)

Mean (비열한, 짓궂은)

Enraged (격분한)

Rude (버릇없는, 무례한)

Retaliatory (보복적인, 앙갚음의)

Menacing (위협적인, 해를 끼칠 듯한)

Ruthless (무자비한, 인정사정없는)

Mouthy (소리치는, 수다스러운)

Nasty (끔찍한, 불결한)

Dangerous (위험한, 위태로운)

Vengeful (복수심에 불타는)

Offensive (무례한, 모욕적인)

Malicious (악의적인, 적의 있는)

Malignant (악의에 찬)

Malevolent (악의 있는, 심술궂은)

Cruel (잔혹한, 잔인한, 무자비한)

Manipulative (조종하는)

Sadistic (사디스트적인, 가학적인)

Harmful (해로운, 해가 되는)

Controlling (통제하는, 감독하는)

VULNERABLE (취약한)

Exposed (위험 따위에 노출된)

Bullied (괴롭힘을 당하는)

Corralled (울타리 안으로 몰아넣어진)

Small (하찮은, 시시한)

Susceptible (예민한, 민감한)

Expendable (소모용의, 보존 가치가 없는)

Bare (벌거벗은, 헐벗은)

Raw (무경험의, 미숙한)

Delicate (여린, 연약한)

One-upped (한 수 위인)

Weak (약한, 무력한)

Obscured (불투명한, 모호한)

Little (사소한, 하찮은)

Eclipsed (가리워진)

Controlled (통제된)

Conned (사기당한)

Conspicuous (눈에 잘 띄는, 두드러지는)

Sensitive (민감한, 예민한, 과민한)

Constrained (부자연스러운, 강요된)

Blind (맹목적인, 분별없는)

Bested (이겨 버린)

Lost (길을 잃은, 어찌 할 바를 모르는)

Broken (낙담한, 비탄에 잠긴)

One-down (무너지는)

Open (노출되어 있는, 좌우되기 쉬운)

Captive (사로잡힌, 감금된)

EMBARRASSED (당황한)

Humiliated (창피스러운, 굴욕을 느끼는)

Ashamed (부끄러운, 수치스러운)

Clumsy (어설픈, 서투른)

Uncomfortable (불편한)

Mortified (굴욕감을 느끼는, 당황한)

Awkward (어색한, 곤란한)

Silly (어리석은, 바보 같은)

Disgraced (망신을 당한, 실각한)

Conspicuous (눈에 잘 띄는, 튀는)

Foolish (미련한, 어리석은)

Absurd (터무니없는, 어리석은)

GUILTY (죄책감 있는)

Undeserving (받을 자격이 없는)

Responsible (책임을 다할 수 있는)

Rueful (후회하는, 유감스러워 하는)

Contrite (죄를 깊이 뉘우치고 있는, 회
개한)

Regretful (후회하는, 애석해하는)

Accountable (책임이 있는)

Remorseful (몹시 후회하고 있는, 양심
의 가책을 받는)

Culpable (비난할 만한, 과실이 있는)

Deceitful (사람을 속이는, 거짓의)

Wrong (그릇된, 올바르지 못한)

At fault (잘못이 있는)

Faulty (과실 있는, 잘못된)

ALONE (고독한)

Abandoned (버림받은)

Antisocial (반사회적인)

Outnumbered (수적으로 우세한)

Loveless (사랑 없는)

Estranged (멀어진, 소원해진)

Bypassed (건너뛰어진)

Dissociated (분리된, 관련이 없는)

Longing (간절히 바라는, 갈망하는)

Inaccessible (가까이 하기 어려운)

Friendless (벗이 없는, 고독한)

Needy (애정에 굶주린, 궁핍한)

Disregarded (외면당한, 무시당한)

Distant (동떨어진, 냉담한)

Alienated (소외된, 소외감을 느끼는)

Desolate (쓸쓸한, 외로운, 황량한)

Avoided (회피된)

Apart (따로, 헤어져, 떨어져)

Disliked (환영받지 못하는)

Deserted (버림받은)

Aloof (멀리 떨어진, 무관심한)

Ignored (무시된, 주의를 주지 않은)

Dispossessed (빼앗긴, 박탈당한)

Rejected (거절된, 거부당한)

Isolated (고립된, 격리된)

Excluded (제외되는)

Jilted (버려진, 차인)

LOST (길을 잃은, 어찌 할 바를 모르는)

Rudderless (지휘하는 사람이 없는, 어쩔 줄 모르는)

Planless (계획이 없는)

Scattered (흐트러진, 산만한)

Seeking (찾는, 구하는)

Stranded (오도 가도 못하게 된, 좌초된)

Stumped (당황하게 된)

CONFUSED (혼란스러운)

Ambivalent (반대 감정이 병존하는)

Puzzled (어리둥절해하는, 얼떨떨한)

Uncertain (불확실한, 일정치 않은)

Conflicted (정신적 갈등을 지닌)

Indecisive (결단성이 없는, 우유부단한)

Hesitant (머뭇거리는, 주춤거리는)

Misgiving (걱정, 불안, 의혹)

Lost (길을 잃은, 어찌 할 바를 모르는)

Unsure (확신이 없는, 불확실한)

Uneasy (불안정한, 우려되는, 뒤숭숭한)

At a loss (어쩔 줄을 모르는)

Tense (긴장한, 신경이 날카로운)

Perplexed (당혹한, 어찌할 바를 모르는)

Flustered (당황한)

Confused (혼란스러워 하는)

Befuddled (정신이 없는)

Disconcerted (당혹한, 당황한)

Mystified (혼란에 빠진)

Bewildered (당혹한, 갈피를 못 잡은)

Anxious (걱정스러운, 불안한, 염려되는)

Muddled (혼란스러워 하는, 갈피를 못 잡는)

Baffled (당혹스러운)

Addled (혼란스러운)

Distracted (마음이 산란한, 산만한)

Doubtful (의심을 품고 있는)

SHOCKED (충격적인)

Agape (아연실색하는, 놀람・충격으로
입을 딱 벌리는)

Aghast (소스라치게 놀란, 겁에 질린)

Agog (들뜬, 몹시 궁금해하는)

Flabbergasted (크게 놀란)

Stricken (시달리는, 고통받는)

Jolted (충격을 받은)

Stunned (망연자실한)

Dumbstruck (놀라서 말도 못 하는)

Startled (놀란)

Jarred (충격을 받은)

Astonished (깜짝 놀란)

Rattled (난처한, 당황하게 하는)

Dumbfounded (너무 놀라서 말을 못
하는)

Dazed (충격을 받아 멍한)

Stupefied (얼이 빠진)

Dumfounded (망연자실한)

Astounded (몹시 놀란, 큰 충격을 받은)

Awestruck (두려워진, 위엄에 눌린)

NEGATIVE (부정적인)

Averse (싫어하는, 반대하는)

Hesitant (머뭇거리는, 주저하는, 태도가
분명치 않은)

Against (…에 반대하여)

Opposed (반대의, 대항하는)

Quarrelsome (말다툼을 좋아하는, 시비
조의)

Resistant (저항하는, 반항하는)

Disharmonious (부조화의, 화합이 안
되는)

Rebellious (반항적인, 다루기 힘든)

Oppositional (반대하는, 대립하는)

Stubborn (고집센, 다루기 힘든, 말을 안
듣는)

Recalcitrant (저항하는, 다루기 힘든)

TIRED (피곤한)

Battle-worn (피폐해진)

Worn (닳아빠진)

Overdrawn (초과 인출된)

Drained (진이 빠진)

Stretched (늘어난)

Pooped (지쳐 버린, 녹초가 된)

Strained (긴장된)

Faint (기력・체력이 약한, 힘없는)

Bedraggled (젖은, 후줄근한)

Dried up (바짝 마른, 감정 따위가 고갈된)

Listless (열의 없는, 무관심한)

Limp (무기력한, 생기 없는)

Overloaded (과부하된)

Harried (몹시 곤란을 겪는, 어찌할 바를
모르는)

Hassled (들볶이는)

Downtrodden (짓밟힌, 유린된)

Depleted (고갈된, 감손된)

Exhausted (소모된, 고갈된)

Done-in (몹시 지쳐)

Fried (정열을 불태운)

Weary (피로한, 지쳐 있는)

Finished (끝난, 몰락한)

Dispirited (기운 없는, 기가 죽은)

Spent (다 써 버린)

Careworn (걱정으로 초췌한)

Used up (써서 낡아 버린, 넝마처럼 된)

AFRAID (두려운)

Fear (두려움, 무서움)

Boxed-in (움직이지 못하게 된, 한계에 부딪힌)

Cornered (궁지에 몰린)

Chilled (오싹한)

Suspicious (의심스러운, 수상쩍은)

Anxious (불안한)

Doubtful (의심을 품고 있는)

Cowardly (겁 많은, 비겁한)

Quaking (흔들리는, 떨고 있는)

Menaced (위협을 받는)

Wary (경계하는, 주의 깊은, 조심성 있는)

Frightened (겁먹은, 무서워하는)

Jittery (신경과민의, 초조한)

Jumpy (조마조마한, 안절부절못하는)

Scared (무서워하는)

Threatened (협박을 당하는)

Terrified (몹시 무서워하는, 오싹한)

Spooked (겁먹은)

Shaken (충격을 받은, 놀란)

Uneasy (불안한, 걱정되는)

Overwhelmed (압도된)

Alarmed (놀란, 두려워하는)

Worried (걱정스러운)

ANXIOUS (불안한)

Daunted (겁먹은, 기죽은)

Timid (겁 많은, 소심한, 내성적인)

Knotted (얽힌, 뭉친)

Self-conscious (자의식이 강한)

Neurotic (신경과민의)

Restless (침착하지 못한, 들떠 있는)

Fretful (초조한, 안달하는, 성마른)

Stressed (스트레스를 받는)

Guarded (조심스러운, 신중한)

Ruffled (산만한, 흐트러진)

Skittish (겁이 많은, 잘 놀라는)

Preoccupied (어떤 생각·걱정에 사로잡힌)

Frantic (미친 듯 날뛰는, 광란의)

Pell-mell (황급히, 허둥지둥)

Obsessive(강박적인)

Shy (소심한, 부끄럼타는)

Overcome (…에 이겨내다, 극복하다)

Shaky (불안정한)

Jangled (신경을 거슬리게 하는)

Insecure (불안한, 자신이 없는)

Nervous (신경질적인, 신경과민한)

Dreading (두려워하는, 무서워하는)

Panicky (공황 상태에 빠진)

Unnerved (불안한)

Cautious (조심스러운, 신중한)

Antsy (안절부절못하는)

HURT (상처받은)

Invalidated (무효화된)

Chastised (꾸지람을 받는, 벌 받는)

Invisible (모습을 나타내지 않는)

Ridiculed (조롱당하는)

Screwed (사기당한, 비뚤어진)

Wronged (부당한 취급을 받은, 학대받은)

Abased (멸시당한)

Punched (주먹질을 당한)

Humiliated (굴욕을 당한)

Squashed (짓눌린)

Burned (불에 탄)

Blamed (지탄을 받는, 빌어먹을)

Annihilated (완패된, 완파된)

Rebuffed (퇴짜 맞은)

Brutalized (비인간적으로 다루어진)

Bushwhacked (기습당한)

Laughed at (남의 웃음거리가 되는)

Agonized (고뇌에 찬)

Heart-broken (비탄에 잠긴)

Disrespected (경멸당한)

Victimized (희생당한)

Insulted (모욕당한, 무시당한)

Jilted (버림받은)

Cheated (속은, 사기당한)

Devalued (평가 절하된)

Forgotten (망각된)

Intimidated (자신감을 잃고 겁을 내는)

Neglected (방치된, 도외시된)

Defeated (패배한)

Persecuted (박해받은, 핍박을 당한)

Put down (깎아내려진)

Oppressed (억압당하는, 탄압받는)

Slighted (업신여김을 당하는, 괄시받는)

Aching (마음 아픈)

Afflicted (괴로워하는, 고민하는)

Injured (상처 입은)

Offended (기분이 상한)

Rejected (거절당한)

Assaulted (폭행을 당한)

Dejected (실의에 빠진, 낙담한)

Tortured (극심한 고통에 시달리는)

Pained (짜증스러워 하는, 화난)

Deprived (궁핍한, 불우한)

Tormented (고통받는)

Bleeding (피 흘리는)

Crushed (망가진, 찌부러진)

Abused (학대당한)

Damaged (손상을 입은)

Ignored (무시된, 주의를 주지 않은)

Snubbed (모욕당한, 무시당한)

Diminished (권위가 떨어진, 약화시킨)

Betrayed (배신당한)

Deflated (기분이 상한, 기가 꺾인)

VICTIMIZED (피해 입은)

Bullied (괴롭힘을 당하는)

Quashed (진압된, 억압된)

Mistreated (학대당한)

Scapegoated (희생양이 된)

Eviscerated (제거된)

Jinxed (불운이 따라다니는)

Hoodwinked (속아 넘어간)

Suffocated (숨이 막히는)

Intruded upon (침해당한)

Erased (잊혀진, 삭제된)

Set up (누명을 쓰운)

Objectified (객체화된, 대상화된)

Railroaded (강압적 몰아붙여진)

Reamed (괴롭힘을 당한)

Denounced (비난받는)

Emasculated (약화된, 무력화된)

Controlled (통제된)

Denigrated (과소평가된, 폄하된)

Deceived (기만당한, 속은)

Bamboozled (혼란된, 당혹한)

Abused (학대당한)

Crushed (망가진, 찌부러진)

Duped (속은, 사기를 당한)

Devoured (집어삼킨)

Dumped-on (헐뜯긴, 짓밟힌)

Cuckolded (오쟁이 진 남자)

Cursed (저주를 받은)

Degraded (타락한)

Damned (저주받은)

Debased (품위가 저하된, 천한)

Cheated (속아 넘어간)

Cheated on (속임수를 당한)

Deprived (혜택받지 못한, 불우한)

Crucified (호되게 비판하는, 처벌받은)

INADEQUATE (부적절한)

Mediocre (썩 좋지 않은, 보통의, 평범한)

Unworthy (가치 없는, 하잘것없는)

Incompetent (무능한)

Spineless (줏대가 없는)

Insecure (불안정한, 자신이 없는)

Meek (굴종적인, 기백 없는)

Insufficient (불충분한, 부족한)

Powerless (무력한, 무능한)

Helpless (무력한)

Inferior (열등한)

Incapable (무능한)

Useless (쓸모없는)

Inept (부적절한, 서투른)

Weak (약한)

Pathetic (애처로운, 한심한)

Worthless (가치 없는, 쓸모없는)

One-down (한 단계 아래)

Deficient (부족한, 불충분한)

Enfeebled (약화된)

Second rate (2류의, 우수하지 않은)

HELPLESS (무력한)

Incapable (무능한, 하지 못하는)

Controlled (통제된)

Stifled (숨이 막히는)

Impotent (무기력한, 능력이 없는)

Paralyzed (마비된)

Straight-jacketed (꼼짝달싹 못하는)

Stuck (움직일 수 없는, 꼼짝 못하는)

Stonewalled (돌담으로 쌓인)

Micro-managed (세세한 것까지 관리
되는)

Lame (불구의, 변변찮은)

Useless (쓸모없는, 무익한)

Vulnerable (상처를 입기 쉬운)

Hindered (방해받는)

Immobile (움직일 수 없는, 고정된)

Ineffective (효과적이지 못한, 효력이
없는)

Futile (쓸데없는, 무익한)

Forced (강요된)

Despairing (절망적인, 가망 없는)

Distressed (괴로워하는, 고통스러워하는)

Pathetic (애처로운, 불쌍한)

Dominated (지배를 받는)

Tragic (비극의)

Woeful (비통한, 통탄할)

Frustrated (좌절된)

Hesitant (머뭇거리는, 주저하는)

Empty (공허한)

Inferior (열등한)

Fatigued (피로한, 지친)

Alone (고독한)

Overwhelmed (압도된)

INDIFFERENT (무관심한)

Apathetic (냉담한, 무관심한)

Lifeless (생기가 없는)

Empty (공허한)

Bland (재미없는, 지루한)

Robotic (동작·표정 등이 로봇 같은)

Dead (생기, 기력이 없는, 무감각한)

Disinterested (무관심한, 흥미를 갖지
않는)

Emotionless (무감동의, 무표정의)

Lackadaisical (활기 없는, 열의 없는)

Banal (평범한, 진부한)

Blasé (심드렁한)

Cavalier (무신경한)

Cold (냉담한)

Bored (지루해하는)

Absent (결여된)

Neutral (중립의)

Weary (피로한, 지친)

Reserved (말을 잘 하지 않는, 속마음을
드러내지 않는)

Nonchalant (태연한, 무덤덤한)

Insensitive (둔감한)

Uncaring (부주의한)

Dulled (감정이 둔해진)

Mindless (생각이 없는)

HAPPY (행복한)

Joyous (기쁜)

Mirthful (유쾌한, 명랑한)

Peachy (좋은, 아주 멋진)

Fortunate (행운의)

Giddy (너무 좋아서 들뜬)

Exuberant (기쁨 · 활력 등이 넘치는)

Buoyant (기운찬, 자신감에 차 있는)

Delighted (아주 기뻐하는)

Overjoyed (매우 기뻐하는)

Gleeful (매우 기뻐하는, 신이 난)

Thankful (감사하는)

Festive (축제의, 명절 기분의)

Ecstatic (무아경의, 황홀한)

Satisfied (만족한, 흡족한)

Glad (기쁜)

Cheerful (기분 좋은, 쾌활한)

Sunny (명랑한, 밝은)

Merry (즐거운, 명랑한)

Perky (의기양양한, 쾌활한)

Jubilant (환성을 지르며 기뻐하는, 기쁨
에 찬)

Elated (마냥 행복해하는, 의기양양한)

Delirious (좋아서 어쩔 줄 모르는, 기뻐
날뛰는)

Soaring (날아오르는, 급상승하는)

Important (중요한)

Lucky (행운의)

Great (위대한)

Sparkling (재기가 넘쳐흐르는, 뛰어난)

Bouncy (활기 넘치는, 쾌활한)

Blissful (행복한, 기쁨에 찬)

OPEN (관용적인, 관대한, 편견이 없는)

Understanding (사려 · 분별이 있는, 이
해가 빠른)

Ready (준비가 된)

Confident (자신이 있는)

Reliable (신뢰성 있는)

Kind (친절한)

Accepting (쾌히 받아들이는)

Receptive (잘 받아들이는)

Satisfied (만족한, 흡족한)

Sympathetic (동정적인, 인정 있는)

Adventurous (모험적인)

Fun-loving (재미를 추구하는)

Boundless (끝없는)

Exultant (몹시 기뻐하는)

Interested (관심 있어 하는)

Free (자유로운)

Amazed (깜짝 놀란)

Easy (쉬운, 편안한)

Aboard (참가하는)

ALIVE (생기 있는, 활발한)

Playful (쾌활한, 놀기 좋아하는)

Courageous (용기 있는)

Energetic (정력적인)

Glowing (극찬하는)

Spunky (용감한, 투지에 찬)

Liberated (사회적 제약·편견에서 해방 된, 자유로운)

Optimistic (낙관적인)

Peppy (원기 왕성한)

Reborn (다시 활발해진, 재생한)

Provocative (도발적인, 자극적인)

Impulsive (충동적인)

Free (자유로운)

Frisky (기운찬, 놀고 싶어 하는)

Animated (활기찬)

Electric (열광적인)

Spirited (기운찬)

Thrilled (황홀해하는, 신이 난)

Wonderful (훌륭한, 굉장한)

Awake (깨어 있는)

Colorful (발랄한)

Glorious (영광스러운)

GOOD (좋은)

Serene (차분한, 평온한)

Relaxed (긴장을 푼)

Deserving (받을 가치가 있는, 보상받을 만한)

Calm (침착한)

Decent (예의 바른, 품위 있는)

Pleasant (유쾌한)

At ease (마음이 편안한)

Comfortable (편안한)

Pleased (기뻐하는, 만족한)

Clean (단정한)

Fabulous (기막히게 좋은)

Encouraged (고무된, 용기를 얻은)

Surprised (놀란)

Extraordinary (대단한, 비범한)

Smart (머리가 좋은, 현명한)

Clever (영리한, 똑똑한)

Content (만족하는)

Quiet (조용한)

Bright (머리가 좋은, 영리한)

Pleased (기뻐하는)

Reassured (자신감을 되찾게 하는)

Sure (확신하는)

Certain (확신하는, 틀림없는)

LOVING (사랑이 있는)

Considerate (사려 깊은, 배려하는)

Admiration (감탄, 칭찬, 존경)

Passionate (열정적인, 열렬한)

Devoted (헌신적인)

Attracted (매력적인)

Cuddly (사랑스러워 꼭 껴안고 싶은)

Tender (상냥한, 다정한)

Sensitive (감성 있는, 예민한)

Caring (배려하는, 보살피는)

Affectionate (애정 깊은, 다정한)

Love (사랑, 애정)

Connection (연결)

Warmth (온정, 따뜻함)

INTERESTED (흥미가 있는)

Engrossed (몰두한)

Snoopy (이것저것 캐묻는)

Nosy (참견을 좋아하는)

Concerned (관심이 있는)

Affected (영향을 받은, 감동받은)

Intrigued (아주 흥미로워 하는)

Inquisitive (캐묻기를 좋아하는, 알고 싶
어 하는)

Rapt (완전히 몰입한)

Absorbed (열중한)

Curious (호기심 있는)

Attentive (주의를 기울이는)

Aware (의식이 높은)

Imaginative (상상력이 풍부한)

STRONG (강한)

Hardy (강건한)

Tenacious (참을성이 강한)

Resolute (단호한)

Stable (견고한)

Authoritative (권위적인, 권위 있는)

Persevering (참을성 있는, 끈기 있는)

Revitalized (회복된)

Brave (용감한)

Unique (독특한)

Dynamic (역동적인)

Nervy (용기 있는, 대담한)

Moral (도덕적인)

Influential (영향력 있는)

Feisty (혈기왕성한, 거침없는)

Rebellious (반항적인)

Outspoken (거리낌 없는, 솔직한)

Sure (확신하는)

Ethical (윤리적인)

Certain (확신하는, 자신하는)

Free (자유로운)

Clear (명석한)

Graceful (우아한)

In control (통제할 수 있는)

Confrontive (대결적인)

Reliable (신뢰성 있는)

Able (능력 있는)

Accomplished (숙달된)

Assertive (자기주장을 하는)

Assured (확신이 있는)

Solid (견고한)

Capable (유능한)

Competent (능숙한)

Courageous (용기 있는)

Hardy (강건한)

POSITIVE (긍정적인)

Enthusiastic (열성적인, 열렬한)

Excited (흥분한)

Eager (열망하는)

Keen (열심인)

Earnest (성실한, 진지한)

Intent (전념하는, 몰두하는)

Anxious (열망하는, 하고 싶어 하는)

Determined (결의에 찬)

Inspired (영감을 받은)

Complimented (찬사를 받는)

Productive (생산적인)

Pumped (열성적인, 열의 있는)

Sincere (진실한)

Hopeful (희망에 차 있는)

ACCEPTABLE (수용 가능한)

Adequate (적당한)

Okay (좋은, 괜찮은)

Good enough (충분히 좋은)

Average (평균의)

Functional (기능적인)

Legitimate (정당한, 합법적인)

CARED FOR (보살펴진)

Admired (존경받는)

Pampered (소중히 보살펴진, 애지중지
로 키워진)

Appreciated (인정받는, 중시되는)

Accommodated (수용된, 협조를 받은)

Esteemed (존중받는, 호평받는)

Honored (명예로운)

THANKFUL (고마운)

Appreciative (고마워하는, 감사하고 있는)

Grateful (고마워하는, 감사하고 있는)

Obliged (고마운, 감사한)

Beholden (은혜를 입고 있는, 신세를 지

고 있는)

Owing (빚지고 있는)

SMART(영리한)

Heady (머리가 좋은, 현명한)

Intelligent (지적인, 영리한)

Bright (머리가 좋은, 영리한)

Accurate (정확한, 빈틈없는)

Brainy (머리가 좋은)

Focused (집중적인)

Brilliant (두뇌가 뛰어난)

Knowing (아는 것이 많은, 학식이
풍부한)

Decisive (결단력 있는)

Clear (명석한)

Quick (머리가 잘 도는)

Informed (지식이 넓은, 박식한)

Observant (관찰력이 예리한)

Articulate (논리 정연한)

Ima기나tive (상상력이 풍부한)

Logical (논리적인)

Mature (성숙한)

Sagacious (총명한, 현명한)

Wise (슬기로운)

Skilled (숙련된)

Thoughtful (생각이 깊은)

Sensible (분별 있는, 사리를 아는)

CARING (돌보는)

Benevolent (자비심 많은, 어진)

Loving (애정을 품고 있는, 사랑하고 있는)

In tune (조화가 되는)

Connected (연결된)

Empathetic (공감할 수 있는)

Selfless (사심이 없는)

Sympathetic (동정적인)

Gracious (호의적인, 친절한)

Dedicated (헌신적인)

Attached (애착을 가진)

Loyal (충실한)

Generous (관대한)

Affectionate (애정어린)

Responsible (책임을 다할 수 있는)

Warm (마음이 따뜻한)

Nurturing (양육하는, 보살피는)

Cuddly (꼭 껴안고 싶은)

Communicative (의사소통을 잘하는)

RELAXED (느긋한)

Calm (고요한, 침착한)

Breezy (한가로운)

Sleepy (졸음이 오는)

Released (놓아 주어진)

Chill (긴장을 푸는)

Resolved (결심한, 단호한)

ATTRACTIVE (매력적인)

Captivating (매혹적인)

Pretty (예쁜, 귀여운)

Funny (우스운, 재미있는)

Jazzy (요란한, 화려한)

Irresistible (압도적인, 매혹적인)

Handsome (잘생긴)

Good-looking (잘생긴, 미모의)

Desirable (호감이 가는, 매력 있는)

Appealing (매력적인, 흥미를 끄는)

Popular (인기 있는)

Lovely (사랑스러운)

Beautiful (아름다운)

Hot (인기 있는/ 성적으로 흥분되는)

Gorgeous (아주 멋진, 아름다운)

Interesting (흥미 있는)

Dandy (멋 내는)

Sexy (성적 매력이 있는)

Dapper (말쑥한, 단정한)

Well-dressed (옷맵시가 단정한, 잘 차려 입은)

Coordinated (잘 어울리는, 꾸며진)

Stylish (유행에 맞는, 멋있는)

Debonair (멋지고 당당한, 유쾌한, 공손한)

참고문헌

Ainsworth, Mary. "Infant-Mother Attachment and Social Development: Socialization as a Product of Reciprocal Responsiveness to Signals." *The Integration of a Child into a Social World*. London: Cambridge University Press, 1974.

Baumrind, Diana. "Effects of Authoritative Parental Control on Child Behavior." *Child Development* 37.4 (1966): 887–907.

Bowlby, John. *Maternal Care and Mental Health*. Northvale, NJ: J. Aronson, 1995.

Goleman, Daniel. *Emotional Intelligence*. New York: Bantam, 2005.

Isabella, Russell and Jay Belsky. "Interactional Synchrony and the Origins of Infant-Mother Attachments: A Replication Study." *Child Development* 62(1991): 373–394.

Jacques, Sharon. *Horizontal and Vertical Questioning*. Couples Treatment Seminar, 2002.

Linden, David J. *The Compass of Pleasure: How Our brains Make Fatty Foods, Orgasm, Exercise, Marijuana, Generosity, Vodka, Learning, and Gambling Feel so Good*. New York: Viking, 2011.

McKay, Matthew and Patrick Fanning. *Self-esteem*. Oakland, CA: New Harbinger Publications, 1993.

National Institute of Health. National Institute of Mental Health. *Suicide in the U.S. Statistics and Prevention*. Bethesda, MD: National Institute of Mental Health, 2007.

Pleis, JR, Ward, BW and Lucas, JW. "Summary health statistics for U.S. adults: National Health Interview Survey, 2009." National Center for Health Statistics. Vital Health Stat 10(249). 2010.

Stern, Daniel N. *The Interpersonal World of the Infant: A View from Psychoanalysis and Development Psychology.* New York: Basic, 2000.

Stout, Martha. *The Sociopath Next Door.* New York: Broadway, 2006.

Taylor, Jill Bolte. *My Stroke of Insight: A Brain Scientist's Personal Journey.* New York: Viking, 2008.

Thoreau, Henry David. *Walden.* Ticknor and Fields: Boston, 1854.

Winnicott, D.W. *The Child, the Family, and the Outside World*, New York: Perseus Group, 1992.

저자 소개

Jonice Webb

임상심리학 박사이며, 1991년부터 심리학자, 심리치료자 및 정신건강 전문가를 수련 지도하며 활약해 왔다. 연구, 심리평가 그리고 심리치료에 탄탄한 경력이 있으며, 그동안 큰 규모의 외래환자 전문병원 세 곳에서 원장으로 지냈다. 미국과 캐나다 전역에서 공영방송과 라디오 쇼의 인터뷰를 많이 했으며, 특히 '어린 시절의 정서적 방치'에 대한 것을 널리 알렸다. 현재는 미국 매사추세츠 렉싱턴에서 자신의 개인 심리치료 클리닉을 운영하고 있으며, 주로 부부와 가족 치료를 전문적으로 다루고 있다.

Christine Musello

심리학 박사

역자 소개

강에스더(Esther Keryung Kang)
　　고려대학교 심리학과 임상심리학 석사
　　이화여자대학교 심리학과 상담심리학 박사
　　미국 인디애나 Ball State University 상담심리학 박사과정
전 서울가정법원 상담위원
　　삼성사과나무 정신과클리닉 상담심리치료전문가
　　서울사이버대학교 겸임교수 및 한신대학교 초빙교수
　　고려대학교, 연세대학교, 이화여자대학교,
　　세종대학교, 인천대학교 강사
현 치유상담대학원대학교 가족상담학과 교수
　　고려대학교 외래교수
　　행복과 성공 상담심리치료센터 원장
　　한국상담심리학회 상담심리전문가 주 수련감독
　　한국가족상담협회 가족상담전문가 수련감독

정서적 방치와 공허감의 치유
Running on Empty: Overcome Your Childhood Emotional Neglect

2018년 11월 30일 1판 1쇄 발행
2023년 9월 20일 1판 6쇄 발행

지은이 • Jonice Webb · Christine Musello
옮긴이 • 강 에스더
펴낸이 • 김 진 환
펴낸곳 • (주)**학지사**

04031 서울특별시 마포구 양화로 15길 20 마인드월드빌딩 5층

대표전화 • 02) 330-5114   팩스 • 02) 324-2345

등록번호 • 제313-2006-000265호

홈페이지 • http://www.hakjisa.co.kr
인스타그램 • https://www.instagram.com/hakjisabook

ISBN 978-89-997-1357-6   03180

정가 **16,000원**

역자와의 협약으로 인지는 생략합니다.
파본은 구입처에서 교환하여 드립니다.

출판미디어기업 학지사

간호보건의학출판 **학지사메디컬** www.hakjisamd.co.kr
심리검사연구소 **인싸이트** www.inpsyt.co.kr
학술논문서비스 **뉴논문** www.newnonmun.com
원격교육연수원 **카운피아** www.counpia.com